LANDOLF SCHERZER

Urlaub für rote Engel

aufbau taschenbuch

Landolf Scherzer, geb. 1941 in Dresden, freier Schriftsteller in Thüringen, wurde vor allem durch Langzeit-
reportagen wie *Der Erste* und *Der Zweite* bekannt.

Außerdem sind lieferbar: *Fänger und Gefangene.
2 386 Stunden vor Labrador und anderswo*; *Der Letzte*;
*Die Fremden. Unerwünschte Begegnungen und ver-
botene Protokolle* und *Der Grenz-Gänger* (2005). Zuletzt erschienen die Reportage *Immer geradeaus. Zu Fuß
durch Europas Osten* und *Letzte Helden* (beide 2010).

Landolf Scherzer stellt sich häufig Fragen, auf die man
nicht so leicht kommt. Wie kauft man ein Rittergut
von der Treuhand? Wie geht es den Kalikumpeln von
Bischofferode sieben Jahre nach ihren spektakulären
Streikaktionen? Wie kann man einen der angeblich
250 Millionäre von Radebeul finden? Und weil er ebenso
neugierig wie hartnäckig ist, geht er diesen Fragen nach,
und zwar im wahrsten Sinne. Wenn er ein Problem vor
Ort um- und einkreist, erfährt er vom Verkäufer an der
Käsetheke manchmal mehr als vom Bürgermeister. Stück
für Stück setzen sich so seine Beobachtungen zu Wirk-
lichkeitspuzzles zusammen, in denen Klischees und Vorurteile keinen Platz haben und die über den Anlass und
die Entstehungszeit hinaus gültig bleiben.

LANDOLF SCHERZER

Urlaub für rote Engel

Reportagen

Mit einem Vorwort
von Günter Wallraff

atb aufbau taschenbuch

ISBN 978-3-7466-2694-9

Aufbau Taschenbuch ist eine Marke der
Aufbau Verlag GmbH & Co. KG

1. Auflage 2011
© Aufbau Verlag GmbH & Co. KG, Berlin 2011
Umschlaggestaltung morgen, Kai Dieterich
unter Verwendung eines Fotos von Landolf Scherzer
Typografie Renate Stefan, Berlin
Gesetzt in der Stempel Garamond durch psb, Berlin
Druck und Bindung CPI – Clausen & Bosse, Leck
Printed in Germany
www.aufbau-verlag.de

Inhalt

II

»*Schreib das auf, Scherzer!*«

Landolf Scherzers Verdienst, die literarische Reportage zu neuem Leben erweckt zu haben, hat ganz sicher auch mit seiner gesellschaftlichen und künstlerischen Außenseiterrolle zu tun. – Da ist jemand sich und seinen Lesern treu geblieben.

Scherzer war und ist der präzise und detailgenaue Beobachter und Chronist: Jenseits der jeweils angesagten politischen Propaganda fühlt er sich den gesellschaftlich Ausgebooteten und Nichtrepräsentierten nahestehend.

Wenn Scherzer auf Reisen geht nach dem Motto »Warum in die Ferne schweifen, sieh, das Schlimme liegt so nah!«, erlebt er die Welt weder mit dem Einverständnis des Konsumenten noch als sensationslüsterner, die Erwartungen des Marktes befriedigender Klischeereporter. Scherzer nähert sich seinen Themen behutsam und diskret als Mitbetroffener, zuweilen auch als Mitleidender.

Was nicht bedeutet, dass er die Opfer verklärt, idealisiert oder ihnen nach dem Munde redet; er nimmt die Protagonisten seiner Reportagen einfach ernst, er behandelt sie liebevoll, ist oft verwundert, sogar fassungslos, nie hasserfüllt. Er *menschelt* nicht, er *dämonisiert* auch nicht, und *Ostalgie* ist ihm fremd. Selbst die miesesten Gestalten seiner sozialkritischen Erkundungen, politische Schaumschläger und Betrüger, windige Wendegeschäftemacher, mehrfach gewendete Wendehälse, führt er nicht als verabscheuungswürdige Schurken vor, vielmehr in ihrem Spielraum und in ihrer Rolle oft als konsequent handelnde Erfüllungsgehilfen und Handlanger vorgegebener Entscheidungen.

Landolf Scherzer berichtet nie vom Standpunkt des All- und Besserwissenden. Er nähert sich als Fragender, zuweilen Staunender; statt zu belehren, wundert er sich, und so gibt er auch denen eine Chance, die es immer schon gewusst haben und meinen, nichts dazulernen zu müssen. Sogar Scherzers Selbstkritik ist wohltuend unpathetisch, lakonisch und verallgemeinerungsfähig.

Landolf Scherzer unterscheidet sich deutlich und eindeutig von den üblichen und oft üblen »Reportern« in Zeitungen, Illustrierten und Fernsehanstalten, die sich an der literarischen Form der Reportage vergriffen und sie dermaßen ausgeleiert, prostituiert und inflationär entwertet haben, dass man schon einen neuen Begriff dafür finden möchte.

Da werden die Bilder, die uns die Medien über die Wirklichkeit dieses Landes verkaufen, einerseits immer greller, unschärfer, überblendeter, verfälschter und immer schneller in ihrer Folge – kaum gezeigt und schon vergessen – und da setzt andererseits einer an seinem Schreibtisch entgegen dieser oberflächlichen Schnelligkeit und Schnelllebigkeit mühevoll und hintergründig Teil für Teil eines genauen Wirklichkeitsbildes zusammen, ein Puzzle aus gründlicher dokumentarischer Recherche und Erlebnisschilderung. Der Berichterstatter und Zeitzeuge Scherzer versucht, wie sein Vorbild Kisch, als »Schriftsteller der Wahrheit« die Vergangenheit und Zukunft in Beziehung zur Gegenwart zu setzen, und das mit Phantasie und solidem Handwerk.

Er scheut sich nicht, die traditionelle Reportage ohne

modernistischen Schnickschnack für seine aktuellen Themen zu verwenden, und schafft es, Wirklichkeit nicht, wie zumeist üblich, lediglich als schnell zu vermarktende Sensation zu *benutzen*, sondern sie im klassischen Sinn der Reportage durchschaubar, nacherlebbar zu machen. Dabei hat er sich auf ein schwieriges Unterfangen eingelassen, denn immer weniger Zeitungen und Zeitschriften veröffentlichen sie noch: die große Reportage zu sozialen, ökologischen und anderen wichtigen Themen dieser Zeit, einer Zeit übrigens, die wegen ihrer Konflikte geradezu nach Reportagen schreit, denn soziale Spannungs- und politische Umbruchzeiten waren immer auch Hoch-Zeiten der Reportage.

Als Insider, Leidtragender und Nutznießer der neuen Freiheit versucht Scherzer, diese ihm bislang fremde Wirklichkeit einer hemmungslosen »Marktwirtschaft« für sich und seine Leser transparent zu machen. Er tut das gegen Politik und Medien, die das große Geld auch damit verdienen, dass sie diese »schöne neue Welt« à la Huxley für den kleinen Mann undurchschaubar verklären und verfälschen.

Der Reporter Scherzer hat nicht spektakulär die Tresore der Treuhand geknackt, aber er hat stattdessen zum Beispiel versucht, als ehemaliger DDR-Bürger ein von der Treuhand angebotenes Schloss zu kaufen.

Er hat in Erfurt nicht nur die Erben der Topf-Firma gefunden, die die Verbrennungsöfen für Buchenwald und Auschwitz herstellte, sondern auch die moralische Anfälligkeit der »sozialistischen Arbeiter«, die 1988 mit den angolanischen Arbeitern ihres Betriebes bei Brigadefeiern auf die »ewige internationalistische Freundschaft«

tranken und zwei Jahre später diese angolanischen Arbeiter wie Freiwild jagten. Und er hat die Geschichte der jungen alleinstehenden, arbeitslosen Frau notiert, die mit dem kleinsten ihrer drei Kinder schon draußen auf dem Sims des Balkons ihrer Hochhausplattenwohnung in Bad Salzungen stand und nicht sprang ...

Die letzten weißen Flecken auf der Landkarte der Erde sind inzwischen verschwunden. Nicht so die weißen Flecken in der Landschaft der aktuellen sozialen Wirklichkeit dieses Landes. Der Reporter betritt sie in diesem Buch nicht nur aus beruflicher Neugier, sondern auch aus einer Verantwortung für die Menschen, die er in ihren Lebensnöten beschreibt.

Scherzer serviert dem Leser nicht das schnell aufgepeppte, überall gleiche Fast-Food-Häppchen der meisten Medien, er bereitet vielmehr ein nach traditionellen Reportagerezepten ordentlich gekochtes Gericht, er serviert Wirklichkeit in nahrhafter Form. Reportage wird in dieser Zeit sozialer Konflikte wieder zu einem wichtigen *Lebensmittel.*

Günter Wallraff
Köln, im Februar 1997

I

Feenmärchen zu verkaufen

Als ich im Geraer Ortsteil Roschütz eine alte Frau nach dem Rittergut frage, mustert sie mich ungläubig und will wissen, ob ich es auch kaufen möchte. Ich nicke, und mütterlich rät sie, mich möglichst nicht bei den Bewohnern blicken zu lassen. Die würden am liebsten ihre Wohnungen verbarrikadieren, denn sie wüssten ja nicht, was der neue Gutsbesitzer dann daraus machen würde. »Vielleicht Pferdeställe.«

Nach dieser Warnung weist sie mir den Weg durch Wiesen und Äcker zum Rittergut. Es thront auf einer Anhöhe weit draußen am nördlichen Ortsrand von Gera. Der Dezemberwind bläst kalt, und ich laufe mich im Geviert von Gutshaus, Wirtschafts- und Wohngebäude und Stallungen warm. Eine Frau Eckstein, die mir im Auftrag der Liegenschaftsgesellschaft der Treuhand die Gebäude zeigen und anpreisen soll, ist auch eine Viertelstunde nach dem vereinbarten Termin noch nicht zu sehen.

Wütend klinke ich an den Türen des herrschaftlichen, mit vielen Erkern und Fachwerk geschmückten dreistöckigen Gutshauses. Die sind verschlossen. Ich versuche durch die Fenster ins Innere zu lugen, aber die sind blind oder mit rindigen Abfallbrettern vernagelt … Dabei schien mir der Schlosskauf bis zu diesem Moment sehr einfach.

Ich hatte mir in dem »Schlösser für die Zukunft. Fairytales for sale«-Hochglanzkatalog, mittels dessen die Treuhand-Liegenschaftsgesellschaft für den Richtpreis zwischen 1 DM und 3.800.000 DM 20 Burgen, Schlösser und Herrenhäuser, gelegen auf dem Gebiet der alten DDR, in aller Welt anbietet, ein kleines und ein großes Anwesen ausgesucht: das Rittergut bei Gera für 2.100.000 DM und das Marienthaler Schlösschen bei Schweina (Wartburgkreis) für 430.000 DM. Rief bei den zuständigen Treuhand-Büros in Gera und Suhl an, erhielt von dort je ein dickes grünes undurchsichtiges Kuvert, in dem ich bis zum 14. Dezember 1994 um 14 Uhr einen Erwerbsantrag mit Angaben zur Schlossnutzung, zu den geplanten Investitionen, den gesicherten Arbeitsplätzen, dem Kaufangebot, meinen Referenzen, Bankverbindungen und dem Nachweis meiner Bonität abzugeben hatte. Zuvor nannte man mir einen Besichtigungstermin. Und zu diesem Termin stehe ich nun frierend vor den verschlossenen Türen des Rittergutes.

Bis 1893 war es als Herrschaftssitz in adligen Händen geblieben. Anschließend Sommerresidenz Geraer Großindustrieller. Nach deren Weltwirtschaftskrisen-Bankrott musste es 1930 schon einmal in Treuhandverwaltung. Und die ließ es zu einem Reichsarbeitsdienstlager für Mädchen umfunktionieren. Nach dem Krieg Lazarett der Roten Armee. Später Internat für die Ausbildung von Thüringer Volksrichtern, schließlich bis zur Wende Schulungsstätte für Pionierleiter und nach dem Systembankrott wieder im Besitz der Treuhand. Deutsche, für mich vorerst noch verschlossene Zeitgeschichte ...

Eine Tür des flachen, lehmbraun verputzten und trotzdem ungeniert seine roten Ziegel zeigenden Wirtschafts- und Wohngebäudes öffnet sich. Drinnen wischt eine junge Frau das Treppenhaus. Nein, sagt sie, die Eckstein hätte sie heute noch nicht gesehen. Sie schaut mich eher neugierig als feindselig an, erzählt, dass es hier inzwischen wie im Taubenschlag zugehen würde. Gleich nach der Wende wären Frauen aus der BRD gekommen. »Die standen im Hof und erinnerten sich andächtig der Zeit im Reichsarbeitsdienstlager.« Die ehemals verwundeten russischen Soldaten wären noch nicht wieder erschienen. »Haben jetzt wohl andere Sorgen.« Dann aber die feinen Herren Schlosskäufer aus dem Westen. »Die den Mund nicht aufkriegen, naserümpfend hier umherstolzieren und genauso wortlos wieder verschwinden. Aber noch schlimmer sind die neuen Möchtegernreichen aus dem Osten, die im alten Mercedes vorfahren. Die latschen, ohne sich die Schuhe abzutreten, in unseren Wohnungen herum, taxieren den Grundriss des Kinderzimmers und sagen grinsend: ›Das gibt 'ne schöne Bar oder so was Ähnliches.‹«

Sie schüttet das Spülwasser neben der Tür aus. Vier Familien, eine mit vier Kindern und einem Hund, würden noch in dem alten Wirtschaftsgebäude wohnen. Alle hätten bis 1990 in der Pionierleiterschule, also dem früheren herrschaftlichen Gutshaus, gearbeitet. »Die Frauen in der Küche oder im Sekretariat, die Männer als Heizer oder Hausmeister.«

Von Frau Eckstein noch immer keine Spur. Dafür gesellen sich der ehemalige Heizer und der Hausmeister zu uns. Der Heizer ist unrasiert. Seine Augen weichen aus, wenn man ihn anschaut. Seit reichlich drei Jahren würde er die Pionierleiterschule nicht mehr beheizen. »Niemand heizt dort. Im Winter sind die Wasserleitungen aufgefroren. Drei Winter ohne Heizung haben drinnen mehr kaputtgemacht als 40 Jahre DDR.« Und er rechnet mir vor, wie wenig die Kohlen und seine Arbeitsstunden die Treuhand gekostet hätten: »Nicht mal einen Bruchteil von der Summe, die man nun braucht, um die Nässe wieder rauszukriegen … Aber es ist ja nicht ihrs.« Und der Hausmeister erzählt, dass er seine Wohnung, die ja auch nicht seine wäre, im letzten Jahr vom eigenen Geld renoviert, das Bad gefliest hätte. »Doch wenn jetzt einer kommt, der den Krempel kauft und uns rausschmeißt, werde ich zuvor alles eigenhändig wieder abhacken.«

Ich frage, weshalb die vier Familien das Wirtschaftshaus, das 400.000 DM kosten soll, nicht zusammen kaufen.

Die Frau, sie heißt Liebherr, lächelt böse. »Wir waren deswegen schon bei der Bank, aber in zwei der Familien hat niemand mehr Arbeit. In solch einem Fall verborgt die Bank keinen Pfennig.«

Frau Eckstein erscheint an diesem Tag nicht mehr. Die Türen vom Roschützer Rittergutshaus bleiben mir verschlossen.

Bevor ich zum Marienthaler Schlösschen fahre, erkundige ich mich in der Suhler Außenstelle nach den Besichtigungsmöglichkeiten.

Die dortige Treuhand residiert in der dickmäurigen, einer runden Trutzburg nicht unähnlichen ehemaligen Stasi-Zentrale Südthüringens. Hier drin war ich noch nie, weder vorher noch hinterher.

Ein grell bemaltes Fitnesscenter wirbt mittlerweile für Sauna, Schönheit, Kraft und Entspannung. Zwischen vielen Büros finde ich in einem langen Gang die Liegenschaftsgesellschaft. Und Frau Brandt – früher Arbeitsökonomin, dann arbeitslos, Umschulung und nun verantwortlich für den Verkauf von Betriebsferienlagern, Bungalows und Schlössern – versichert mir, dass ich mich wegen der Schlossbesichtigung jederzeit beim Pförtner des nebenan stehenden Kugel- und Rollenwerkes Schweina melden könnte.

Der Betrieb, der sich mit seinen großen alten Hallen kilometerweit in der Flussaue ausbreitet, ist nicht zu verfehlen, doch das Schlösschen finde ich nicht. Und Ortsansässige, die ich nach dem Marienthaler Schlösschen frage, kratzen sich den Kopf: »Ein Schlösschen? Ham wir hier nicht.« Bis mir einer sagt: »Das ist unser Betriebskulturhaus, unten Küche und Kantine drin, das heißt, seit zwei Jahren ist die Küche dicht.«

Das Schlösschen, ein zweigeschossiger, streng symmetrischer klassizistischer Bau, sieht ein bisschen nach Kantine aus. Schmuddelig. An der Hinterseite hat man eine dicke Heizschlange wie eine Infusionsleitung in das Gemäuer gesteckt. Darunter eine hässliche Rampe, wohl zum Verladen von Rotkohl und Kartoffeln ... Der Park (24.000 Quadratmeter!) ist verwildert, mittendrin ein Schießstand und Teiche, zu Tümpeln verwunschen. Der Pförtner des Betriebes hat die Schlüssel zum Schloss. Er telefoniert mit Herrn Zimmermann, der mir aufschließen soll. Das dauert. Und der Pförtner erzählt mir inzwischen vom vielleicht letzten Stündlein des 1879 gegründeten Großbetriebes. Seit einem Jahr laufe die Liquidation, wenn in den nächsten zwei, drei Monaten kein Käufer gefunden würde, sei endgültig Schluss.

Herr Zimmermann, Mittelalter und schlank, im Betrieb für Ver- und Entsorgung verantwortlich, ist freundlich, aber sehr in Eile. Er probiert lange mit den Schlüsseln des dicken Bundes. Die Außentür knarrt. Drinnen ist es warm.

»Sie heizen noch?«

»Ja, ist zwar nicht mehr unser Kulturhaus, aber es war ja so lange unser.«

Im Speisesaal stehen über 200 Stühle. Die Essenausgabe. Tafeln mit Speiseplan und Essenvorauswahl an der Wand. Ein Vorwende-Zettel: »Ung. Gulasch mit Gemüse und Kartoffeln: 1,20 Mark. Linsensuppe: 0,60 Mark.«

Die Küchenkessel sind demontiert. Eine schöne Wendeltreppe führt hinauf in das Obergeschoss. Kultursaal. Betriebsbibliothek. Hier stehen noch Honecker neben Heym und Kant neben Kafka. Die Betriebsschneiderstube. Und dann ein Extraschlüssel für das Fröbelzimmer. 1851 war der weltbekannte Pädagoge Friedrich Fröbel, der Vater des Kindergartens, in das 1833 errichtete Marienthaler Schlösschen eingezogen und gründete im Auftrag des Meininger Herzogs das erste Seminar für Kindergärtnerinnen in Deutschland. Hier starb er im Juni 1852, kurz nachdem die Kindergärten in Preußen verboten worden waren. An sein Grab in Schweina pilgern jährlich Hunderte Japaner, denn Fröbels Pädagogik ist ein Bestandteil des heutigen japanischen Erziehungssystems.

Wieder vor der Tür, fragt Herr Zimmermann, ob ich den Park besichtigen möchte.

»Nein, den kenne ich. Die Teiche müsste man aufräumen.«

Er schüttelt den Kopf. »Mit Aufräumen allein ist da

nichts getan, seit Jahren fließen die Abwässer des Betriebes dort hinein. Die Schlösser und Betriebe, die die Treuhand heutzutage immer noch wie Sauerbier anbietet, muss, das sind eben wirklich die Letzten.«

Zimmermann entschuldigt sich, er muss dringend in den Betrieb. In einer halben Stunde könnten wir dann weiter über Fröbel und das Schlösschen reden.

Ein fülliger Mann an der Pförtnerbude, der gehört hat, dass ich das Schlösschen kaufen will, zeigt mir grinsend seinen fliegenklatschenbreiten Daumen. Ja, er sei der sogenannte »breitgekloppte Karl«. Die alte Presse …! Und er müsse mir mal sagen, dass es die Leute hier einen feuchten Kehricht interessiert, ob dem Fröbel sein Zimmer erhalten bleibt und das Schloss gekauft wird.

»Von den 1.000 Leuten im Betrieb haben noch knapp 200 Arbeit und die wohl bald auch nicht mehr. Das interessiert die Leute, nicht der tote Fröbel und das Schloss!«

Die Treuhand hatte das Kugel- und Rollenwerk 1991 an den bayerischen Unternehmer Truckenmüller verkauft. Ein guter Geschäftsmann, wie sie versicherte. Sein bestes Geschäft: Er ließ den ölbelasteten Boden im Betrieb mit Hilfe von Treuhandgeldern abtragen. Brachte ihn für 100.000 DM auf eine Thüringer Müllkippe, berechnete aber über 3 Millionen DM Entsorgungskosten nach bayerischen Spezialdeponiepreisen. Da musste er vor Gericht und die Treuhand den Betrieb zurücknehmen. Zwei Tage vor Weihnachten 93 bestellte sie Betriebsratsvorsitzende, Geschäftsführer und Betriebsleiterin nach Berlin. Die hofften auf einen neuen Käufer, stattdessen verkündete die Treuhand die sofortige Liquidation. Die drei vom Betrieb schafften es, vor dem Fest das

»Geheimnis« für sich zu behalten, erst im neuen Jahr verkündeten sie es. Seitdem gibt es zwar volle Auftragsbücher, aber der Betrieb müsste der Rentabilität wegen räumlich verkleinert werden. Allein die Heizkosten fressen fast 20 Prozent vom Umsatz.

Zimmermann ist zurück, erzählt mir von den anderen Interessenten fürs Schlösschen. Großprotze seien dabei gewesen, wohl auch Geschäftemacher, aber auch solche Leute wie das Ehepaar Lewandowski aus dem Niedersächsischen. Das wollte keinen Profit um jeden Preis, sondern das Schlösschen in ein Spielzeugmuseum umwandeln. »Und schlecht erhalten ist das Gebäude nicht. Unsere Betriebshandwerker, wir hatten mal 20 – Neues gab's selten in der DDR, deshalb mussten wir Altes immer wieder reparieren –, also die 20 haben viel gemacht in unserem Schlösschen.«

Werner Raßbach ist als Letzter von den 20 übriggeblieben. Ein »Vierundfünfziger«, wie er mir erklärt. »Sonderreglung. Wir werden im Mai entlassen, sozusagen als Vor-Vorruheständler.« Auf Arbeit hoffe er dann nicht mehr, hier, wo 20 Kilometer entfernt 1.000 Kalikumpels in Merkers ohne Job wären. Aber er wolle nicht klagen, ökonomisch gehe es ihm nicht schlecht, besser als zu DDR-Zeiten … Und was das Schlösschen beträfe, sie hätten dort regelmäßig gemalert, die Heizung neu verlegt. »Wissen Sie, wir besaßen als Betrieb aber nicht nur das Kulturhaus. An der Ostsee haben wir ein Betriebsferienheim gebaut. Hier in der Nähe am Krätzersrasen wunderschöne Bungalows für die Kinder. Und dafür verzichteten wir manchmal sogar auf die private Jahresendprämie – war nicht so wenig zu alten Zeiten –

und haben das Geld für die Kinderferienhäuschen auf dem Krätzersrasen verwendet. Haben also unser Privates gegeben, um für alle was zu schaffen. Und das ist doch nun die ganz große Scheiße: Wir haben mit unserer Arbeit in 40 Jahren immer nur sogenanntes Volkseigentum vermehrt, nie Privateigentum. Und nun, wo dieses Volkseigentum verscherbelt wird, können wir, die es erarbeitet haben, nicht mitbieten, weil wir kein nennenswertes Privateigentum besitzen.«

Bevor er sich verabschiedet, empfiehlt er mir, nicht das Schlösschen, sondern einen dieser wunderschönen Bungalows auf dem Krätzersrasen zu kaufen. »Weil mir das Herz weh tut, wenn ich sehe, wie die Häuschen, die ich auch von meinem Geld mitgebaut habe, nun vergammeln.«

Ich rufe an, erkundige mich nach den Bungalows. Ja, im Prinzip könnte ich sie kaufen, aber sie wären mit einer hohen Grundschuld belastet. Die habe der Herr Unternehmer Truckenmüller für seinen Kredit von einer guten halben Million DM von der Bank als Bürgschaft auf die Ferienhäuschen eintragen lassen …

Fünf Tage vor Weihnachten werden die grünen undurchsichtigen Bieterbriefe in der Treuhand geöffnet. 10 seriöse Angebote für das Schlösschen. In die engere Wahl kommen eine Firma aus Japan, die im Schlösschen eine Schule für japanische Manager einrichten will, die Bundeswehr, die Wohnungen ausbauen möchte, und die Spielzeugmuseumsleute.

Für das Geraer Rittergut ist unter anderem ein Hotel im Gespräch.

Fünf Tage nach Weihnachten rufe ich die Betriebsleiterin in der Kugel- und Rollenfabrik an. Nein, die Entscheidung, ob Schließen oder Weiterarbeiten, sei noch nicht gefallen. Bislang gebe es keinen Käufer für den Betrieb. Doch die Uhr sei bald abgelaufen.

»Fairy-tales for sale. Feenmärchen zu verkaufen.«

Die Meile der Eitelkeiten

Von der Kreuzung Unter den Linden bis zum Check-point Charlie treffe ich auf der Berliner Friedrichstraße, der »künftigen Flaniermeile Europas«, zwischen Bau-zäunen, Baggern, bunten Visionsgemälden künftiger Großbauten des Kapitals und dem fast fertigen Lafa-yette-Glaspalast, der in Größe, Form und mit seinen leuchtenden Bulleyes an die Titanic erinnert, um 21 Uhr genau 32 Fußgänger.

Drei Frauen beäugen die hinter Gerüsten versteckten Schaufenster. Amüsieren sich über das 1.800-DM-Kleid und die 600-DM-Tasche in einer Luxusboutique.

»Musst nur den richtigen Mann finden.«

»Solch einen Idioten von Mann, der mir so was kauft, kann's doch gar nicht geben.«

Wenige Schritte weiter, Friedrichstraße 176–179, steht das Haus der sowjetischen – heute russischen – Kultur. Im linken Schaufenster des 1984 erbauten Hauses ent-schuldigt eine in Samt gefasste Aufschrift »Nachtdeko-ration« die nach Geschäftsschluss ausgelegten Billig-uhren für nur 6.520 DM. Goldener Glanz und Glitzer der Weltfirma Christ. Die russischen Hoffnungsfunktio-näre mussten vermieten. Einer, der am Haupteingang die Matroschkas in Vitrinen akkurat der Größe nach ordnet, erklärt mir, dass Russland der Eigentümer dieses Hauses sei, weil es die Auslandsschulden der ehemaligen Sowjet-union übernommen und dafür alle Botschaften und an-deren Immobilien in bester Lage in den Zentren der Welt erhalten hat. Im Moment würden sich aber verschiedene

Ministerien mit Jelzin über die Eigentumsrechte streiten.

Am hell erleuchteten riesigen Mercedes-Salon gehe
ich schnell und blicklos vorbei. Dann stoppe ich ge-
wohnheitsgemäß vor dem Grenzübergang. Eine Bretter-
mauer, wenn das Wort erlaubt ist, versperrt die Friedrichstraße, und ein großes Schild warnt: »Halt! Hier
wird gebaut ... eine der attraktivsten Business-Adressen
Europas (800.000 qm Büros, Geschäfte ...).«

Auf dem Rückweg versuche ich das Innere der gläsernen Titanic zu erkunden. Treppen und Lichtschächte,
verbunden durch schwankende Bohlen. Darüber die
gläserne Sternenkuppel. Ich frage nach dem Bauleiter.
Die Arbeiter verstehen mich nicht. Sie sprechen pol-
nisch. Hier wird Frankreichs Modezar Lafayette seinen
Tempel errichten. Außerdem, so steht's draußen zu lesen:
»19.000 qm lichtdurchflutete Büroflächen, 20.000 qm
exklusive Geschäfte.« Das Schild am Gebäude nebenan:
»Luxuspassage, 44 Läden, 16.000 qm Prestigebüros.«
Und das Schild daneben: »Das Flair von Berlin-Mitte
lebt wieder auf ... ganz in der Tradition dessen, was
die Architektur dieser Stadt so liebenswert und lebens-
wert machte. Gebäude mit individuellem Charakter, in
menschlichen Dimensionen.«

Schlafen müsste ich irgendwo. Fast am Ende der Flaniermeile finde ich in der Friedrichstraße 124 die Hotel-
Pension »Amadeus«. Junge Männer feilschen um die
Zimmer. Aus ihren Reisetaschen spießen blankpolierte
hölzerne Wasserwaagen mit eingravierten Initialen. Nord-
irische Billigarbeiter für die Baustellen der Friedrichstraße. Ich bekomme nur noch ein Vierbettzimmer. »Das

beste des Hauses.« Ein Doppelstockbett aus rohen Brettern zusammengenagelt. Am Kachelofen warnt ein Zettel: »Nicht benutzen!« Und vor der Ofentür steht ein winziger Eimer mit eingelegter Plastetüte, wie in der Kabine eines Pornokinos. Aber kein Waschbecken. Dafür Teppiche auf dem Boden. Vor zwei Jahren hat der Tunesier Taunfous die Pension – 1990 bis 1993 war sie Nutten-Absteige – von der Treuhand gemietet. In dem Hotel mit fast 80 Betten beschäftigt er drei Leute. Ein schwedisches Mädchen, einen ehemaligen NVA-Major aus Strausberg und für den Nachtdienst Matthias, den 25-Jährigen, der auf seinen Gerichtsprozess wartet und deshalb eine Bleibe nachweisen muss. Zwei von den dreien arbeiten nur für die kostenlose oder verbilligte Unterkunft bei Taunfous. Aufbruchstimmung.

Am nächsten Tag erlaufe ich mir die 3,3 Kilometer Friedrichstraße über eine Brücke und 23 Kreuzungen vom Oranienburger Tor im Norden bis zum Mehringplatz im Süden. Der nördliche Teil hat sich, abgesehen von aufgerissenen Straßenbahngleisen, wenig verändert. Kleine Kneipen. Sogar noch Tischlereien. Rentner, die ihre Hunde an alle Straßenbäume pinkeln lassen. Tante-Emma-Läden. Dazwischen der Friedrichstadtpalast. Berliner Ensemble. Metropol. Kabarett. Den Mittelteil der Friedrichstraße, vom Bahnhof bis zur ehemaligen Grenze, erkenne ich dagegen kaum noch. So wie die ganze Partei (von der CDU eingeheimst) ist auch deren Domizil, das Haus der ehemaligen Demokratischen Bauernpartei Deutschlands, spurlos verschwunden. Abgerissen auch der größte Gaststättenkomplex an der Friedrichstraße, das Lindencorso, in dem früher rund zwei Millionen

Gäste im Jahr einkehrten. Und auch die im Volksmund »Usbekischer Bahnhof« genannten Passagen an der Ecke zur Leipziger Straße stehen nicht mehr. Hier sollte nach Honeckers Willen, in Plattenbauweise und mit orientalischen Ornamenten verziert (in ähnlicher Weise hatte man 1966, nach einem Erdbeben, Taschkent wiederaufgebaut), eine sozialistische Wohlstandsmeile mit Geschäften, Restaurants, Klubs der Werktätigen und Wohnungen (Einheitsmiete 1,25 Mark je Quadratmeter) entstehen. 75 Millionen DDR-Mark waren bis zur Wende verbaut. Danach interessierten die Bauten niemanden mehr. Nur um den Boden unter ihnen entbrannte der Kampf zwischen den Reichen dieser Welt. Die Sieger, der Heidelberger Unternehmer Ernst, der französische Baugigant Bouygues und der amerikanische Konzern Tishman Speyer, bezahlten bis zu 40.000 DM für einen Quadratmeter. Ein Himmel-Hölle-Hüpfspiel meiner Kindheit war etwa anderthalb Quadratmeter groß. Und hätte mich an dieser Stelle 60.000 DM gekostet.

Es sind inzwischen auch kleinere Dinge an der Friedrichstraße spurlos verschwunden. Zum Beispiel die Gedenktafel für die zwei von der SS ermordeten jungen Kriegsverweigerer am S-Bahnhof und die Tafel am Haus Friedrichstraße 91–92, in dem Friedrich Engels während seiner Dienstzeit als Einjährig-Freiwilliger 1841/42 gewohnt hatte. Friedrichstraße 91–92, das sind heute zwei schmalbrüstige Häuser, die Außenwände frisch rot und weiß gestrichen. An der Fassade in großer Schrift: »Die Dussmann Gruppe zieht von München … in die traditionsreiche Friedrichstraße.« Das Unternehmen im internationalen Dienstleistungs-Management baut hinter den zwei Winzlingen ein Haus mit 12.000 Quadratmetern Büro- und Geschäftsräumen. In der wohnzimmergroßen Anmeldung werde ich vertröstet. Ein Termin in der Chefetage in drei bis vier Wochen. Und leider keine Auskünfte über den Umzug.

Ich gehe ohne Anmeldung weiter. Klopfe an der erstbesten Bürotür. Frage einen Investmann mit grauem Bart und schwarzen Haaren: »Weshalb von München nach Berlin?«

Der Umzug sei für seine Firma mit über 30.000 Mitarbeitern in aller Welt folgerichtig. »Die Friedrichstraße ist künftig das Zentrum von Berlin. Berlin künftig das Zentrum von Deutschland. Und Deutschland künftig das ...«, er zögert einen Augenblick, »... Zentrum der Weltwirtschaft.«

Ich frage nach Engels. Er lacht. Der sei noch gut fürs Museum. »Hier wird in 10 Jahren eine Gedenktafel zur Erinnerung an den beispiellosen Umbau dieser Straße hängen.«

Gegenüber, in der Friedrichstraße 173, haben das sowjetische Intourist-Büro und Egyptair dichtgemacht. Die Dorotheenstädtische Apotheke hingegen ist geöffnet. »Ich habe die frühere Ladenfläche um das Vierfache verringert, so schaffe ich es mit der Miete«, sagt die Apothekerin. Und nun hofft sie auf Kopfweh und Bauchschmerzen der künftigen Beamten. »Aber ob ich finanziell bis zum Regierungsumzug durchhalte? Mercedes und Christ können vorerst ohne Kunden leben, die haben nicht nur dieses eine Geschäft.«

Die Dorotheenstädtische Apotheke ist eines der letzten Namenszeugnisse für das Entstehen der Friedrichstraße. Kurfürstin Dorothea schenkte um 1670 allen, die auf den Äckern der heutigen Friedrichstraße/Unter den Linden siedelten, Bauholz und gewährte Abgabenfreiheit. So entstanden die Dorotheenstadt und die Querstraße. Friedrich III., Kurfürst von Brandenburg, ließ weiterbauen und bescheiden umbenennen: aus Dorotheenstadt wurde Friedrichstadt und aus der Querstraße die Friedrichstraße. Soldatenkönig Friedrich Wilhelm änderte zwar die Namen nicht mehr, trieb aber den Bau voran, indem er von den Soldaten alte Häuser schleifenließ und anschließend für Bauwillige Vergünstigungen versprach.

1990 waren Vergünstigungen für Bauwillige unnötig, denn da verhieß ein Stück Bauland auf der Traummeile Prestige und Profit. Man schlug sich um jeden Quadratmeter. Erben aus allen Teilen der Welt, zum Beispiel der Johanniterorden und der gräfliche Bleistift-Faber, sogar ein schwarzer Farmer aus Burundi, meldeten Ansprüche an. Auf 150 Parzellen der Straße kamen über 300 Restitutionsforderungen. Goldgräberzeit für Rechtsanwälte und Bankiers.

Rainer Boldt, 46, arbeitet als Filialleiter der Dresdner Bank in der Friedrichstraße 62 (zuvor bulgarische Handelsmission). An den silbernen Garderobenständern hängen, gleich Uniformen in Kasernen, lange schwarze Mäntel, nur lange schwarze Mäntel und gleichfarbige Stockschirme. Rainer Boldt ist Sprecher der Interessengemeinschaft der Gewerbetreibenden in der Friedrichstraße und ein sehr optimistischer Banker. Zuerst Zahlenbeispiele. »Die Passagen, ein 1,5-Milliarden-Projekt. 120.000 Quadratmeter Bruttofläche. Davon 25.000 Quadratmeter Geschäfte, dreimal so viel wie im KaDeWe. Geplant sind Ladenmieten von 200 bis 400 DM, Büros bei 100 DM, Wohnungen um 40 DM pro Quadratmeter ... Eine Perspektive wie für sonst kaum eine Straße in Europa.«

Ich frage, wer in die über 1.000 Boutiquen der Extra-klasse, wer in die 10.000 Büros einziehen wird. (Schon jetzt verfügt Berlin über mehr als genug freie Büros.)

»Wegen des verschobenen Regierungswechsels nach Berlin gerät einiges ins Stocken, aber wenn die Staats-gäste, die Lobbyisten, die Beamten und Abgeordneten erst einmal hier sind ... In unserer Friedrichstraße wer-den alle die einkaufen, und das muss man ehrlich sagen, die etwas anderes suchen, als sie bei Schlecker und Aldi bekommen.« Das sei schon durch die Grundstückspreise vorprogrammiert. »Wenn ich 40.000 pro Quadratmeter bezahle, kann ich das nicht mit T-Shirts für 9,99 DM oder Sozialwohnungen wieder hereinholen.« Lachend und wie nebenbei: »Außerdem müssen auch die Banken irgendwann einmal ihr vorgeschossenes Geld zurück-bekommen.«

Sorgen? Nein, lediglich die Bonner 1,3-Milliarden-Pläne zum Bau einer U-Bahn zwischen Alex und Reichs-tag stören. »Wenn man deswegen die Friedrichstraße wieder aufreißt, das ist, als ob ein Genesender noch mal auf den OP-Tisch geschnallt wird. Außerdem glaube ich nicht, dass Kohl und alle, die dann im Reichstag zu tun haben, ausgerechnet mit der U-Bahn fahren werden.«

Zu Fuß finde ich auch den neuen Standort des Friedrichstraßen-Antiquariats. Hier kauften zu DDR-Zeiten viele Westdeutsche für ihr Zwangsumtauschgeld preisgünstige Bücher. Der einstmals große Laden ist auf Kinderzimmergröße geschrumpft, und von den 11 Angestellten ist nur noch Ingrid Blankenburger übriggeblieben. Seit 30 Jahren in diesem Beruf. Und nun, mit 53, um ihre Zukunft bangend. Gemeinsame Interessen der Gewerbetreibenden dieser Straße? Sie hebt wie beschwörend beide Hände. »Die Leute, die in den Luxustempeln bei Lafayette und anderen einkaufen werden, wühlen nicht auf Büchertischen nach alter Literatur. Vielleicht dass sie mal ein Buch mit Goldschrift suchen, passend zum Meißner Porzellan. Eine Straße wie diese, ohne Fleischer und ohne Bäcker, ohne Bockwurstbude und Eisstand, das ist keine Straße zum Leben. Über diese Straße wird in 50 Jahren kein Schriftsteller wie Döblin schreiben können, weil hier keiner seine Kindheit verbracht haben wird.« Sie erzählt von der Friedrichstraße, als es hier neben Nobelhotels Bierkneipen gab und Künstlercafés neben Humboldts Wohnung. Hier hat Menzel gemalt, Kisch gezecht, Napoleon den Puff besucht, hier wohnten und arbeiteten Kleist, Hufeland, Ludwig Börne, Max Reinhardt … In Rahel Varnhagens Salon trafen sich Fichte, Chamisso, Hegel und Heine. Der schrieb in seinen Briefen aus Berlin: »Wenn man die Friedrichstraße betrachtet, kann man sich die Idee der Unendlichkeit veranschaulichen. Lasst uns hier nicht zu lange stehenbleiben. Hier bekommt man den Schnupfen. Es weht ein fataler Zugwind zwischen dem Halleschen und dem Oranienburger Tor.«

Die Sache mit der Zugluft kann Professor Nalbach erklären. Nalbach, 52, ist Österreicher und Architekt und hat mit seiner Frau den Ersten Preis für die Bebauung des Spree-Dreiecks am Bahnhof Friedrichstraße erhalten. Sein Büro finde ich in einem Steglitzer Hinterhof. »Büros gehören in die Hinterhäuser, aber nicht, wie in der künftigen Friedrichstraße, zu Tausenden an die Straßenfassade. Da knipsen die sparsamen Deutschen abends das Licht aus – und dunkel ist's in der Weltstadt.« Und was die Zugluft betreffe, die Friedrichstadt sei als ein Areal geradliniger preußischer Ordnung angelegt worden. »Der Schutzmann brauchte sich bloß an eine Ecke zu stellen und sah kilometerweit. Und preußische Gewehrkugeln flogen auch sehr geradeaus.«

Die Preisträger Nalbach, so die Jury, »zeigen Verständnis und Respekt für die traditionelle Struktur der Friedrichstraße«.

»Heute ist diese Straße allerdings eine Plattform der Eitelkeit geworden«, sagt Nalbach. »Wer hier baut, wird geadelt.« Dem ginge es zwar auch ums Geschäft, vor allem aber um die Anwesenheit. »Mal übertrieben: Es hätte ausgereicht, in den alten, noch heute verbindlichen Maßen 22,40 Meter Straßenbreite und 20,20 Meter Traufhöhe, rechts und links vor den alten Gebäuden in der Friedrichstraße Videowände aufzustellen, jeder Firma eine Fläche zu geben, und die Leute wären vorbeidefiliert und hätten mit den Fingern drauf gezeigt und gestaunt: Die sind hier und die auch … Die Architekten der Friedrichstraße haben heute die Aufgabe, die in allen Blocks gleichen Büros und Geschäfte verschieden zu verhüllen. Unterschiedliche Verpackung für den gleichen Inhalt. Das ist, als ob ein Designer monatelang an einer Gewehrkugel feilt, um ihr Aussehen zu verändern. Aber eigentlich müsste er das Pulver rausschütten.« Für seinen

Entwurf des Büro- und Geschäftshauses am Bahnhof habe er die Kugel wenigstens angebohrt. »Und wenn die vom Bauherrn gewünschten Büros nicht mehr zu vermieten sind, kann ich sie mit wenigen Handgriffen in Wohnungen verwandeln. Und plötzlich werden abends wieder Lichter in der Friedrichstraße brennen.«

Im Norden der Friedrichstraße wohnen etwa 4.000 Menschen. In der Geldmeile zwischen Unter den Linden und Leipziger Straße nur noch ein einziger, in der Friedrichstraße 166, schräg gegenüber von der gläsernen Titanic. An seiner Haustür ein altes Schild: »Tanzschule Hadrich/Metzler«. Im Tanzsaal ein Kohleofen. Spiegel. Bänke. Alles sehr sauber. Zwei Stockwerke darüber wohnt seit 1976 der Tanzlehrer. Er ist schon 70, aber noch schlank und beweglich. Einer von der alten Schule, wie er sagt, fast 40 Jahre Berufserfahrung. Aber immer noch nicht auf dem Marktwirtschaftskurs Westberliner Schulen. »Die lassen von einem Assistenten die Schritte zeigen. Wenn's ein Schüler nicht gleich kapiert, kommt er wie bei der Fahrschule noch mal und bezahlt noch mal. Und ich, ich habe immer auf die Hände der jungen Leute geschaut. Wer die Hände nass schwitzt, mit dem habe ich hinterher lange geredet. Einen Kohlenträger hatte ich mal, sein Mädchen war eine von der Bauakademie. Wenn ich den nur anguckte, lief ihm schon der Schweiß ... Dem habe ich Selbstbewusstsein beigebracht. Und heute kann der sich mit 'nem Minister oder Professor unterhalten. Und ist immer noch Kohlenträger. Der bringt die Kohlen auch zu mir. Ich muss ja alles mit Kohle heizen, den Saal unten, die Wohnung oben. Eimer für Eimer hochschleppen. Heizer und Reinemachefrau bin ich und Lehrer. Sonst könnt ich die Tanzschule nicht halten, hier neben den reichsten Leuten von Berlin.«

Und er möchte noch so lange wie möglich in der Friedrichstraße wohnen, beobachten, wenn die ersten Manager, Millionäre und Mätressen in die Luxuswohnungen gegenüber einziehen. »Und ich sitze hier oben auf dem Balkon und will's genießen, wenn unten die Kunden aus aller Welt einkaufen. Und ich nebenan im kleinen Café noch eine Tasse für 1,50 kriege. Was will ich mehr?«

Nebenan in der Friedrichstraße 165 gibt's wirklich noch einen Kaffee für eins fuffzig. Vor dem Haus hängt eine lange gelbe Fahne. Darauf steht in großen Buchstaben »Haus der Demokratie. Seit 1989 Zentrum der Bürgerbewegung. Ort der Begegnung zwischen Ost und West«. Auf der Tafel im Eingang über 50 Vereine, Organisationen und Bewegungen, die hier Asyl gefunden haben oder (fast) Hausherren sind: Anti-Atom-Laden, Nichtraucherbund, Anti-Tunnel-GmbH, Weibblick, Neues Forum, Böll-Stiftung ... Vorerst könnten sie aufatmen, erzählt Erhard Otto Müller, der »Intendant« des Hauses. Das Haus hätte zusammen mit jenen Immobilien, die erst einige Wochen nach Gründung der DDR enteignet worden wären, auf der Liste 3 gestanden. Doch nun sei entschieden, dass die Enteignung rechtens gewesen wäre. »Und die Straße des Großkapitals wird sich damit abfinden müssen, dass ein unruhiges Haus der Demokratie mittendrin steht. Und wir werden es lernen müssen, Demokratie zu vermarkten, will sagen, es muss Leute geben, die Seidenkrawatten verkaufen, und andere, die Demokratie verkaufen. Wir wollen das Augenzwinkern der Friedrichstraße bleiben.«

Kein Augenzwinkern vor der Nobelabsteige der Friedrichstraße, dem Grand Hotel. Die Prostituierten, Seismographen für den Gang der Geschäfte, sind schon vor zwei Jahren aus der Gegend verschwunden. Ein Zimmer im Hotel kostet um die 400 DM, die Schinkel-Suite 3.400. Mitten in der Hotelhalle thront eine imposante Freitreppe, drum herum wie Ränge im Theater die Zugänge zu den Suiten, Swimmingpool und Restaurants. Gediegene, nicht protzige Innenarchitektur. Im Zimmer eine frische Orchidee, als Symbolblume des Hauses findet sie sich auch auf Fliesen und Handtüchern.

Ich laufe stundenlang durch die Hotelräume, möchte die Einmaligkeit für mich genießen. Erst spät nach Mitternacht trinke ich mit einem jungen Mann, der den Abend lang von Tisch zu Tisch gewechselt war, einen Wodka. Mir hätte er angesehen, sagt er lächelnd, dass ich kein potentieller Kunde für ihn sei. Nach dem dritten Glas stellt er sich vor: Klaus Landauer. Er würde im Maklerauftrag Büros in der Friedrichstraße verkaufen. Und zwar billiger, als sie offiziell gehandelt würden. Von den geplanten 100 DM wäre man inzwischen bei 60 DM angekommen. Er würde Kunden aber schon auf eine 40-DM-Warteliste setzen können. Ich frage ihn nach Wohnungen. Für einen Single etwa 3.000 DM …

Am nächsten Tag endet mein Berlin-Aufenthalt. Ich laufe noch einmal über die Weidendammer Brücke in den Norden der Friedrichstraße, schaue mir mein Zimmer im »Amadeus« von außen an und fahre dann zum früher in Westberlin gelegenen Südteil der Friedrichstraße: Checkpoint Charlie bis Mehringplatz. Kleine Geschäfte wie im Norden, aber sauberer, langweiliger.

Arbeitsamt. Polizeirevier. Und hässliche Neubauten aus den siebziger Jahren, gegen die Honeckers »Usbekischer Bahnhof« ein architektonisches Juwel war. An einem Rondell gelb-brauner Sozialwohnungen endet die berühmte Straße. Eingeengt, ohne Anbindung ins südliche Kreuzberg.

Abreißen müsste man, denke ich. Aber nirgends eine Baustelle, nicht mal ein offenes Gullyloch. Kein Vergleich mit der Mitte und dem Norden. Nur Hunde samt Herrchen gibt es hier genauso viel, wenn nicht noch mehr als im Norden. Ich frage einen älteren Mann mit Pudel, ob es nicht an der Zeit wäre, die Friedrichstraße auch in Kreuzberg umzukrempeln.

Er schaut mich empört an. Weshalb umkrempeln? 40 Jahre sei es gut gewesen, und sie hätten nicht 40 Jahre Misswirtschaft hinter sich wie die im Osten. Ich sage, dass es wirtschaftlich vorteilhaft wäre, wenn sich auch hier Banken, Luxuskaufhäuser und Bürocenter ansiedeln könnten. Er greift sich an den Kopf. »Vorteilhaft? Diese Riesenklötze? Vorteilhaft, für wen denn?« Ob ich in der Mitte der Friedrichstraße auch nur einen einzigen Menschen gesehen hätte, der dort mit seinem Hund Gassi geht. »Gibt es zwischen den Neubauten der berühmten Architekten überhaupt Bäume, an die ein Hund pinkeln kann?«

»Ich weiß nicht«, sage ich, »ob Hundepinkelbäume eingeplant sind.«

»Na also«, erwidert der Mann triumphierend.

Der sterbende Schwan in der Elsteraue

Das Schloss, aus roten Klinkersteinen gemauert und mit grauen Putzbändern geschmückt, steht zu beiden Seiten der Weißen Elster in Leipzig-Plagwitz und wird begrenzt vom Karl-Heine-Kanal, der eigentlich schon vor 100 Jahren Plagwitz mit Hamburg verbinden sollte, es aber immer noch nicht tut. Efeu rankt an den Mauern, Moos bedeckt die wassernahen Putzbänder. Die vier- und fünfgeschossigen Gebäude sind mit kunstvoll geschmiedeten Mauerankern und Türklinken verziert. Und mit Kuppel und Türmchen, auf denen wie in Florenz Hunderte von Tauben sitzen. An der etwa 300 Meter langen Fassade bröckelt der frühere Name des Schlosses: »VEB Leipziger Wollgarnfabrik« (von 1887 bis 1952: »Sächsische Wollgarnfabrik Tittel & Krüger-AG« und nach 1967: »VEB Buntgarnwerke Leipzig«). Daneben, in Stein gehauen, das historische Firmenwappen: ein Schwan im Dreieck. Ich erinnere mich, dass meine Mutter nach dem Krieg eine Docke dieser Schwanenwolle erhamstert und mir warme Socken davon gestrickt hatte.

Damals war das Fabrikschloss noch nicht verwunschen. Aber inzwischen sind die vielen hundert, paarweise durch neobarocke Wimpernbogen verbundenen Fensteraugen der Wollgarnfabrik grau und erblindet. Manche eingeschlagen, andere mit Augenklappen aus Pappe oder Plaste verdeckt, und aus einigen ragen dicke kurze Rohre, Saugrüsseln ähnlich. Wie bei Insekten, die sie vor dem Präparieren nicht mehr einziehen konnten.

Neben dem weit geöffneten eisernen Eingangstor

steht das verschlossene Pförtnerhaus. Ohne Pförtner. Nur Schilder informieren und verbieten: »Feuerlöscher außer Betrieb!« – »Schmidt Immobilien GmbH« – »Beim Schleifen Schutzbrille tragen!« – »BUGA Partners Verwaltungs GmbH« – »Fegt Aschespuren, Sand und Dreck des vergangenen Winters weg!« – »Privatgelände! Betreten verboten!« Mit Kreide an den Türen: »Achtung! Neue Schlüssel!« Und immer wieder: »Rückwärtsfahren ohne Einweiser streng verboten!«

Es regnet. Ich laufe die gespenstisch menschenleeren Straßen des Fabrikschlosses dicht an den Wänden entlang, aber die vorstehenden Dachrinnen beschirmen mich nicht. Löchrig wie Siebe oder verbogen wie modernistische Kunstgebilde, lassen sie den Regen als Duschbad oder Sturzbach die wunden Wände hinunterlaufen. Auf der gegenüberliegenden Seite der Nonnenstraße sind die roten Klinker, die grauen Putzbänder, die Fenster und Dachrinnen schon repariert oder übertüncht. Und an der erneuerten Fassade prangt das frisch gemalte Wappen. Nun kein Schwan mehr, sondern eine Elster. Ich vermute »Elsterwolle« statt »Schwanenwolle« und befrage einen alten Mann, der in Gummistiefeln und Regenmantel einen großen Korb Boskoopäpfel aus seinem Garten nach Hause schleppt. Er lacht bitterböse. »Über 100 Jahre wurden an der Nonnenstraße Garne und Wolle gesponnen, zu DDR-Zeiten produzierten fast 2.000 Beschäftigte täglich über 10 Tonnen. Doch 1992 ist der Schwan samt Wolle für immer den Bach hinuntergeschwommen. Und der Schwanennachfolger, die Elster, ist ein diebischer, fressgieriger Vogel, das Symbol für den ...« – er buchstabiert die neue Schrift an der Fassade – »Elster Business Park.« Eingenistet hätte sich dort unter anderem das Leipziger Finanzamt.

Ich erkundige mich, wo ich Leute finde, die in den Buntgarnwerken, dem Fabrikschloss der Gründerzeit (Experten bezeichnen es als eines der größten deutschen Industriedenkmäler), gearbeitet haben.

»Vielleicht in den Kneipen, in denen sie früher bei Bier und Bockwurst gesessen haben, zum Beispiel im ›Fortschritt‹ in der Karl-Heine-Straße.«

»Fortschritt« klingt gut, denke ich und finde zuerst das Straßennamenschild: »Karl Heine (1819–1888)«. Der Rechtsanwalt Dr. Ernst Karl Erdmann Heine, 1819 in Leipzig geboren und 1888 ebenfalls in Leipzig gestorben, hatte um 1850 bei der Stadt die Genehmigung zum Bau einer »Manufactur und Fabrique« beantragt. Doch die Stadtväter befürchteten Schmutz und Lärm für die Messegäste und verweigerten das Papierchen. Da kaufte Heine 1854 außerhalb von Leipzig im Dorf Plagwitz mit seinen damals nicht einmal 500 Einwohnern reichlich Grund und Boden, ließ Feuchtwiesen trockenlegen, Brücken über die Elster bauen, errichtete eine Schmiede und eine Ziegelei, begann den unvollendeten Kanal zu graben und überredete 1863 den Patentbesitzer für die Produktion von Pflügen, den Unternehmer Rudolf Sack, in Plagwitz einen Betrieb zu eröffnen (später eine Weltfirma für landwirtschaftliche Geräte). 1869 übersiedelte Karl Ernst Mey, der zwei Jahre zuvor das amerikanische Patent für Papierkragen und -manschetten gekauft hatte, von Paris nach Plagwitz (als Firma »Mey & Edlich« um 1900 das weltgrößte Versandhaus). Und 1875 bauten »Tittel & Krüger« in der Nonnenstraße eine Dampffärberei für

Wollgarn. Schließlich ließ Karl Heine den städtischen Wald, der Plagwitz noch von Leipzig trennte, in einer Nacht illegal abholzen. Er zahlte dafür 30 Taler Strafe an die Stadt, aber 1891, drei Jahre nach seinem Tod, wurde das Industrieviertel Plagwitz mit inzwischen fast 100 Fabriken, 6.000 Beschäftigten und 15.000 Einwohnern der Messestadt per Ratsbeschluss zugeschlagen. Dem Industriegründer Heine errichtete man 1896 ein lebensgroßes Denkmal. Leider aus Bronze. Zusammen mit Kirchenglocken wurde es im Zweiten Weltkrieg eingeschmolzen. Heute existieren nur noch der Sockel und das Namensschild der Straße, die ich vergeblich hin- und herlaufe, um den »Fortschritt« zu finden, jene Kneipe, in der seinerzeit die Arbeiter der Buntgarnwerke einkehrten.

Der »Fortschritt«, erklärt ein Passant, sei nach der Wende geschlossen und statt seiner der Glücksspielsalon »silver time« eröffnet worden.

Beim zweiten Versuch, das Innere des Fabrikschlosses aus Karl Heines Gründerzeit zu erkunden, habe ich Glück. Ich entdecke neben einer Laderampe ein unverschlossenes Tor, tappe durch den dunklen Gerümpelkeller, und da alle Betriebsgebäude – auch die am anderen Ufer der Elster gelegenen – durch Brücken oder Übergänge miteinander verbunden sind, kann ich eine gute Stunde treppauf, treppab durch fußballfeldgroße leere Hallen laufen. Hunderte schlanke achteckige Säulen stützen die Decken. Eine schöne schlichte Architektur. Leider nur ein Skelett. Werkstätten mit Waschpaste, vergessenen Brotbüchsen, verrosteten Schrauben und Kalenderblättern voller barbusiger Mädchen (die letzten

vom Januar 1992) und Wagen mit leeren Garnhülsen erinnern an die Arbeit. Im Treppenhaus des Mittelbaus
hängt ein Schaukasten mit alten Bekanntmachungen:
»Gesamtbetriebsvereinbarung Abfindungen. Nach dem
dritten Jahr Betriebszugehörigkeit jährlich 1 Punkt.
1 Punkt = 200 DM. Geschäftsführer Schmidt. Leipzig,
den 22. Juli 1991«.

Der 57-jährige Hartmut Schmidt sitzt heute im Ver-
waltungsbau einige Türen weiter hinten, dort, wo am
marmorgefliesten Aufgang ein runder Tisch und sechs
Ledersessel für die Besucher stehen. Die Besucher wollen bei Hartmut Schmidt Wohnungen kaufen oder mieten. Der frühere Geschäftsführer ist Makler geworden.
»Die Treuhand hatte mir und dem zweiten Geschäftsführer für die Unterstützung bei der Privatisierung einen
Job im künftigen Betrieb versprochen.« Einen künftigen Betrieb gibt es nicht, nur die »BUGA Partners Verwaltungs GmbH«. Die hat den Betrieb mit insgesamt
100.000 Quadratmetern Grund und Boden gekauft und
vermarktet ihn, das heißt, sie baut Wohnungen und
Büroräume auf den Nebenflächen und will das denkmal-
geschützte Fabrikschloss-Ensemble in Supermarkt, Hotel
und Freizeitcenter verwandeln.

Die ersten 144 neuen Wohnungen vermietet Herr
Schmidt. Für ein langes Gespräch zur Geschichte der
Buntgarnwerke, in denen der Textilingenieur über 30 Jahre gearbeitet hat, findet er keine Zeit. Nur ein paar karge
Informationen über das Ende: »Die Fabrik war für heutige Verhältnisse zu groß, und einige Maschinen waren zu
alt. Aber zusammen mit einem Berater aus dem Münste-
raner Raum hatten wir ein wirtschaftliches Konzept er-

40

arbeitet. Doch die Treuhand lehnte ab. Sie konnte nicht die Produktion – den westdeutschen Textilbetrieben steht das Wasser selber bis zum Halse –, sondern nur die Immobilie und diverse Grundstücke verkaufen. An unseren Spinnmaschinen arbeiten jetzt Frauen in Tschechien, Polen, China ...«

Ein neuer Wohnungsinteressent kommt. 1.200 DM Miete. Tendenz steigend. »Ist natürlich nichts für Arbeitslose aus den Buntgarnwerken.«

Hartmut Schmidt schickt mich zu Bernd Busch, Ruth Falke und Karl Heinz Mißler, die hätten lange im Betrieb gearbeitet. Und im Büro des neuen Geschäftsführers müssten noch Brigadetagebücher und die Chronik liegen. Der neue Geschäftsführer ist 32, studierter Betriebswirt, freundlich und hilfsbereit, aber aus Hamburg und weiß deshalb nichts über Betriebschroniken und Brigadetagebücher. Er sucht ziellos in den Ablageschränken. Ich sage ihm, dass er nach roten Schmuckmappen schauen muss ...

Aus dem Brigadetagebuch der Spinnerei: »Große Freude herrscht bei all unseren Kolleginnen, die ab 1. Mai 1977 in den Genuss der sozialpolitischen Maßnahmen kommen. Für alle Kolleginnen mit zwei Kindern nur noch 40 Arbeitsstunden. Alleinstehende über 40 Jahre erhalten einen Haushaltstag. Wir werden diese Vergünstigungen mit dem Bestreben um eine höchstmögliche Planerfüllung beantworten.« – »Unser Kampfprogramm: Energieeinsparung durch Abschalten der Absaugmotoren während der Pause und Abschalten der Beleuchtung über nicht genutzten Flächen ...« – »Am 23. März 1982 fand im Klubhaus die musikalisch-literarische Veranstaltung unter dem Motto ›Ein Nachmittag bei Goethe‹ mit Nationalpreisträger Günter Grabbert statt. In netter Form wurde uns Goethe nähergebracht ...«

Über die bekannte Leipziger Schriftstellerin Gerti Tetzner lese ich im Brigadetagebuch nichts. Sie hatte 1977 fast ein halbes Jahr in der Ringspinnerei gearbeitet. Allerdings nicht, um »ihre Verbindung zur Arbeiterklasse zu vertiefen«, und auch nicht, um einen sozialistischen Produktionsroman zu schreiben, sondern um Geld zu verdienen. Ein Reportagebuch, in dem sie an der kooperativen Entwicklung der DDR-Landwirtschaft gezweifelt hatte, war nicht erschienen, außerdem hatte sie den Aufruf gegen Biermanns Ausbürgerung unterschrieben. »In unserem Haus wohnt eine Polin, die hat mich dann in die Spinnerei mitgenommen. Drei Schichten. Nach Mitternacht war's am schlimmsten. Zuerst musste ich Garn aufstecken und die Maschinen putzen. Es war Sommer, die Klimaanlage gerade rausgerissen und verscherbelt. Mittags über 40 Grad. Das synthetische Garn verformte sich, riss. Und außer einer halben Stunde Pause immer auf den Beinen. Nach Feierabend spürte ich meine Beine nicht mehr. Ich war damals schon über 40. Gewöhnlich standen die Frauen über 40 nicht mehr an der Maschine, sondern sortierten im Lager die Baumwolle.« Nach 5 Monaten hatten Leipziger Maler und Schriftsteller so viel Geld gesammelt, dass Gerti Tetzner auch ohne den Spinnereilohn wieder leben und schreiben konnte. Sie schaut nicht im Zorn zurück. »Ich habe mir damals bewiesen, dass ich jederzeit bei null anfangen kann, nicht abhängig bin. Außerdem lernte ich lebenstüchtige, bauernschlaue Leute kennen ...«

Vielleicht auch Bernd Busch, der 1924 in Plagwitz am Kanal geboren wurde und heute immer noch in einer der Werkswohnungen gegenüber der Spinnerei zu Hause ist. Als 8-Jähriger hatte er 1932 zusammen mit seinem Vater vor dem »Tittel & Krüger«-Betriebstor gestanden. Die Textilarbeiter streikten um einige Pfennige Lohnerhöhung, und die Unternehmer setzten Streikbrecher ein. »Wir verteilten Flugblätter, beschimpften und bespuckten diese Verräter ... 1957, ich war inzwischen in der Personalabteilung des volkseigenen Betriebes, gratulierte ich einigen von ihnen mit Blumen und Urkunden zu ihrem 25-jährigen Betriebsjubiläum.«

1948 kam Bernd Busch zu »Tittel & Krüger«. Damals wurde auf dem Leipziger Schwarzmarkt mit Schwanenwolle en gros gehandelt. Die Landesregierung schickte eine Kontrollkommission. Sie fand nichts. Da wurde eine zweite geschickt, 20 »Experten«. Und die entlarvte die alten Chefs als »Wirtschaftsspione«. Vier wurden verhaftet, zwei davon verurteilt, einer freigelassen, und einer erhängte sich. »Mich setzte man als Treuhänder ein. Und die Treuhand schärfte mir ein, dass es nicht im Sinne der Arbeiter ist, wenn ein Privatbetrieb Gewinn für die Kapitalisten erwirtschaftet. Im Klartext: Miese machen! Die runtergewirtschafteten Verlustbetriebe – Frau Breuel musste überhaupt nichts Neues erfinden – konnte man dann enteignen und in Volkseigentum umwandeln.« Das geschah im Oktober 1952. Zu der Zeit hatte Bernd Busch schon das Kulturhaus der Textilarbeiter gegründet und wurde dessen Leiter.

Früher stand das Kulturhaus Mauer an Mauer mit dem Betrieb. Heute hat es sich wie ein abgedriftetes Rettungsboot an die 100 Meter entfernt. Dazwischen offenes Feld. Hier war nach der Wende die neugebaute Färberei als erster Teil der Buntgarnwerke abgerissen worden. Die Betriebsgeschichte endete, wie sie 1875 begonnen hatte: mit der Färberei. Damals hatten »Tittel & Krüger« eine Dampffärberei errichtet. Die Frauen wuschen die Wolle mit der Hand in der Elster. Wichtigstes Produkt, das die Firma reich machte: Tapisseriewaren. Bunte Stickereien auf grobem Gewebe für Kissen-, Tisch- und Stuhlzierrat für die gute Stube. Die Firma vergrößerte sich. Von 1879 bis 1923 entstand das heutige Industriedenkmal mit der historischen Backsteinarchitektur, der neobarocken Kolossalarchitektur der Kaiserzeit und der modernen Stahlbetonarchitektur des Jugendstils. Auch die Anzahl der Beschäftigten und die Gewinne vergrößerten sich. 1887 noch 542 Beschäftigte, 1911 schon 2.000. 1901 rund 12 Millionen Mark Umsatz, 1938 über 25 Millionen RM, davon 1,4 Millionen RM Reingewinn. Gute Geschäfte mit Uniformgarnen.

Nach dem Krieg verschwanden Aktien im Wert von einer halben Million und das geschützte Schwanenmarkenzeichen nach Hamburg-Bahrenfeld in die Sternwollspinnerei. Die Plagwitzer produzierten ohne Signet und versuchten, aus Zellulose und russischen Baumwollabfällen Strickgarne zu spinnen.

Damals hat Ruth Falke schon in der Wollgarnfabrik gearbeitet. Zu Hause sechs Geschwister, vier noch schulpflichtig. Mit 15 schickte die Mutter die schmächtige Ruth in die Garnspinnerei. Ihr erster Arbeitstag: der 11. November 1946. »Wolle konnte ich keine klauen, mein Onkel war im Betriebsrat. Aber die Fabrik hat unserer

Familie – der Vater starb bald nach dem Kriegsende – das Überleben erleichtert.«

Am 1. Oktober 1990, nach 44 Arbeitsjahren und zwei Tage vor der Wiedervereinigung, wurde die Meisterin Ruth Falke in den Vorruhestand geschickt. »Für mich wie eine Entlassung. Die Kolleginnen schenkten mir eine Palme und eine Keramikschale zum Abschied; am Ende der Spätschicht war's, vor der Nachtschicht.« Sie kramt die Schale aus dem Schrank und Mappen mit Zeitungsartikeln und Fotos. Sie als 21-Jährige in festlich weißer Bluse. »Erste Aktivistin 1952« und »Die erste Spinnerin, die drei Seiten bedient, dreimal 204 Spindeln«.

Vom Stubenfenster aus sieht sie die Fensteraugen in der Ringspinnerei. »Stundenlang habe ich nach der Entlassung hier gesessen und hinübergeschaut. An alles dachten wir bei den Montagsdemos, aber niemand konnte sich vorstellen, dass wir irgendwann aufhören würden, Garn zu spinnen. Jahrzehntelang Sonderschichten, Sonnabendarbeit und ausländische Arbeiter. Zuerst die Polinnen, dann die Kubanerinnen, Moçambiquanerinnen und zuletzt die Vietnamesinnen. Die arbeiteten noch, als ich schon am Fenster saß. Dann gingen auch die zum letzten Mal durchs Tor. Und als die Maschinen weggefahren wurden, habe ich schon nicht mehr zuschauen können.«

Seitdem war sie nur noch einmal in den leeren Hallen. Ich bitte sie, mir das verwunschene Fabrikschloss trotzdem zu zeigen. Sie überlegt sehr lange. Dann kämmt sie sich sorgfältig die Haare, cremt das Gesicht ein und schminkt sich die Lippen. Sie will durch die gewohnte Eingangstür ins Fabrikgebäude hineingehen, doch die ist verschlossen. Ich zeige ihr das offene Tor neben der

Laderampe. Über das Gerümpel hinauf zur ersten Halle. »Hier war die Packerei. Schufterei, aber nicht so laut wie bei uns, die konnten sich noch unterhalten.« Bierbüchsen zuhauf, Wodkapreise an der Wand. »Nächtelang dröhnte die Disko in der leeren Fabrik.« Wir steigen Treppen mit vielfach übermalten grün-grau-blauen Ölsockeln zur Zwirnerei hinauf. Dort liegen, wie auf einer Müllhalde, die Reste von Ausstellungen, Performances und Sessions, die in den Hallen stattfanden, als die Maschinen draußen waren. Zwischen Pappen, Pinseln, Blechen, Spraydosen und verschimmelten Speiseresten die Programmhefte eines hiesigen Theaters: »Kurze Komödie vom Überleben«.

»Auch sogenannte Künstler sind manchmal Schweine«, sagt die Spinnerin. Danach schweigt sie lange. Das Warnschild: »Klimatisierter Raum! Tür schließen!« Dahinter ihre Spinnerei. Sie zuckt nicht wie ich zusammen, als Tauben aufflattern. »Die waren schon früher hier. Zum Subbotnik [freiwilliger Arbeitseinsatz am Sonnabend, L. S.] haben wir den Taubenmist immer aus den Fenstern gekratzt.« Doch tote Tauben wie jetzt hätten hier natürlich nie herumgelegen. Ihr Meisterzimmer ist leer. Schöne Aussicht auf die Elster. »Manchmal haben wir unten die Ratten beobachtet.«

Dann zeigt sie mir den großen Pausenraum. An der Wand noch die Spirale des zerschlagenen Wasserkochers, vom Fünf-Meter-Blumenfenster nur vertrocknete Blätter. Sie flieht zur Mitte der leeren Halle, rennt an einer imaginären Maschine entlang, prüft den Fadenlauf, zeigt mir, wie man die rasenden Spindeln mit der Kniebremse stoppt, wenn der Faden gerissen ist. »Am meisten rissen die 20:80-Partien – 20 Prozent Baumwolle und 80 Prozent Poly oder umgekehrt, ich weiß es schon nicht mehr. Also das Garn für die NVA-Uniformen.« Laut geworden sei sie wegen der Fadenrisse nie. »Aber wenn eine Kollegin die Maschine nicht ordentlich putzte – ich hatte einen Putzfimmel –, schrie ich schon mal. Die Kolleginnen würden heute grinsen, wenn sie wüssten, dass ich jeden Morgen für paar Stunden zu Karstadt fahre und im Kaufhaus saubermache.« Die Rente reiche nicht für Miete, Strom, Kleidung und Essen. Von acht Kolleginnen, mit denen sie sich regelmäßig noch zum Kaffee trifft, hätte nur die jüngste Meisterin wieder eine Anstellung gefunden. »Sie reinigt auf dem Bahnhof die Waggons.«

Ruth Falke geht zu den Fenstern mit den Saugrüsseln. »Das sind die Lüfter der Klimaanlagen, die fast nie funktionierten.« Ich merke, dass sie genug hat, wieder rauswill. In einem Schrank findet sie eine kleine runde Batterie. Sie lächelt, sagt, als wolle sie sich ablenken: »Meine Uhr zu Hause steht«, und steckt die Batterie ein. »Das Erste, was ich aus dem Betrieb mitnehme. Und das Letzte.« Sie verabschiedet sich. Muss zum Arzt. Kaputter Rücken und chronische Sehnenscheidenentzündung. Wie viele aus der Spinnerei.

Am späten Nachmittag klingle ich beim ehemaligen Technischen Direktor, Karl Heinz Mißler. Er wohnt am Südeingang, nur durch den Fluss vom Betrieb getrennt. Die Wohnung steht voller Kisten. Umzug. Auf den Tag genau nach 40 Jahren (die Zeit, als er in Ceylon eine Spinnerei aufbaute, eingerechnet) zieht er aus. Nein, in keine der neuen Plagwitzer Wohnungen, sondern nach

Rückmarsdorf. »Weg von Plagwitz, in dem die alten weltbekannten Firmen, die Landmaschinenwerke von Rudolf Sack, die Produktion von ›Mey & Edlich‹ an der Nonnenstraße und all die anderen der Gründerzeit sterben.« Er führt mich in sein Schlafzimmer, öffnet das Fenster. Den Anblick kenne ich: Efeu und Moos, bröckelnde Wände, zerschlagene Fensteraugen. »Ich habe nachts im Schlaf gehört, wenn eine Spinnmaschine kaputt war oder die Wasseraufbereitungsanlage nicht rund lief. Da bin ich aufgestanden und hinüber in den Betrieb gegangen. Jahrzehntelang. Und nun soll ich bis zum Lebensende mit ansehen müssen, wie alles verrottet? Lieber zieh ich weg. Ich will endlich frühmorgens wieder das Fenster aufmachen können.«

In der Dunkelheit laufe ich noch einmal am Fluss entlang. Kein Licht brennt im Schloss. An der Brücke ein Menschenauflauf. Junge Leute verladen Kisten auf einen LKW. In den Kisten flattern aufgeregt große weiße Schwäne. »Wir bringen sie vor dem Winter in ein festes Haus.« – Damit sie nicht erfrieren, die Schwäne aus der Elsteraue.

Die Kalikarawane

Als alle im Bus sitzen, nimmt der schnauzbärtige beschlipste Fahrer das Mikrofon und hält die erste Rede dieses Freitags. »Liebe Reisegäste, ich heiße Albrecht Hahnemann und begrüße Sie recht herzlich zu unserer Fahrt nach Bonn ... Bei euch geht es heute ja um sehr viel, um eure Arbeit ... Unterwegs werden Sie durch eine wunderschöne Landschaft fahren ... Und viele von euch sind schon in meinem Alter, wo es schwer ist, eine neue Arbeit zu finden ... Ich wünsche Ihnen und mir eine angenehme Reise ... Und natürlich habe ich für euch reichlich Bier und auch Kümmerling an Bord.« Beifall.

Ein junger Mann kommt zu spät, sucht noch einen Platz, sagt: »Wenn nichts mehr frei ist, fahre ich eben runter zur Arbeit in unsere Grube.« Stille. Keiner lacht. Es ist 5.30 Uhr. Einfahrzeit. Mit Geleucht, Helm und Grubenrettungsmaske stehen sie sonst um diese Zeit auf der Hängebühne, warten auf einen der stählernen Käfigkörbe, der sie hinunterbefördert in die Tiefe der weißen Kaliwelt. Aber heute dreht sich nicht ein Rad. Keine Einfahrts-, dafür aber Abfahrtszeit. In mehr als 20 Bussen fahren 1.500 Kumpels aus dem südthüringischen Merkers und dem nordthüringischen Bischofferode nach Bonn.

Am Abend zuvor hatte ich in Dermbach bei einem mir noch unbekannten Kalikumpel unangemeldet an der Tür geläutet. Eine Frau öffnete und guckte, als wolle sie im nächsten Moment die Tür wieder zuschlagen. Ich redete wie ein Wasserfall, bis der Mann gerufen wurde und ich ihm erklären konnte, dass ich am Morgen mit nach Bonn möchte und ob ich, falls auch er mitwolle, bei ihm übernachten könne. »Das Kinderzimmer ist frei«, sagte er. Später bei Bier, Brot und Hausmacherwurst entschuldigte sich die Frau für den unfreundlichen Empfang. Doch es trieben sich jetzt überall Vertreter und anderes Gesindel herum.

Der Mann, Franz Beier, wird im Juni 50 und ist dann 30 Jahre unten in der Grube. »Falls wir im Juni noch arbeiten. Ich bin zwar im Betriebsrat, hätte also was ahnen müssen, aber keiner von uns hat bis zur Fusion mit dem West-Kalikonzern geglaubt, dass unsere Grube in Merkers und die Fabrik dichtgemacht werden könnten. Erst noch die neue Granulatanlage in der Fabrik gebaut und in der Grube für Millionen Westmark neue Lüfter eingesetzt … Wahrscheinlich wollten sie uns damit nur täuschen und beruhigen, um ein Werk nach dem anderen in Thüringen schließen zu können.«

Kurz nach vier weckt mich Franz Beier. Im alten Küchenherd brennt schon ein Holzfeuer. Die Frau hat meine Schuhe zum Anwärmen danebengestellt. Und auf dem Tisch liegen in Pergamentpapier eingewickelte Frühstücksbrote für mich. Halb fünf wird der Mann unruhig. Um diese Zeit rennt er sonst zum Zug. Gegessen und getrunken hat er nicht. »Den ersten Bissen gibt es immer erst unten in der Grube.«

Wir nehmen noch einen Kumpel mit und fahren dann in Richtung Merkers. Kaum Verkehr. Erst als wir auf die Ausfallstraße nach Hessen kommen, blenden uns die Lichter einer schier endlosen Autoschlange. Alle fahren von Thüringen nach Hessen.

Vor dem Merkerser Werktor finde ich mühsam in einem der Busse neben einem Mann mit einem blauen Anorak, dunklem Vollbart, brauner dicker Hornbrille noch einen freien Sitzplatz. Rechts von mir sitzt einer mit Pullover und grauem Bart und neben dem einer mit Schlips und Anzug im Fischgrätenmuster. Der Anzugmensch redet als Einziger laut wie ein Marktschreier, schimpft, dass »Honecker mein Geld in Chile verprasst« und dass »die Stasischweine immer noch nicht alle arbeitslos sind«. Von außen kleben Kumpels Spruchbänder an den Bus: »Unser Kali – Brot für die Welt und Arbeit für uns.«

Abfahrt. Nach 100 Metern erzählt der Busfahrer den ersten Witz. »Also: Ein piekfeiner Mercedes-Busfahrer aus Kassel und ein ölverschmierter Ikarus-Busfahrer aus Eisenach stehen vor dem Himmelstor. Petrus lässt den Ikarusfahrer in den Himmel und schickt den Mercedes-Kutscher in die Hölle. Da schreit der aus Kassel: Dieses Dreckschwein aus dem Osten in den Himmel und weshalb ich in die Hölle? Da sagt Petrus: Weil du, mein Sohn, ja schon auf Erden den Himmel hattest.«

Die ehemalige Grenze bei Vacha. Der alte Grenzwachturm ist inzwischen zur Litfaßsäule für die Spray-Gefechte linker und rechter Extremisten umfunktioniert worden. Der erste hessische Ort Philippsthal, das der »Kali und Salz AG« gehörende Kaliwerk Hattorf. Die Förderräder im Turm drehen sich.

»Diese Verbrecher! Uns abmurksen, um selbst zu überleben!«, schreit der mit dem fischgrätengemusterten Anzug. Fäuste und Flüche überall im Bus. »Erst uns entlassen und danach unser Salz holen wollen!« – »Von außen schön lackiert, ihre Scheißfabrik, aber innen auch nur eine Rostbude, ich habe es selber gesehen!«

Neben mir der mit der Hornbrille schweigt.

Nach den Flüchen wird es sehr still im Bus. Nur das Radio dudelt. Es ist die Zeit, während der sie im Mannschaftswagen unter Tage dösend zu ihren Abbaustrecken fahren. Manche mehr als 10 Kilometer. Ich habe also Zeit, die ökonomischen Hintergründe dieser Fahrt nach Bonn im Kopf zu sortieren.

Bis zum Mauerfall waren die BASF-Tochter »Kali und Salz AG« – nach 1971 der einzige westdeutsche Kaliproduzent – und die DDR-Kaliindustrie erbitterte Konkurrenten auf dem Weltmarkt. Ein Beispiel dafür: Obwohl Regierung, Presse und Kalikonzerne der BRD und der DDR immer wieder verlangten, endlich die Werra zu entsalzen, war die »Kali und Salz AG« nur unter der Voraussetzung bereit, »die Aufbereitungsverfahren an die DDR zu geben, wenn die östlichen Vertragspartner keine durch die neue Technik entstehenden Kaliprodukte auf den Weltmärkten anbieten und somit nicht die Existenz des Technologielieferanten aus dem Westen gefährden« (Weserkurier vom 26. Januar 1988). Damals exportierte die ostdeutsche Kaliindustrie fast noch doppelt so viel wie die »Kali und Salz AG«, davon 60 Prozent in kapitalistische Länder. Bis 1990 gelang es den Westdeutschen nicht, die DDR von der dritten Stelle auf dem Weltmarkt zu verdrängen. Aber was bis zum Herbst 1989 ein gut gehütetes Geheimnis für die Westkonkurrenz war, änderte sich mit dem Fall der Mauer. Nur ein paar Tage danach, am 14. November 1989, fuhren die ersten freundlichen »Berater« des westdeutschen Kalikonzerns bei ihren ehemaligen Erzkonkurrenten an der Werra in die Gruben ein, begutachteten später auch die Bücher, die Produktions- und Effektivitätskennziffern. Und rieten unter dem Deckmantel der Umweltent-lastung ausgerechnet dazu, auf das einzige in Preis und Nachfrage ständig steigende Kaliprodukt, auf die Pro-duktion des Kaliumsulfats, an der Werra zu verzichten. Vertraglich geregelt wurde, dass die Marktanteile der Ost-deutschen an diesem Produkt von der »Kali und Salz AG« (sie hielt 40 Prozent des Weltmarktanteils bei Kalium-sulfat) mitbeliefert werden. Anschließend verordnete man der ostdeutschen Kaliindustrie, allen marktwirt-schaftlichen Prinzipien hohnsprechend, ein Ausfuhr-verbot ihrer Produkte in alle alten Bundesländer. (Wir hatten schließlich auch genügend Butter, Milch und Quark in Ostdeutschland, konnten aber die westdeut-schen Milchkonzerne nicht daran hindern, den ostdeut-schen Markt zu besetzen.) Es blieb für die ostdeutschen Kaliproduzenten der Markt der ehemaligen DDR, also der zusammenbrechenden landwirtschaftlichen Produk-tionsgenossenschaften, die kaum noch Dünger abnah-men. Und obendrein musste die ostdeutsche Kaliindustrie dem Wiener Kali-Exportkartell beitreten, das den hiesi-gen Kalibetrieben so hohe Preise diktierte, dass die bis-lang nicht gerade reichen Kunden aus der Dritten Welt absprangen und sich nun Kali zu Dumpingpreisen in der ehemaligen Sowjetunion besorgten.

Natürlich wurden auch die für die Entwicklungs-länder günstigen Kopplungsgeschäfte mit der ehemaligen DDR, zum Beispiel »Kali gegen Kaffee«, untersagt, außer-dem war der Kaffeemarkt in Ostdeutschland inzwischen unter Bremer und Hamburger Kaffeekonzernen aufgeteilt. Danach dauerte es nur noch wenige Treuhand-Verhandlungsmonate, bis die Ostdeutschen bereit waren, ihre Gruben in Bischofferode und Merkers zu schließen und das unbestritten hochwertigere Kalisalz aus Merkers später durch einen Grubenverbund aus dem Hessischen abbauen zu lassen. Dieser Grubenverbund würde rund 150 Millionen DM Treuhandgelder, also Steuergelder, kosten. Hätte man zwei Jahre zuvor nur 33 Millionen Mark (und nicht 150) für die fast fertige neue Kaliumsulfatfabrik in Merkers ausgegeben, könnte man weiter Kali verarbeiten, dort, wo man es produziert: in Thüringen. Aber sobald solche Art von eigenständigen Gedanken in ein Konzept einflossen (und nicht die Konkurrenzbereinigung nach Art von »Kali und Salz«), drohte der inzwischen übermächtige Kalikonzern im Westen: »Sorgen bereitet ›Kali und Salz‹ die Absicht der Treuhand, die Mitteldeutsche Kaligesellschaft zu einem rentablen Unternehmen zu sanieren. Gegenüber subventionierten Staatsunternehmen mit aggressiver Preispolitik und diesem Marktangriff wird sich ›Kali und Salz‹ mit allen Mitteln wehren.« (Nachzulesen in VWD-Spezial, Nr. 221)

Sie mussten sich nicht wehren. Die Treuhand stand ihnen hilfreich zur Seite, auch mit Beratern, Experten und bewährten Kadern, die sie von »Kali und Salz« ausborgte und in die Führungsgremien der ostdeutschen Kaliindustrie lancierte. Unter anderem Alwin Cottoff, zuvor Direktor bei »Kali und Salz«, danach beim ostdeutschen Konkurrenten verantwortlich für die Gruben und Lagerstätten. Und der Aufsichtsratsvorsitzende im

Osten, ein gewisser Herr Steger, früher Wirtschaftsminister in Hessen. Und die der »Kali und Salz« verbundene »Consulting GmbH« wurde mit der Bewertung von Produktivität und Effektivität der ostdeutschen Kaliwerke beauftragt. Folgerichtig kam auch heraus: Senkung der Kaliproduktion in den neuen Bundesländern von 3,5 Millionen Tonnen 1988 auf, wie es im Fusionsvertrag vereinbart wurde, 1,2 Millionen Tonnen. Und in den alten Bundesländern von 2,5 Millionen Tonnen auf 2 Millionen Tonnen. Und zu den seit drei Jahren im Osten entlassenen rund 25.000 Kumpeln, in Merkers allein 6.000, sollen nun noch einmal 1.700 kommen. Aber jetzt völlig paritätisch: 1.700 im Osten und 1.700 im Westen. Die im Osten werden in ein bis zwei Jahren auf der Straße stehen, denen im Westen räumt man für die Schließung eine Schonfrist von fünf bis sieben Jahren ein. Damit ist der deutsch-deutsche Kalikonkurrenzkrieg für die »Kali und Salz AG« und die BASF siegreich beendet.

Die ersten Bierflaschen und Taschenrutscher werden herumgereicht. In Reinhardshain lenkt Albrecht Hahnemann wie alle anderen Fahrer den Bus auf den Rastplatz. Aber trotz der Buskarawane macht das Restaurant kein Geschäft, denn die Kalikumpels – unter Tage gibt es keine Kantine – sind Selbstversorger. Sie packen ihre Brote aus. Immer sind sie so eingefahren, mit Brot und Trinkflasche ...

Drei Tage zuvor hatte ich mir für 35 Deutsche Mark das Privileg erkauft, das inzwischen für viele Merkerser Kalikumpels vergänglich geworden ist: die Einfahrt in die Grube. Mit mir wollten eine Schulklasse, vier Franzosen, ein paar Bayern, ein Rentnerverein und zwei Polendeutsche aus Frankfurt/Main hinunter in das seit 1990 geöffnete größte Kali-Erlebnisbergwerk der Welt. Treffpunkt zur Grubenfahrt im »Bergwerksstübl«. Die Deutschpolen erzählten dem Kassierer, einem ehemaligen Steiger, stolz, dass sie 1950 als Ersatzdienst für die Armee in einer schlesischen Steinkohlegrube geschuftet hätten. »Jeden Tag schwarz wie die Nacht.«

Kalibergbau ist weiß. Auch die Anzüge der zwei Steiger, die uns führten, waren weiß. Einer der Touristen stimmte »Der Steiger kommt« an. Niemand sang mit. Die Steiger verkauften Ansichtskarten und Mineralien. Und Trinkflaschen der ehemaligen Kali-Kampfgruppe für 9,90 DM. Ein dunkler Basaltstein aus 1.000 Meter Tiefe kostet 8 DM. Genauso viel wie das Aktivistenabzeichen. »Dafür musste man allerdings einige Jahre lang ordentlich arbeiten«, sagte der Steiger. Ein Glas mit Halit für 15 DM. Einer der Bayern kaufte eine Medaille »Bester Steiger« für 14,90 DM. »Die werde ich mir heute Nacht an den Schlafanzug heften, bevor ich zu meiner Alten ins Bett steige!« Die beiden Obersteiger schauten irritiert auf die Spitzen ihrer schweren schweinsledernen Arbeitsschuhe.

Umziehen. Weiße Jacke. Helm auf. Geleucht an. Gemeinsamer Marsch zur Hängebühne. Davor zwei schon nicht mehr frische Fichtenkränze mit schwarzen Schleifen. »War ein Unfall unten in der Grube?«, fragten die Schüler. Die Steiger antworteten nicht. Wir drängelten uns in die Förderkörbe. Drei Anschläge und mit 12 Metern pro Sekunde abwärts in die Dunkelheit. Die Schüler kreischten. »Fetzt mehr als auf der Geisterbahn in Geiselwind«, johlte einer. Der Steiger, der, wie er erzählte, 20 Jahre als Obersteiger in der Grube war, hielt das Grubenlicht mit beiden Händen umfasst, so als bete er. Ein Ritual. Rot leuchtender beschützter Embryo. Unten auf der ersten Sohle angekommen, hängten wir unsere Fahrmarken an die Tafel. »Gesprengt wird erst, wenn alle Fahrmarken wieder weg sind«, erklärte der Steiger. Ich zählte die Marken. 71.

»Es sind 60 Touristen und 11 Kumpels unten«, sagte mir der Steiger so leise, dass es die Übrigen nicht hörten. Und früher? »In jeder Schicht über 200 Kumpels.«

Wir fuhren die glatten weißen Steinsalzstraßen in zwei der offenen Mannschaftswagen bergauf und bergab. Zuerst in das Kali-Museum. In einer Vitrine lag dort auch das Grubengeschäftsbuch aus der Kaiserzeit. In Schmuckschrift golden auf dem Titelblatt: »Mit Gott!« Der Steiger witzelte: »Zuerst haben wir es mit Gott versucht, dann 40 Jahre mit Marx, schließlich zwei Jahre mit BRD-Wirtschaftsminister Möllemann. Und der hat geschafft, was Gott und Marx nicht schafften …« Einer der Bayern verbat sich den kommunistischen Politunterricht.

Weiterfahrt in den mächtigen Vorratsbunker, in dem 50.000 Tonnen Salz zwischengelagert werden können. In dem fabrikhallengroßen Raum steht der einzige Schaufelradbagger der Welt, der sich unter Tage befindet. Im März 1989 für 5 Millionen Mark gekauft, auseinandergebaut und Teil für Teil in den Förderkörben nach unten gebracht. Er sollte helfen, die Kumpels bei Arbeitsspitzen von immer wieder nötigen Sonderschichten zu befreien, denn sie konnten in manchen Monaten nicht so viel Salz fördern, wie auf den Weltmärkten verlangt wurde. Einer der Touristen fragte, wie lange die Kalivorräte in Merkers reichen.

»Wenn man wie bisher täglich 27.000 Tonnen fördert, mindestens noch 40 Jahre.« Nach der Besichtigung des Vorratsbunkers Weiterfahrt zum Goldraum, in dem 1945 Gold, Geld, Gemälde, Teppiche und andere Schätze der Deutschen Reichsbank eingelagert waren. Eisenhower persönlich beaufsichtigte den Abtransport. Nichts davon wurde wiedergefunden. Die Hälfte des Goldes würde reichen, sagte mir der Steiger leise, um heute Grube und Werk zu retten. Ich fragte ihn, weshalb er mit den anderen nicht über die Ängste der Kumpels spricht. »Es sind unsere Gäste, wir zeigen ihnen nur das freundliche Gesicht. Alles andere verdirbt das Geschäft.« 70.000 Gäste seit August 1990. Man arbeitet mit Gewinn. Und die entdeckte Kristallhöhle im Erlebnisbergwerk soll bald unter dem Schutz der UNESCO stehen. Leider nur diese Höhle ...

Nach dem Frühstück werden die Kumpels im Bus gesprächiger. Der Graubart rechts neben mir, Siegfried Miersch, ist 53. Seit 28 Monaten arbeitslos. Mit 14 begann er im Bergwerk, 36 Jahre arbeitete er dort. »Ich war gerade 50 geworden, als der Steiger mir sagte: ›Siggi, du fährst heute schon eine dreiviertel Stunde eher aus, sollst dich beim Betriebsdirektor melden.‹ Der überreichte mir einen Wisch. Ganze drei Sätze standen drauf auf der Entlassung. Drei Sätze für 36 Jahre unter Tage. Meine Frau hatte noch Arbeit in der Merkerser Buchhandlung, ja, das ist die neben unserem Werktor. Aber meine zwei Söhne, deren Frauen und ich waren arbeitslos. Da haben wir zusammen als rettenden Strohhalm die Buchhandlung gekauft. Aber wenn Kali dichtmacht, können wir die auch schließen.« Er reicht mir Knackwurst und Schnaps herüber. »Wenn es erst so weit ist, hilft nur noch beten.«

Pfarrer Sopko aus dem Kalidorf Tiefenort ist nicht mit nach Bonn gefahren. »Obwohl ich mir vorstellen könnte, dort im schwarzen Talar in der ersten Reihe zu marschieren«, sagte der Geistliche, als ich ihn in der vergangenen Woche besucht hatte. Doch es hätte ihn niemand vom Betriebsrat angesprochen, und außerdem wären die Kumpels wohl mitschuldig an ihrem Unglück. »Denn besonders mutig waren die nie. Als im Herbst 89 unsere Kirche überfüllt war, gingen die Kumpels noch lange nicht auf die Straße, geschweige denn, dass sie mit ihren Bonzen abrechneten. Sie streikten auch nicht. Sie waren brav und warteten. Und als im Nachbarort Dorndorf die Kaliumsulfatfabrik geschlossen wurde, da protestierte kein einziger Merkerser Kumpel. Im Gegenteil, sie hofften, dass sie eine größere Überlebenschance haben würden, wenn Dorndorf dicht sei. Und heute, wo es den Merkersern an den Kragen geht, schreiben die Kumpels aus der Nachbargrube Unterbreizbach einen offenen Brief, in dem sie die Schließung von Merkers begrüßen. 40 Jahre haben wir in der DDR von Solidarität gepredigt, aber heute besitzen wir davon weniger als die Eskimos auf Grönland.« Ich fragte den Pfarrer, ob er sich um die arbeitslosen Kalikumpels kümmert. Ja, er hätte sie in die Kirche eingeladen. Aber es wäre niemand gekommen. »Man will die ›Schande‹ nicht noch öffentlich zugeben. Dabei benötigten sie dringend Hilfe und Bei stand. Im Nachbarort Kieselbach hat ein arbeitsloser Kumpel Selbstmord begangen ...«

Man beginnt sich im Bus einzurichten. Lesen. Essen. Trinken. Dösen. Und der Fahrer erzählt von den Sehenswürdigkeiten in Bonn. Gestört wird die Gemütlichkeit, als einer die neueste Ausgabe der IG-Bergbau-Erde-Zeitung »Einheit« herumreicht.

»Sollte besser ›Zwietracht‹ heißen, das Drecksblatt.« In einem Artikel beschuldigt man die Merkerser der Lüge und der Uneinsichtigkeit, fordert sie auf, endlich der Fusion und der Schließung zuzustimmen.

Mein Nachbar mit der Hornbrille schweigt noch immer. Ich spreche ihn an, frage, als was er arbeitet.

»Ich bin der Arsch der Fabrik, weißt du.« Pause.

»Und wenn der Arsch verstopft ist, dann bläht der gesamte Betriebsbauch.« Dieter Mainka arbeitet zwei Kilometer vom Werk entfernt als Haldenwärter. Allein. »Da redest du den ganzen Tag mit dir selber ... Vielleicht werde ich einer der Letzten sein, wenn in Merkers das Licht ausgeknipst wird. Denn die Fabrik muss ja abgerissen werden, und solange man abreißt, wird man auch was auf Halde fahren.« Aber sicher könne man heutzutage nie sein. »Mein Sohn hat Gleisbauer gelernt. Ich dachte, das ist was Todsicheres, wo doch überall neue Eisenbahngleise verlegt werden. Aber schon neun Monate vor dem Abschluss erhielt er die Kündigung ... Er hat sich zum Bund gemeldet.« Der Haldenwärter schweigt wieder lange. Dann fragt er mich plötzlich: »Was werden das für Leute sein, die uns in Bonn empfangen? Polizei oder Bundesgrenzschutz? Wir haben so was doch noch nie gemacht.«

Radiomusik. Nachrichten. Als Spitzenmeldung immer noch Duisburg-Rheinhausen. 2.500 Stahlarbeiter sollen dort entlassen werden. Politiker aller Parteien protestieren. Mein Nachbar sagt: »Würde das Stahlwerk im Osten stehen, kein Aas hätte ein Wort darüber verloren.«

Die Rheinbrücken. Und dann die ersten Polizeikräder. Auf der Autobahn ist die Kalikarawane auseinandergerissen. Die Polizei lotst die Busse einzeln durch die Bundeshauptstadt. Vorbei an den großen Parteihäusern. Einer ruft: »Habt ihr die Plakate mit?« Und ein anderer: »Denen werden wir es zeigen!« Danach ist es unheimlich still, bis der Bus auf dem Parkplatz hält. Der Mercedes-Stern dreht sich auf einem Hochhaus. »Wir sind richtig«, sagt Siggi Miersch. »Wo der Stern ist, muss auch die Regierung sitzen.«

Die Ersten, die am nötigsten mal müssen, steigen flink aus, suchen zwischen mickrigen Sträuchern verzweifelt nach einer Deckung. Finden keine. Immer mehr Busse kommen. Man wird es sich bis hinterher verkneifen müssen. Flüche. »So was nennt sich Bundeshauptstadt, aber nicht mal 'ne Pissbude!« Die Transparente werden ausgeladen. Dann schreit jemand: »Formiert euch!«

»Wie zum 1. Mai?«

»Ja, so ähnlich.«

Immer mehr Polizeikräder. Und außerdem zwei PKW mit Zivilen, die unentwegt in ihre Sprechgeräte reinmurmeln. Die 1.500 haben sich formiert. Sie gehen langsam, recken ihre selbstgemalten Plakate in die Höhe. »Schürfen unser Rohsalz erst die Hessen, kannst Du Deinen Job vergessen!« – »Ossis, Menschen zweiter Klasse!« – »Hessischer Bergbau raubt Thüringer Salz!« –

»Herrn Bethges Konsequenz – zuerst muss weg die Konkurrenz!«

Fotografen und Fernsehleute suchen nach Motiven. Und dann stehen wir an der Absperrung. Immer mehr Polizisten, aufeinander eingespielt wie Bühnenarbeiter am Theater, befestigen Hunderte Meter von Eisengittern. Davor hat sich das kleine rote Feuerwehrauto der Merkerser postiert. Aus dem Lautsprecher plärrt das »Deutschlandlied«. Der Zug stockt vor der Absperrung, drängt sich um die Feuerwehr. Dann versuchen sich die ersten Redner. Aber die Lautsprecher auf dem Feuerwehrauto unterliegen im Duell mit dem Bonner Verkehrslärm. Auch die am lautesten geschrienen Argumente sind bestenfalls zehn Meter weit zu hören. Die Kumpels werden unruhig. Immer mehr Polizisten, auch berittene, warten hinter der Absperrung. Mitten im Gewimmel drei, vier Kumpels, die einen um sich Schlagenden festhalten. Ein schmächtiger junger Mann, anscheinend sein Freund, beteuert den Umstehenden immer wieder, fast heulend: »Das ist sonst ein feiner Kerl, Meister in der Fabrik, noch nie hat er sich betrunken. Aber vor einem Monat erst die Frau weg und nun die Arbeit …« Eine Frau schreit: »Gebt ihm doch endlich eine unters Kinn, damit er ruhig ist.«

Inzwischen hat sich ein Polizeieinsatzwagen so dicht neben das rote Feuerwehrauto gestellt, dass fast nichts mehr zu hören ist. Einige Kumpels rütteln an den Gittern. Und immer lauter: »Schlimmer als in der DDR!« – »Polizeistaat!« – »Wofür sind wir 89 bloß auf die Straße gegangen?« Und dann fast im Chor. »Rauf auf die Straße!« – »Wie 89!« – »Weg mit den Gittern!«

Die Absperrung kippt. Die Polizei weicht. Die Menge

jubelt. Ein Kumpel zerschlägt sein Plakat an dem Helm eines Polizisten. Handschellen. Und dann stehen die Kumpels alle hinter der Absperrung auf der Straße. Und wie weiter? Sie stehen und warten und fluchen. Vielleicht eine Viertelstunde, dann tappen sie wieder zurück.

Ein Polizeiauto mit stärkeren Lautsprechern mahnt zur Vernunft. Und kompromissbereit zwängen sich die Redner nun nacheinander in das Polizeiauto und reden von dort aus ihre Reden. Gysi und die Thüringer Europa-ministerin Lieberknecht, der Salzunger Landrat … Sie sitzen drin und schwitzen, sie schreien in das Mikrofon und hören hinter den Scheiben, wie in einem schalldich-ten Rundfunkstudio, weder Buhrufe noch Beifall.

»Euer Kampf ist auch unser Kampf!« – »Ersatz-arbeitsplätze schaffen!« – »Wer kämpft, kann verlieren, wer nicht kämpft, hat schon verloren!« – »Vertrauen in die Regierung?« – »Ihr seid verarscht worden!« Zum guten Schluss: »30 Kumpels werden anschließend mit Vertretern aus Politik und Wirtschaft sprechen. Alle an-deren können nun zu den Bussen zurückgehen. Danke für eure Disziplin. Gute Heimreise. Glück auf!«

Abmarsch mit gesenkten Plakaten. An den Bussen stehen Polizisten mit Krädern. Aber die stören nun nie-manden mehr. Auch nicht, als dem Bier endlich Tribut gezollt werden kann. In einer sich ständig erneuernden Reihe von vierzig oder fünfzig Männern pinkeln wir am Rand der dichtbefahrenen Straße in geschlossener For-mation auf eine Grünfläche. Ich frage den neben mir Stehenden: »Was meinst du, ob sie was gebracht hat, die Demo?«

Er sagt lachend: »Auch wenn es heute umsonst gewesen sein sollte: Wann werde ich es noch einmal erleben, dass ich in der Hauptstadt unter Polizeischutz an der Straße pissen kann?«

Unser Bus fährt noch nicht ab, weil ein Kumpel fehlt. Wir stehen in der Abendsonne und genießen die Wärme. Die Frauen beklagen, dass sie in Bonn nicht einmal Zeit hatten, einkaufen zu gehen, und Siggi Miersch versucht den Busfahrer zu überreden, unterwegs noch in einer gemütlichen Ausflugskneipe Rast zu machen.

Eine Traube von Kumpels drängt sich um einen Polizisten. Sie lassen sich von ihm seine schwere Maschine und den Sprechfunk erklären. Klopfen ihm auf die Schulter. »Machst ja auch nur deinen Job.« Und leutselig erzählt der, dass die Sache heute harmlos gewesen sei. »Die Bauern dagegen, die haben auf der Südbrücke Nägel gestreut und die Bannmeile mit Traktoren gestürmt.« Ein Kumpel sagt: »Das nächste Mal …«

Nach einer Stunde erscheint der Vermisste. Er hat sich im Kanzleramtshof bei Waigel, Stoiber, Lafontaine und anderen Politikern vergeblich um ein Autogramm bemüht.

Rückreise. Albrecht Hahnemann fährt eine andere Route. »Damit ihr was seht bei eurem Ausflug.« Und legt die Zillerthaler auf. »Ihr dürft mitschunkeln.«

Es schunkelt keiner, aber einige singen und jodeln. Und Dreiergruppen spielen Skat. Ich setze mich zu einer der Frauen auf einen der nun freien Plätze. »Wäre es etwa besser«, sagt die knapp 40-jährige Marina Herbst, »wäre es besser, wenn sie, statt zu singen und zu skaten, alle zu Tode betrübt dasitzen würden? Das Leben muss auch ohne Kali weitergehen.« Ihr Mann arbeitet wie sie

in der Kalifabrik. »Und wenn nicht ein Wunder geschieht, ziehen wir im nächsten Jahr mit unseren zwei
Töchtern in Deutschland herum und suchen Arbeit.
Irgendwo finden wir welche.« Natürlich nicht so einfach
wie damals, als sie von Leuna nach Thüringen gekommen
sei und in Merkers keine Arbeit erhalten hätte. »Seinerzeit brauchte ich unserer Nachbarin nur andeutungs-
weise zu sagen, dass ich ohne Arbeit nicht zur ›Volkswahl‹ gehen würde. Am darauffolgenden Tag wurde ich
zum Bürgermeister bestellt, und der beeilte sich, mir
mitzuteilen, dass ich sofort in der Verpackungsabteilung
der Kalifabrik anfangen könnte.«

Und lachend erzählt sie mir, inzwischen schon Meisterin, wie sie in der vergangenen Woche sage und schreibe
300.000 Plastesäcke unter das Volk verteilt hätte. »›Kalium-
sulfat‹ stand drauf und ›DDR‹, und beides haben wir ja
nun nicht mehr. Ich konnte die Säcke gar nicht so schnell
herunterschmeißen, wie man sie wegschleppte. Wir sind
eben immer noch ein Volk der Sammler. 40 Jahre bleiben
40 Jahre.«

Albrecht schiebt die Zillerthaler-Kassette zum dritten
Mal in den Recorder. Und Siggi Miersch geht mit dem
Hut herum und sammelt für den Busfahrer. Abschieds-
stimmung.

Am Grenzwachturm sagt einer: »Und wir sind nicht
im Westen geblieben! Wir sind zurückgekommen, Genossen.«

Vor dem Werktor in Merkers stehen ungewöhnlich
viele Autos. Freitagsdisko im Kulturhaus. Ich frage einige
der jungen Leute, weshalb sie nicht mit zur Protestdemo
nach Bonn gefahren sind.

»Wir arbeiten doch nicht im Kalibetrieb.«

Und was macht ihr?

Der eine ist in einer Tischlerei beschäftigt. Sie fertigt zur Zeit Holzgestelle für die Kalifabrik.

Der andere ist Klempner. Zur Zeit repariert seine Firma Kalilaugenrohre.

Ein alter Kumpel steht daneben, sagt: »Wir werden das alles noch lernen. Es hat uns doch bislang keiner beigebracht.«

»Spiel mir das Lied vom Tod!« I

Von Worbis aus fahre ich auf schmalen Straßen durch den Wald. Und noch bevor ich im Dorf Bischofferode ankomme, taucht unmittelbar vor mir die rotbraune, bis zu den Wolken reichende zuckerhutförmige Abraumhalde auf. Sie sieht, von Regenwasserrinnsalen zerfurcht, wie die Haut eines alten Elefanten aus. Auf dem Ortseingangsschild steht: »Bischofferode-Schacht«. Außerhalb des Dorfes gelegen und seit 1993 trotzdem der Mittelpunkt des Ortes. Nur der stillstehende Förderturm und die alten Werksgebäude deuten auf das Bergwerk hin. Eingangstor, Verwaltungsgebäude und Sozialtrakt ähneln einer avantgardistischen Plakatausstellung oder einem afrikanischen Alphabetisierungszentrum, an dessen Wänden sich jeder voller Stolz mit seinen neuen Kenntnissen verewigt hat. »Kohl, wir haben schon andere verjagt!« – »Berger, Bonze und Betrüger!« – »Bischofferode ist überall.«

Vor dem Tor stehen die Bergleute, kontrollieren, wer in das besetzte Werk hineindarf, nehmen die von Delegationen mitgebrachten mutmachenden Transparente wie »Rheinhausen (West) und Bischofferode (Ost) liegen gemeinsam in Deutschland« entgegen, holen die Streikkasse, die der Pförtner verwahrt, wenn ein Autofahrer hält und einen Geldschein aus dem Fenster reicht, und laden Stiegen mit Säften ab, die ein Unternehmer aus Erfurt als Spende für die Hungerstreikenden gebracht hat. Ich frage nach dem Kollegen, bei dem ich mich melden sollte, und einer von den Torwächtern bringt mich in das

Verwaltungsgebäude. Hilflos warte ich in dem Chaos von Zeitungen, Kaffeetassen, Kopierern, trockenen Brötchen, Malkästen, Flugblättern, Apfelsinenschalen, Landkarten, stehe zwischen telefonierenden, rennenden, schreienden, sich auf die Schultern klopfenden Männern und einigen Frauen. Betriebsratsmitglieder, Sprecherrat, Sympathisanten, Helfer aus vielen Bundesländern …

Meinen Mann Lothar Adler kenne ich von einer Lesung beim Pfarrer in Masserberg, mit dem er damals, vor knapp zwei Jahren, eine Reise durch die Sowjetunion auf den Spuren von Pastor Niemöller gemacht hatte. Er sei hier im Organisationsbüro Mädchen für alles, also auch für Schriftsteller verantwortlich. Zwei Tage zuvor haben Heym und Plenzdorf in der Kantine vor den Hungerstreikenden gesprochen. »Eigentlich hätte danach als dritter Klaus Schlesinger lesen sollen, aber in der Zwischenzeit ist einer der Hungernden zusammengebrochen, musste ins Krankenhaus gebracht werden. Die Kumpels verabschiedeten ihn mit Blumen, und Schlesinger meinte, dass jetzt nicht Vorlesen, sondern Schweigen nötig wäre.«

Bisher hatte ich, nach meinem pauschalen Einverständnis, in Bischofferode zu lesen, nicht gewusst, wie und wo und was. Nun bin ich völlig verunsichert. Soll ich etwa vor den Kumpels lesen, die auf ihren Hungerpritschen liegen? Nein, in der vorderen Hälfte der Kantine sei ein Aufenthaltsraum abgetrennt, dort würden sich die Hungerstreikenden zu ihren Beratungen treffen, zu Gesprächen und Gebeten … Es sei nicht so, dass sie apathisch und siech auf ihren Pritschen lägen. Und er zeigt mir im hektischen Gewimmel einige Frauen und

Männer, die in Jogging- und glänzenden Fitnessanzügen so gar nicht zu den übrigen Betriebsratskumpels passen. Eine von ihnen hat sanfte, verträumte Augen. Lothar stellt mich vor. Sie lächelt und sagt: »Ich habe dich beobachtet, du hast so ratlos in diese Welt hier geschaut.«

Ich merke, dass sie sehr langsam geht, behutsam, wie auch die anderen in den Jogginganzügen.

Lothar sagt: »Karin ist schon fast zwei Wochen im Hungerstreik.« Sie protestiert. Heute sei es ihr 15. Tag! Aber am Montag müsse sie unbedingt nach Berlin fahren.

»Mit deinem Auto?«, fragt Lothar. Sie nickt. »Allein?« Sie nickt wieder. Nein, das sei unmöglich, protestiert nun Lothar. In diesem Fall werde er mit ihr fahren und mit dem Zug zurück.

Karin erzählt: »Am schlimmsten ist der dritte und vierte Tag. Da könnte man vor Hunger die Schuhe anfressen. In der Zeit haben wir alle besonders dicken Tomatensaft getrunken. Die Tage danach fühlt man sich, als ob man überhaupt keinen Magen hat. Nur trinken muss man, mindestens drei Liter am Tag.« Nach etwa zwei Wochen würde bei manchen der Kreislauf kollabieren. Bei ihr noch nicht. Und der Hahnemann, der hätte über 20 Tage ausgehalten, und am 15. Tag wäre er noch nach Erfurt gefahren und hätte im Landtag gesprochen. Sie entschuldigt sich. Sie müsse sich wieder mal hinten in der Kantine sehen lassen, der Verantwortliche würde jetzt öfter aufgeregt zählen, ob alle seine Schäfchen noch da wären. In der letzten Woche war Karin mit noch zwei Hungerstreikenden, ohne den Betriebsrat zu fragen (»die hätten es sowieso nicht erlaubt«), für zwei Tage verschwunden, war nach Ludwigshafen gefahren und hatte sich dort vor dem Sitz der BASF angekettet.

Lothar hat inzwischen den Schlüssel für ein Zimmer im Arbeiterwohnheim organisiert. Dort kann ich heute Nacht schlafen. Zwei langgestreckte zweistöckige Häuser. Vor einem laufen Männer in verwaschenen weiten Baumwolltrainingsanzügen herum. Sie alle tragen helle breite und plattgedrückte Schirmmützen. Wie in Moskau, Kiew oder Saratow, denke ich. Lothar nickt. Aussiedler. Wolgadeutsche.

Die Halde ist auch von hier aus zu sehen und auch das Transparent, das ein paar selbstmörderisch Mutige dort oben angebracht haben: »Bischofferode lebt!« Ihre Fußspuren vom Ende des Abraumbandes bis in die Mitte des rutschigen Gipfels sind nicht zu erkennen. Lothar sagt, dass sie wohl keine Chance gehabt hätten, wäre der künstliche Berg ins Rutschen gekommen. Wahrscheinlich ist das, was die Aussiedler hier sehen, für sie, die aus der Hoffnungslosigkeit Russlands ins angebliche Paradies Deutschland gekommen sind, schockierend, vermute ich. Nicht einmal für die Deutschen Arbeit, ringsum keine in Aussicht und nun sie noch dazu. Hilflos in der fremden Welt. Lothar sagt, vielleicht würden sich gerade deshalb die Ausländer und die Kumpels auf andere Art zusammengehörig fühlen, als das sonst üblich sei in diesem deutschen Land. Vor einigen Tagen wären die Hochseefischer in Bischofferode gewesen, hätten für die Kumpels kistenweise Räucherfisch mitgebracht. »Aber dann merkten sie, dass es nicht das passende Solidaritätspräsent für die Hungerstreikenden war. Macht nichts, sagten die, wir geben es den Ausländern.« Und gestern hätte der Betriebsrat, was selten vorkäme, einen einstimmigen Beschluss gefasst. »Spender aus Berlin hatten den Kindern der Hungerstreikenden eine Fahrt nach Berlin organisiert. Aber der Bus wäre nicht voll geworden. Und da beschlossen die Kumpels, die Kinder der Aussiedler mitzunehmen.«

Im Zimmer stehen ein Schrank und zwei Betten, Tisch und Waschbecken. Ich packe den Koffer nicht erst aus. Überlege, aus welchem meiner Bücher ich den Kumpels vorlese. Nein, nichts von Kali und Arbeitskampf. »Such was Lustiges«, sagt Lothar, »zum Ablenken.«

Vor der Kantine mit den Hungerpritschen steht die Betriebsuhr auf 5 vor 12. An der Tür ein mannshohes Holzkreuz und der Spruch »Bischofferöder zu sein – wie stolz das klingt«. Im vorderen Teil der durch eine spanische Wand abgetrennten Kantine sind in chronologischer Folge die Zeitungsberichte von den Hungerstreiktagen angepinnt. Der 29. inzwischen. Nur einige der Streikenden liegen auf den Pritschen. Die Friseuse ist gekommen. Vollbärte und Haare werden gestutzt. Fotografen laufen ungeniert zwischen den Liegen umher, als wären sie hier in ihrem eigenen Schlafzimmer. Immer wenn ein Kind auf dem Schoß des Vaters zu heulen anfängt, blitzen die grellen Lichter. Ich bleibe am Eingang stehen. Zwei handgeschriebene Plakate: »Füttern verboten!« Und: »Auch Journalisten dürfen spenden!« Die ersten Frauen und Männer kommen und setzen sich in die vorderen Stuhlreihen. Auch ein paar Kumpels von draußen setzen sich zu ihnen. Die hungerstreikenden Frauen haben ihre Saftflaschen mitgebracht. Trinken. Und ich stottere, weiß nicht, wie ich anfangen soll. Da sagt einer der Kumpels in einem flaschengrünen Freizeitanzug: »Schön, dass du hier bist. Also, ich bin der Andreas, und ich freue mich, dass du zu uns gekommen bist.« Einer hat ein Buch zum Signieren mitgebracht. Manchmal kämen unangemeldet auch unangenehme Besucher. Neulich ein paar forsche junge Leute, die ihnen zuerst ihre Sympathie im Kampf um die Erhaltung der Arbeitsplätze bekundeten und danach gelobten, »dass wir genau wie ihr mutig die Arbeitsplätze für Teutsche und gegen das Ausländer-Gesocks verteidigen werden!«. Es sei einfach gewesen, sie auf Bergmannsart rauszuschmeißen. Bei einem hiesigen Kommunalpolitiker, der sie aufforderte, den Hungerstreik zu beenden, weil sonst der Kreis bei der Verteilung von Landesgeldern benachteiligt würde, sei die Kumpelmethode natürlich nicht anwendbar gewesen. Ihn hätten fünf Leute in die Mitte genommen und wären, die Hände in den Hosentaschen, mit ihm bis zu seinem Auto »gegangen«. Bei Ministern hätte man sich noch andere Ablehnungen ausdenken müssen. Obwohl mit Wirtschaftsminister Bohn fast ein Malheur passiert wäre. Er sei in die Grube eingefahren. Und als die Frauen, die die Grube besetzt halten, den Herrn erst einmal unten hatten, wollten sie ihn so lange unten behalten, bis der Stilllegungsbeschluss zurückgenommen sei. Da wäre der Minister im Gesicht so weiß wie das Kali geworden ... Also wenn Leute in seiner Position Zeug reden würden, mit dem man nicht einverstanden sei, würden alle Kumpels zehn oder zwanzig Schritt zurückgehen und sich umdrehen. Er könne dann nur zu ihren Rücken sprechen oder aufhören. Das hätten sie auch bei einem der Spartakisten getan, als er bei der

Kundgebung zum Aktionstag zum Kampf für die Welt-revolution aufrufen wollte.

Ich lese von meinen Erlebnissen bei der Hochsee-fischerei, als beim Staatsbesuch in Rostock-Marienehe ein Schiff nur von der Landseite aus gestrichen wurde. Und von meiner letzten Reise in die Sowjetunion, bei der ich in Saratow mit dem Präsidenten der Gesellschaft zum Kampf gegen Alkoholismus drei Flaschen Wodka vernichtete. Ehrliches Lachen und nicht nur Höflich-keitsbeifall. Der Bann ist gebrochen. Frau Demme, eine der hungerstreikenden Frauen, erzählt mir, dass sie viele alte Eichsfelder Rezepte aufgeschrieben hat. Ein West-verlag möchte sie in einem Buch veröffentlichen. Zusam-men mit den Rezepten von zwei anderen Eichsfelderin-nen. Allerdings kein Wort von Honorar, lediglich ein Freiexemplar. Nun werde sie mit den zwei Frauen wegen der Honorierung reden. Sie müssten sich erst selber einig sein. Das hätte sie hier gelernt.

»Bis morgen früh«, verabschieden sie sich, »bis mor-gen früh zum Gottesdienst. Du kommst doch?« Ich nicke und gehe mit Lothar in die Bergmannsgaststätte. Viele der Hungerstreikenden hätten am Anfang immer wieder gefragt, ob Hungern nicht gegen Gottes Wille verstoße, erzählt Lothar. Aber nun sehe man es als eine Art Fasten in Gottes Namen.

Lothar ist seit vier Wochen hier, er kennt die Speise-karte der Gaststätte auswendig. Er hat auch miterlebt, wie sich die politische Meinung in Bischofferode ver-änderte. »1990 haben über 91 Prozent im Dorf für Kohl und seine CDU gestimmt. Und Gysi musste sich bei einem seiner Auftritte im Eichsfeld zum ersten Mal durch die Hintertür einer Kneipe vor einer lynchbereiten Menge in Sicherheit bringen. Als er jetzt in einer Bischofferöder Kneipe Abendbrot aß und gerade gehen wollte, sagte der Wirt: ›Herr Gysi, Sie können doch jetzt nicht schon gehen, ich habe gerade eine Saalrunde vorbereitet, damit Sie noch bleiben und wir Sie fragen können.‹«

Und die Spartakisten? Ja, die wären 14 Tage hier gewesen, hätten Tag und Nacht agitiert genau wie die Zeugen Jehovas, aber die Kumpels hätten weder sich selbst noch ihre Sache von den Spartakisten oder von anderen Gruppen benutzen lassen. Überhaupt sei der Protest in Bischofferode eine Angelegenheit, die nicht mit der Axt und der Brechstange ausgetragen werde. Die Kumpels würden mit feiner Klinge fechten. Beispielsweise wären sie zum Wolfgangsee gefahren und hätten Kohls Urlaubswanderwege neu beschildert, das heißt ordentliche Wegweiser aufgestellt. »Und auf jedem steht, gleich in welche Richtung er weist, nur ein Ort: Bischofferode.«

Draußen auf der Halde brennen hohe Feuer. Und auf der Straße ziehen die Kinder mit Lampions entlang. Irgendwoher quäkt aus einem Lautsprecher die schrecklichste Mundharmonika »Spiel mir das Lied vom Tod«.

Für die Kinder, sagt Lothar, sei es am schlimmsten: vielleicht noch nicht heute, aber später in dieser verödeten Gegend leben zu müssen. Oder auswandern. Im Moment würden sich sehr viele solidarisch um die Kinder bemühen. Zum Beispiel hat ein berühmter farbiger Bundesligaspieler (ich habe den Namen vergessen, weil ich kein Fußballfan bin) 11 Bischofferöder Jungen für 14 Tage kostenlos in sein Fußball-Camp eingeladen.

Nach drei Bier bin ich müde. Ich gehe in mein Quartier. Gegenüber, im Haus der Aussiedler, brennt in allen Zimmern noch Licht.

Am Morgen scheint nach wochenlangem Himmelsgrau die Sonne. Und die Aussiedler tun das, was sie am Sonntagmorgen auch zu Hause getan haben. Sie spazieren vor dem Haus hin und her, ein paar rennen um den Block, andere kehren den Eingang. Einer kramt im Schutt, hat eine alte Benzinpumpe gefunden und versucht, sie zu säubern. Er stamme aus einem Dorf bei Kamyschin, von Beruf sei er Traktorist, erzählt er mir. Niemand hätte ihm zu Hause gesagt, dass die Menschen hier keine Arbeit haben. Trotzdem sei er nicht schockiert. Er, der einfache Traktorist Anatoli, bekäme hier das viele Geld, mit Frau und Töchterchen zusammen über 1.500 DM im Monat. Davon könne er zu Hause ein ganzes Jahr lang ohne Sorgen leben … Nach einer Bedenkpause und der glücklichen Erkenntnis, dass die Benzinpumpe noch funktioniert, sagt der Wolgadeutsche: »Aber wahrscheinlich wird nach einem Jahr die erste große Freude über das Geld und die Sachen, die man dafür kaufen kann, vorbei sein. Wenn ich dann noch wählen könnte, entweder hier zu leben, ohne Arbeit, aber mit viel Geld, oder zu Hause mit Arbeit und wenig Geld, ich wüsste nicht, was ich tun würde. Denn ich bin hierhergekommen, um zu arbeiten. Nicht, um den Deutschen auf der Tasche zu liegen. Ich bin noch nicht einmal 50 Jahre alt.«

Vor dem Tor zur Grube wehen heute noch mehr Fahnen, spannen Leute neue Spruchbänder, und Frauen in Sonntagskostümen verteilen Texte und Noten. Kirchenlieder. »Sonne der Gerechtigkeit, gehe auf zu unsrer Zeit, brich in deiner Kirche an, dass die Welt es sehen kann. Erbarm dich, Herr. Weck die tote Christenheit aus dem Schlaf der Sicherheit ...«

Und im Zimmer des Streikkomitees ein reichgedeckter Tisch. Jeder hat was mitgebracht, und wer von den Kollegen gerade Zeit hat, wäscht sich die Tasse und den Teller des Vorgängers unter kaltem Wasser ab. Selbstgemachte Rot- und Leberwurst. Und Knackwurst, ordentlich abgehangen. Und Tomaten aus dem eigenen Garten und Eier vom Bauernhof. Die Wurst hat einer vom Betriebsrat spendiert. Es käme darauf an, dass man das Gehackte noch warm zu Wurst verarbeite, nicht erst kalt werden lasse. Er zählt Gewürze auf und wie viel Rind er zur Knackwurst nimmt, und danach fragt er, ob schon jemand weiß, wann die Arbeiter aus Südbelgien zurückfahren ...

Die provisorische Tisch-Kanzel ist vor der Tür zur Kantine aufgebaut. Blumen auf der Treppe darunter. Vor der Tür die Geistlichen: eine Frau und zwei Männer. Im Betriebshof stehen die Gläubigen mit den Ungläubigen vereint. Die Betriebsleitung hat zwar verboten, den Gottesdienst auf dem Werksgelände abzuhalten, aber die Kumpels stören sich nicht an diesem Verbot. Die Hungerstreikenden sitzen neben den Geistlichen. Andächtige Stille. Nur die klickenden Kameras und die surrenden Aufnahmegeräte stören. Die Journalisten haben sich zwischen »Kanzel« und Gläubige gedrängt und knien und liegen und klettern auf Bierkästen, um Betende und deren zum Himmel gereckte Hände in Großaufnahme aufs Bild zu bekommen. Wir singen alle Strophen von »Sonne der Gerechtigkeit«. Danach die Sprüche und die

Predigt. Pfarrer Schwenn aus Walldorf bei Frankfurt am Main: »Ich will Ihnen nicht sagen, welche Beschimpfungen meine Kirchenobrigkeit für mein Vorhaben hatte, hier zu sprechen.« Die Sätze, die er und die Pfarrerin den Gläubigen auf den Weg geben, verwirren mich: »Dem Götzen Wettbewerbsfähigkeit sollen wieder Menschen geopfert werden … Lasset uns Gutes tun an den Opfern, damit ihre Opferer um so friedlicher und ruhiger schlafen können … Sie können nicht an die Quelle der Kraft reichen, die verderbten Mächtigen da oben in Industrie und Politik, weil sie keine wirklich Lebenden sind, aber nun wissen sie, dass wir stark sind …« Worte, die hier die Gewerkschaftsvertreter den Kumpels hätten sagen sollen, denke ich. Die Kirche anstelle der Gewerkschaft! Und die Gewerkschaft? Einer der Hungerstreikenden von der »Kanzel«: »Der Gewerkschaftsboss Berger kann nicht für uns sein.« Und er zählt die Aktiengesellschaften und Verbände auf, in denen Berger Mitglied des Aufsichtsrates oder Mitglied des Vorstandes ist. Insgesamt 15 Posten. Buhrufe beim Gottesdienst.

Dann trippeln vier steinalte Frauen hinauf zur Kanzel. Der Pfarrer richtet den Kopftuch-Mütterchen das Mikrofon, und mit lauter, aber zitternder Stimme beginnen sie, in schlecht verständlichem Deutsch zu singen. Ich frage die neben mir stehende Frau: »Russische Aussiedler?« Sie nickt und wischt sich die Tränen aus den Augen.

Direkt auf dem Platz neben der Halde haben inzwischen Fischbrötchenhändler, Bierverkäufer, Ponyreitunternehmer, Wurstbrater, Rotkreuzhelfer, Buchhändler und Agitatoren begonnen, ihre Stände aufzubauen. Lo-

thar schleppt mir Tisch und Stühle vom Organisationsbüro herüber. Ich postiere mich mit meinen Büchern
nicht auf dem Kundgebungsplatz, sondern am Weg dort-
hin. Dadurch werde ich nicht viel von den Ereignissen
mitbekommen, aber die angekündigten 10.000 Menschen
müssen alle an mir vorbei. Und ich bin zum Bücher-
verkaufen und nicht als recherchierender Journalist nach
Bischofferode gefahren. Die Merkerser Kalikumpels
kommen sehr zeitig. Ohne Fahnen. Aber der Betriebsratsvorsitzende hat ein »alles Scheiße« auf den Lippen.
Sie hätten den zweiten Bus wieder leer zurückschicken
müssen. »Seit die Sozialpläne aushängen, fragen fast alle
nur noch, was sie kriegen werden.« Obwohl, wenn man
ehrlich sei, richtig gekämpft hätten die Kumpels in den
Kalibetrieben an der Werra ja nicht. »Jeder freute sich
nur immer, dass es die andere Grube und nicht die eigene
erwischt hatte. Damit, so glaubten sie, würden die eigenen
Überlebenschancen steigen. Keine Spur von Solidarität.
So konnten MDK und Kali & Salz an der Werra ein Werk
nach dem anderen dichtmachen. Wenn es Bischofferode
nicht gewesen wäre, einer hätte der Erste sein müssen,
der das Zeichen zum Widerstand gab. Bei uns ist sie eben
noch nicht reif gewesen, die Zeit dafür …«

Die Hochseefischer aus Rostock schwenken blaue
Fahnen. Einer sagt zu mir: »Hast Glück, Scherzer, dass
du nicht bei uns in der Fischerei geblieben bist, dann
wärst du heute auch arbeitslos. Aber wer schreibt, der
bleibt. Oder kommt's drauf an, was du schreibst?«

Der nächste Bekannte ist der Betriebsratsvorsitzende
von »der Kugellager« in Zella-Mehlis. Inzwischen zu
Kugelfischer in Schweinfurt gehörend. »Du kannst dir

unsere Bude anschauen, modernste Technik, wir waren schon zu DDR-Zeiten besser als andere mit Westmaschinen ausgerüstet. Also daran liegt es nicht, dass wir dichtmachen sollen. Aber weil der Markt wegen der Rezession nun eng geworden ist, da gibt's für die Zentrale in Schweinfurt nur eins: Die Aufträge, die dort im Hauptcomputer gespeichert sind, auch unsere, werden natürlich zuerst an die Stammbude in Schweinfurt verteilt. Ich sage dir, das ist Manchesterkapitalismus pur, was die mit uns machen.«

Lange kann ich mich mit den Leuten nicht unterhalten, denn neben mir haben die Spartakus-Leute, ein junges, schönes Mädchen ist dabei, ihren Agit-Stand aufgebaut. Und einem jeden, der stehenbleibt, egal ob bei mir oder bei ihnen, verkünden sie den baldigen Zusammenbruch des Kapitalismus und den endgültigen Sieg des Sozialismus. Und verkaufen ihre Zeitung, in der sie von Spartakistenerfolgen in Bischofferode berichten, so als würden sie von hier aus die Weltrevolution organisieren. Schreiben von Spartakisten, die vor den Kalikumpels gesprochen hätten und denen große Sympathien entgegengebracht worden seien. Lothar nimmt die Zeitung und sagt, sie wüssten doch wohl, dass nur einer von ihnen sprechen wollte, aber nicht konnte, weil die Kumpels ihn daran gehindert hätten. Wichtig sei die Sache, entgegnen die Spartakisten, Hauptsache, es diene der gemeinsamen Sache.

Maoisten verteilen Flugblätter. Und die KPD schwenkt rote Fahnen. Und Tierversuchsgegner protestieren gegen die Chemiekonzerne. Und Kaisertreue verkünden die Auferstehung der Monarchie. Und ein Worbiser CDU-

Kreistagsabgeordneter beschwert sich bei Lothar über die hiesige Ansammlung von linken Chaoten. Er hätte lieber mit seinesgleichen diskutiert. Obwohl, wenn man erlebe, was die Konzerne hier im Osten in ihrer Profitgier anrichteten, dann könnte man glauben, die schlimmsten Lehren aus den finstersten Marxismus-Leninismus-Lehrbüchern seien wahr.

Einer der Hungerstreikenden kauft sich alle vier Buchtitel von mir. Und legt für jedes Buch 5 Mark in die Streikkasse. Jetzt hätte er Zeit zum Lesen. Und als ob er sich bei mir für den Hungerstreik rechtfertigen müsse, will er mir die Situation ausführlicher schildern.

»Damit du begreifst, dass es für uns keinen anderen Weg gab. Mein Großvater und mein Vater haben in der Grube gearbeitet. Ich war im Schacht, das heißt, noch bin ich es, und meine Frau war über Tage beschäftigt. Und mein Bruder in der Grube und seine Frau in der Spinnerei in Leinefelde. Auch entlassen. Die Grube und die Spinnerei, mehr hatten wir hier nicht. Wohin also? Das Eichsfeld wird wieder ein Armenfeld. Das muss man doch auch bedenken, wenn man die Grube zumacht. Sense ist dann hier, überall Sense!«

Die Puhdys beginnen mit ihrem Konzert. »Alt wie ein Baum …« Karin mit den sanften Augen und den nunmehr 16 Hungertagen fragt, wie viel ich eingenommen habe. »640 Mark für eure Kasse.« Sie meint, dass sie das Geld bitter nötig brauchen werden. »Dieser Kampf kann noch lange dauern.«

Und die von Vogel versprochenen Dauerarbeitsplätze? Darüber müsse sie nur lachen. Bestenfalls würde die Landesregierung ein oder zwei Investoren, in die sie alle Fördergelder pumpen würde, herholen. Und die würden die Leute wirklich drei oder vier Jahre beschäftigen, so lange, bis sie genügend Fördergelder und Vergünstigungen abgeschöpft hätten. Und dann dichtmachen. Und die Dauerarbeitsplätzler entlassen, denn kein Kapitalist würde sich doch darauf einlassen, dass er die Arbeiter für immer und ewig beschäftigen muss. »Und Vogel oder ein anderer, was würde der dann mit den wieder arbeitslosen Dauerarbeitsplätzlern machen? Oder will man durch diese Exempel hintenherum das Recht auf Arbeit in die Thüringer Verfassung mogeln?«

Ich sage, dass ich so weit noch gar nicht gedacht hätte. Sie lächelt: »Wir haben viel Zeit zum Nachdenken. Wenn wir auf der Pritsche liegen.«

Lothar trägt Tisch und Stühle wieder hinüber ins Büro. Bringt mir die Quittung für die 640 DM. Keine großen Worte: im Namen der Kumpels und so. Nur: »Danke, dass du hergekommen bist.«

Ich sage, dass ich später noch über das Eichsfeld und die Kumpels recherchieren werde. »Vielleicht in fünf oder sechs Jahren, wenn alles zu Ende ist und niemand mehr über euch schreibt.«

»Egal, wie es ausgehen wird?«

Egal, wie es ausgehen wird.

»Spiel mir das Lied vom Tod!« II
Vergessenes Bischofferode

Bischofferode 1993, Bergarbeiterort im thüringischen Eichsfeld. Damals knapp 3.000 Einwohner, davon über 90 Prozent streng katholisch. Am 1. Juli besiegelt der Fusionsvertrag, das heißt die Übernahme der ostdeutschen Kali-Konkurrenz durch die BASF-Tochter »Kali und Salz« (mit Milliardensteuergeldspritze von der Treuhand belohnt), das Aus für die Kaligrube in Bischofferode. Am gleichen Tag beginnen die Kumpel spontan mit einem Hungerstreik. 110 Bergleute und Sympathisanten kämpfen 78 Tage lang mit diesem allerletzten Mittel gegen die Arbeitslosigkeit der 700 Beschäftigten und die Verödung der Eichsfelder Kaliregion.

Zwei Mal habe ich das »Lied vom Tod«, diese quäkende Harmonika-Klage, in Bischofferode gehört. Das erste Mal im September 1993, im dritten Monat des Hungerstreiks.

Ich stand unschlüssig, bis die Dunkelheit Förderturm und Betriebsschornstein verschluckte, Kinder Lampions vor dem Werktor anzündeten und aus einem Lautsprecher die Menschenmenge zum nächsten Gottesdienst eingeladen wurde. Und danach plärrte plötzlich das »Lied vom Tod« durch die Nacht. Auf den Liegen der Hungernden zu hören, in der Bergwerkssiedlung und wahrscheinlich auch im zwei Kilometer entfernten Dorf Bischofferode. Aber alle sprachen damals noch vom Überleben.

Reichlich 7 Jahre später, das zweite Mal in Bischofferode, höre ich das Todeslied am »Fetten Donnerstag« auf der Kegelbahn des ehemaligen Betriebsklubhauses der Kumpel, wo die Kegler des »VfB 1922 Bischofferode« trainieren. Sie waren in diesem Jahr in die erste Kreisklasse aufgestiegen. Im glänzenden Trainingsanzug müht sich der 49-jährige ehemalige stellvertretende Betriebsratsvorsitzende Gerhard Jüttemann (»Ich habe früher in der Liga gekegelt«) bei jedem Wurf um höchste Konzentration, aber seine Mannschaftskameraden spotten: »Gerhard, schlafen kannste im Bundestag!« Der Zerspanungsfacharbeiter, der immer noch, wenn möglich, jeden Sonntag beim Gottesdienst betet, ist seit 8 Jahren parteiloser PDS-Abgeordneter im Bundestag. Das wusste ich schon, bevor ich noch einmal nach Bischofferode kam. Was ich nicht wusste: Im Eichsfeld wird der Donnerstag vor der Fastenzeit in Kneipen und auf Marktplätzen als »Fetter Donnerstag« oder »Namenstag der Dicken« gefeiert. Und die Kegler lassen sich zwischen ihren Serien Bier und Eisbein bringen. Und im Radio zur Unterhaltung das »Lied vom Tod«.

Ich setze mich in die Gaststätte. Hier, wo früher die Kumpels nach der Schicht ihr Bier im Stehen tranken, sitzen an diesem »Fressfeiertag« nur zwei ältere Ehepaare. Eine der Frauen trägt einen Papphut. Ich spendiere einen Schnaps, setze mich danach zu ihnen. Die Eisbeine sind größer als die Teller. Einer der beiden Männer ist Arzt in Bischofferode, der andere war bis 1991 Chef der Instandhaltung über und unter Tage. Und danach?

»Entlassen! Von einem Tag zum anderen. Ohne Vorwarnung. Ohne zu fragen: ›Was wirste anschließend machen?‹ Ohne Dank und ohne Glückauf, nach 38 Jahren

Arbeit im Bergwerk!« Damals, als noch keiner ahnte, dass zwei Jahre später die ganze Grube geschlossen und alle ihre Arbeit verlieren würden, damals hätten sich die Kumpel einen Scheißdreck gegen die Entlassung ihrer Kollegen gewehrt. »Im Gegenteil, da dachte doch jeder: Je mehr andere Kumpel entlassen werden, um so eher behalte ich meine Arbeit. Solidarität war ein Fremdwort, bis es plötzlich allen an den Kragen ging.« Seit dem Tag seiner Entlassung ist er nie mehr im Werk gewesen. »Auch nicht während des Hungerstreiks.«

Er bestellt zur Verdauung eine neue Runde Korn. Seine Frau schafft das Eisbein trotzdem nicht, und der Wirt wickelt ihr die Reste vom »Fetten Donnerstag« ein. Er setzt sich an unseren Tisch, erzählt, dass er bis zur Stilllegung für die Kraftfahrzeuge in der Grube verant- wortlich war – und dann spinnen sie Pläne, wie endlich wieder Leute nach Bischofferode zu locken seien, denn seit der Stilllegung der Grube am 31. Dezember 1993 sind schon mehr als 500 Menschen weggezogen. »Viel- leicht sollte man auf der Halde eine Erlebnisachterbahn mit alten Grubenloren bauen ... Oder in der abgelegenen Försterei ein Bordell einrichten ... Wir sind hier zwar streng katholisch, aber schließlich geht es ums Soziale, und unser Pfarrer ist ein sozialer Mensch.«

Er hätte noch Glück gehabt, sagt der ehemalige In- standhaltungchef grienend, dass er schon 1991 entlassen worden sei. Er sei als einer der Ersten rüber »in den Wes- ten« gegangen, in ein Kieswerk. »War ja eine mit allen Wassern gewaschene Fachkraft. Das wussten die im Wes- ten. Und als der Unternehmer fragte, was haben Sie denn drüben verdient, dachte ich, schummelst ein bisschen, machst 100 dazu, also habe ich gesagt, 1.800 DM. Da nahm der seinen Taschenrechner und sagte: ›Also einen Stundenlohn von 15 DM.‹ Und das war's. Die haben damals nicht nur unseren Markt kassiert und sind die Kalikonkurrenz losgeworden, die haben auch hochqualifizierte Fachkräfte fast zum Nulltarif erhalten. Ich habe mich drüben wieder raufgearbeitet, bis zu 25 DM in der Stunde, was normal ist. Mir alles wieder erkämpft. Und während die hier mit Tränen in den Augen standen, als der erste Fabrikschornstein der Grube gesprengt wurde, da arbeitete ich.«

Es könne sich aber nicht jeder aus eigener Kraft helfen, sagt der Arzt. Schwache würden dabei auf der Strecke bleiben. »Einige von ihnen bitten täglich beim Pfarrer in Bischofferode um belegte Brötchen und Suppe.« Das weiß ich schon, denn ich hatte, wie es sich im katholischen Eichsfeld geziemt, vor meinem Kneipenbesuch den wichtigsten Mann im Dorf aufgesucht, den Pfarrer.

Pfarrer Klapproth ist 60, trägt Jeans und seine Haare wie im antiken Rom. Im Gemeindesaal sind Karnevalsgirlanden gespannt. Er fastet selbst nicht mehr in aller Strenge, aber übt jedes Jahr ein wenig Verzicht. Im vergangenen Jahr auf das Bier, in diesem Jahr wahrscheinlich auf Süßigkeiten. Im Gegensatz zu DDR-Zeiten, wo die Glaubensgemeinschaft im katholischen Eichsfeld so etwas wie ein strenges Trutz- und Schutzbündnis gewesen ist, sind die Eichsfelder mit der neuen Freiheit auch in der Auslegung des Glaubens freier geworden. »Sind befreit davon, dass Mann und Frau nur in der Ehegemeinschaft zusammenleben, sich nie mehr scheiden lassen dürfen, und nun auch noch befreit vom christ-

lichen Gebot, das tägliche Brot im Schweiße des Angesichts verdienen zu müssen.« Essen, ohne zu arbeiten, sei
eine Sünde wider Gott, aber wer müsste diese Sünde
beichten?

Ich erinnere mich an den Gottesdienst vor 7 Jahren.
Eine provisorische Tischkanzel hinter dem Werktor. Blumen davor. Neben dem Geistlichen saßen die Hungerstreikenden. Wir sangen gemeinsam – auch ich Atheist! –
alle Strophen von »Sonne der Gerechtigkeit«.

Was ist geblieben vom Stolz der Erhebung der
»Müntzer«-Kumpel?

Pfarrer Klapproth wischt mit der bloßen Hand wieder und wieder über die Tischplatte. Sie ist nicht staubig.
»Nun, heute, tja, also, nun ja, eine neue Zeit.« Und er
lacht. »Wahrscheinlich gibt es in Ostdeutschland keine
so sauber aufgeräumte Industriebrache wie die hier in
Bischofferode. Mit dem Hungerstreik hatten sich die
700 Kumpel zwei Jahre Beschäftigung erkämpft. Die rissen ihr Werk ab und machten danach alles besenrein.«
Auch er hatte für Kirche und Friedhof eine ABM-Gruppe
erhalten. »Ein Gottesgeschenk. Sie werkelten überall und
hofften, dass ich irgendwann keine Beschäftigung mehr
für sie finden würde.

Eines Tages sagten sie triumphierend: ›Alles erledigt,
Herr Pfarrer!‹

Ich: ›Was seht ihr dort an der Kirchenmauer?‹

Sie: ›Nichts.‹

Ich: ›Den Fugenputz. Und der bröckelt.‹

Seitdem glänzt auch die Kirchenmauer neu verfugt.«

Das sei die eine Veränderung nach dem Schließen der
Grube. Und die andere? »Jeden Tag stehen meist die

gleichen Gäste vor der Kirche hier. Ich verteile geschmierte Brote, Geld gebe ich keins. Aber sie wollen auch Geld für Zigaretten. Einer kam einmal und sagte: ›Ich habe eine Überweisung zum Arzt in die Stadt, aber kein Geld für die Busfahrt.‹ Ich will seine Überweisung sehen. Er sagt: ›Ich bin telefonisch überwiesen. Ich rufe den Arzt an, und der lacht mich aus. Ob ich immer noch nicht begriffen hätte.«

Auf dem Weg vom Pfarrer zum ehemaligen Schacht bestaune ich die ordentlich gepflegten und erneuerten Mauern und Anlagen in den Vorgärten von Bischofferode. Nur außerhalb, in den noch in der DDR gebauten Neubaublocks der Thomas-Müntzer-Siedlung, glotzen mich auch schwarze leere Fensteraugen an. In einem dieser Blocks wohnen Renate und Günter Sturm. Nach meinem Besuch bei den Hungerstreikenden hatte ich gesagt, dass ich wiederkomme. »Vielleicht in fünf oder sechs Jahren, wenn alles zu Ende ist und niemand mehr über euch schreibt. Egal, wie euer Kampf ausgehen wird.« In einem Brief hatten sie mich nun an mein Versprechen erinnert und über ihr Leben in der Thomas-Müntzer-Siedlung geschrieben, die man immer noch »Schacht« nennt.

Günter Sturm, Diplombergmaschineningenieur, arbeitete von 1961 bis 1991 im Kaliwerk unter Tage. Seine Frau war Lehrerin für Geschichte und Geographie, später auch für Russisch. Aus ihrem Brief: »Manchmal überlegen wir, ob es richtig war, in Bischofferode zu bleiben. Viele Familien sind weggezogen. Es wohnen vorwiegend Alte hier. Unsere zwei erwachsenen Kinder, obwohl unser Sohn auch ein Studium an der Bergakademie Freiberg absolviert hat, leben nicht mehr hier. So ist es fast bei allen unseren Nachbarn und Freunden, die Kinder fanden keine Arbeit und sind weggezogen. In der Schule hatten wir früher etwa 75 Schulanfänger. Im vergangenen Jahr waren es noch 15 ...«

Weil es in Bischofferode keinen Tourismus und also kaum Fremdenbetten gibt, nimmt mich Gerhard Jüttemann nach dem Kegelabend mit nach Hause. Er hat sich im Bergarbeiter-Nachbarort Holungen ein kleines Haus umgebaut und daneben ein fast so großes für seine Zuchttauben aufgestellt. Den »Fetten Donnerstag« beenden wir bei ihm mit Eichsfelder hausgemachter Wurst und fremdgemachten Erkenntnissen über die Hintergründe des Kalideals: Nach der Schließung der ostdeutschen Kaligruben stieg der niedrige Weltmarktpreis für Kali (einer der »Gründe« für die »Uneffektivität« von Bischofferode) sofort wieder an. Die angeblich für den Welthandel nicht benötigten Kalivorkommen der geschlossenen Grube im thüringischen Merkers wurden wenig später von Hessen aus abgebaut. Die »Kali und Salz« machte, nachdem die östlichen Konkurrenzgruben dicht und die Milliarden der Treuhand verbraucht waren, wieder hohe Gewinne. Ein Bundestagsausschuss bestätigte, dass durch »personelle Verflechtungen« die »Kali und Salz« schon wenige Tage nach der Wende Vorbereitungen zur Übernahme des ostdeutschen Konkurrenten getroffen hatte. Aus dem bisher geheim gehaltenen Tagebuch des in der Treuhand für die Kalifusion verantwortlichen Managers Klaus Schucht veröffentlicht der Spiegel: »Nach Schneider [ein »Kali und Salz«-Vorstandsmitglied, L. S.] muss die deutsche Kaliindustrie in eine Hand, weil

zwei deutsche Gruppen auf dem Markt sich einen tödlichen Preiskampf liefern würden.« Jüttemann: »Wenn
man das alles weiß, kann man die Ohnmacht, die sich
hier nun anstelle der Empörung und Auflehnung breit-
gemacht hat, verstehen.«

In der Nacht zum Freitag schneit es im Eichsfeld.
Die rotbraune Abraumhalde verwandelt sich in einen
Alpengletscher. Die Hauptstraße vor dem Bergwerk ist
geräumt. Aber rechts und links kaum eine Fußspur im
jungfräulichen Schnee. Auch um das Gebäude, in dem
vor sieben Jahren die wolgadeutschen Aussiedler lebten,
entdecke ich keine Fußstapfen. Damals hatte mir Anatoli
Kusnezow, der noch nicht 50-jährige Traktorist aus einem
Dorf bei Kamyschin, gesagt: »Ich bin nach Deutschland
gekommen, um hier zu arbeiten. Nun wohne ich neben
einem toten Bergwerk und schäme mich vor den Berg-
leuten.«

Ich frage einen Mann, der gegenüber den Aussiedler-
wohnungen vor seinem Haus Schnee schippt, nach den
Wolgadeutschen. »Die sind weg. Eine Frau aus dem hessischen Philippsthal hat die Baracken gekauft. Verdient
sich mit Asylanten, mit Schwarzen, ihr Geld.«

Ich frage, wie ich hineinkäme in das Heim?

Das wisse er nicht, und ich sollte es besser bleiben-
lassen. Er flucht: »So weit sind wir Kalikumpel, die mal
das weiße Gold gefördert haben, gekommen. Sind gerade
noch gut genug, damit sich diese Schwarzen hier ein-
nisten!«

Vor einer der Wellblechbaracken – Fensterrahmen
und Dachrinne blau gestrichen – finde ich einen schmalen getrampelten Fußweg im Schnee. An der Haustür ein

Schild: »Betreten für Fremde verboten! Keine Über-
nachtungen!« Im ersten Stock sitzt der Heimleiter. Der
53-Jährige (»Das hier ist meine letzte Chance«) hat von
1964 bis 1971 in der Grube gearbeitet, danach ist er zur
Polizei gegangen. Das Heim, sagt er, werde mit 70 Asylanten belegt. Im Moment wären 13 hier.

»Alles Afrikaner?«, frage ich.

»Ne, nur vier Neger!« Aber passieren könnte hier
nichts, hier außerhalb von Bischofferode auf dem alten
Werksgelände.

Mich friert. Vielleicht sollte ich auf einen Kaffee
bei Bürgermeister Helmut Senger vorbeigehen? Pfarrer
Klapproth hatte mir von ihm erzählt. Der ehemalige Ingenieur im Kaliwerk leite im neuen Gewerbegebiet einen
kleinen Metallbetrieb. Außerdem sei er Mitglied im Kir-
chenvorstand und habe die letzte Wahl gegen seinen Vor-
gänger mit deutlichem Vorsprung gewonnen. Allerdings
nicht wieder für die CDU, sondern für die PDS! Ja, ich
hätte richtig gehört: In Bischofferode (im katholischen
Eichsfeld wählt man mit übergroßer Mehrheit immer
CDU), in Bischofferode, wo 1990 fast 90 Prozent für die
Christdemokraten gestimmt hatten, regiert heute ein
PDS-Bürgermeister, der Unternehmer und Kirchen-
vorstand Helmut Senger.

Ich finde seinen Metallbetrieb in der ehemaligen Kali-
zentralwerkstatt. In der Halle lärmen alte Maschinen.
Ein Schlosser – »Herbert Apelt, schon über 30 Jahre in
der Werkstatt« – bedauert: Helmut Senger sei nach Kassel gefahren, um bei »Kali und Salz« neue Aufträge zu
besorgen. »Wir bauen für den nun einzigen deutschen
Kalianbieter Schieber und Filter und andere Teile. Die

haben das hier schließen lassen, wir haben unter Helmuts Leitung weitergemacht, und jetzt liefern wir an ›Kali und Salz‹. Das ist für die allemal billiger, als wenn sie unsere Werkstatt übernommen hätten.«

Statt in Sengers Metallbetrieb bekomme ich den ersehnten Kaffee bei dem 60-jährigen Unternehmer Georg Nolte, den Ministerpräsident Bernhard Vogel als einen der erfolgreichsten Investoren Thüringens ausgezeichnet hat. Georg Nolte hat die Halle, in der die Kalikumpel früher Verstelleinrichtungen für Wartburgautositze herstellten (wegen des Konsumgütermangels mussten in der DDR alle Betriebe zusätzlich betriebsfremde Konsumgüter produzieren), und eine Tischlerei gekauft. Fertigt Bretter und Schichtbalken und ist einer von 20 Investoren – fast alle aus dem Osten –, die sich im Gewerbegebiet auf dem Gelände des ehemaligen Kaliwerkes angesiedelt haben. »Insgesamt 700 bis 1.000 neue Dauerarbeitsplätze hatte der Ministerpräsident den Kumpels zur Beruhigung versprochen, plus 32 Millionen Mark für ein Gewerbegebiet. 25 Millionen sind in den sieben Jahren verbaut worden, aber nur 200 neue Arbeitsplätze entstanden, davon nur 60 für arbeitslose Kumpels und leider keine Dauerarbeitsplätze.« Georg Nolte hat in seinem Unternehmen 30 Bergleute zu »Holzwürmern« umschulen lassen. Er ist »Zementer«, war bis zu seiner Entlassung 1990 Investbaudirektor im Eichsfelder Zementwerk Deuna. Danach Baustoffhändler. Und fand endlich eine Bank – »an wie viele Banktüren ich vergeblich als Ossi geklopft habe, kann ich Ihnen nicht aufzählen« –, die ihm 7 Millionen DM Kredit gewährte, um in Bischofferode einen Betrieb aufzubauen. »In einem

Gewerbegebiet, in das kaum ein Westdeutscher kommt, denn für die meisten von ihnen ist Bischofferode immer noch der Ort der aufmüpfigen roten Ossi-Proletarier.« Außerdem würde Bischofferode heute kein Fremder finden. »Oder haben Sie nach dem Verlassen der Bundesstraße bei Worbis ein Hinweisstraßenschild ›Bischofferode‹ gesehen? Nicht eins.« Die Gegend veröde. Trotz des Gewerbegebietes, trotz neuer Gehwege und moderner Straßenlampen – keine Spur von Aufschwung. »Ich muss, egal wie es hier läuft, jährlich 700.000 DM an die Bank zurückzahlen!«

Einer der wenigen Kumpels, die noch Arbeit haben, ist der 47 Jahre alte Grubenelektriker Walter Ertmer. Vollbart. Flinke, aufmerksame Augen. »Wir verwahren die Grube! Das heißt, wir bauen unsere Arbeitsplätze ab, denn mit jedem verfüllten Hohlraum bleibt weniger Arbeit übrig.« Ich müsste mir das so vorstellen: »Wir fördern das Kalisalz wie früher, verladen es wie früher, aber bringen es nicht, was logisch und nützlich wäre, wie früher nach oben, damit es verarbeitet wird, sondern karren es in die Hohlräume. Die Arbeit selbst ist sinnlos geworden. Das ist, als ob ein Bauer seinen Acker nicht mehr bestellen darf, aber er Geld dafür bekommt, um die Erde von einer Stelle des Feldes zu einer anderen zu karren.« 2003, auch wenn sie es noch so hinauszögern würden und immer neue Hohlräume finden könnten, 2003 würde dann alles dicht sein. »Da werde ich 50. 50 und arbeitslos! Und arbeitslos in Bischofferode!«

Bis zu dieser Stunde null kann man ihm nicht kündigen, denn Walter Ertmer ist Betriebsratsvorsitzender. »Allerdings sitze ich so selten wie möglich im Gewerkschaftsbüro, denn die Arbeit als Betriebsrat ist noch enttäuschender als die Arbeit unten. Nicht mehr für Arbeitsplätze kämpfen, sondern den Abbau von Arbeitsplätzen begleiten!«

An der Merktafel in seinem Büro hängt die Kopie einer Pressemitteilung. »Peter-Beier-Preis für Hans Berger. Der mit 10.000 DM dotierte Peter-Beier-Preis der Evangelischen Kirche im Rheinland geht in diesem Jahr an den Vorsitzenden der Industriegewerkschaft Bergbau und Energie (IGBE) Hans Berger … Vorbildliches Engagement Bergers in der Auseinandersetzung um die Steinkohle-Subventionen … in hervorragender Weise verstanden, die konfliktträchtige Situation … zu entschärfen.« Er hätte, sagt der Betriebsratsvorsitzende, diese Meldung natürlich nicht zu Ehren des Gewerkschaftsbosses angezweckt. »Wir hatten beim Hungerstreik recht, als wir auf Plakaten schrieben: ›Berger, Bonze und Betrüger!‹« Es sei wohl einmalig, dass ausgerechnet die Gewerkschaft den Segen zur Schließung der Gruben gibt. Und dafür kämpft. »Aber so verwundert waren wir nicht, denn wir hatten die Gewerkschaft in der DDR doch auch nur als Willensvollstrecker der Macht erlebt.«

Nicht einmal mehr die Hälfte der rund 100 in Bischofferode noch arbeitenden Kumpels sind Mitglied der Gewerkschaft. »Aber das interessiert den Berger und seine Leute im Westen nicht, denn gewählt werden die von ihren Steinkohlekumpeln an Rhein und Ruhr und nicht von den paar Leuten, die hier um ihre Arbeitsplätze gekämpft haben. Und erst recht nicht von den Arbeitslosen. Man sollte eine Gewerkschaft für Arbeitslose gründen, denn für die setzt sich keine Gewerkschaft mehr ein. Wer draußen ist, ist draußen. Nutzlos. Auch für die Gewerkschaften.«

Ich frage ihn nach arbeitslosen Kalikumpeln aus Bischofferode und wie sie jetzt mit ihren Problemen fertig werden. Er überlegt eine Weile, dann sagt er: »Ich weiß nicht, wer von denen, die 1997 endgültig gehen mussten, wieder eine Arbeit gefunden hat. Und wer noch keine hat. Man sieht sich nicht mehr.«

Auch Gerhard Jüttemann kann mir auf Anhieb keine Betroffenen nennen. Aber wenn ich am Aschermittwoch noch einmal nach Bischofferode kommen würde, könnte er sich in der Zwischenzeit erkundigen und auch ein Gespräch mit dem Bürgermeister Senger organisieren.

Am Aschermittwoch ist die Halde zwar noch mit Schnee bedeckt, aber es taut, und sie sieht nun aus, als hätte sie die Röteln. (Als die meisten der Bundestagsabgeordneten das deutsch-völkische Kunstdenkmal im Vorraum des Bundestages säckchenweise mit Erde ihrer Heimatorte füllten, schüttete Jüttemann den roten Rückstand der Abraumhalde zu einem Totenkreuz. Und niemand hat dieses Kreuz bisher zerstört!) Im Schaukasten vor dem Gemeindebüro von Bischofferode hängt noch das Faschingsmotto: »Rinderwahn und BSE tun uns Narren gar nicht weh.« Daneben ein Zeitungsfoto, Ministerpräsident Bernhard Vogel wird links- und rechtsseitig von Karnevalsprinzessinnen geküsst. Vorn im Gemeindeamt regiert – »videoüberwacht« – die Bank, hinten Bürgermeister Helmut Senger, ehrenamtlich. Ein dunkler Lockenkopf, graue Strickjacke über grauem Schlips auf braunem Hemd, dazu eine grüne Manchesterhose. Kräftige Schlosserhände. Sehr kurz geschnittene Fingernägel, aber das Schwarze hat sich in die Fingerkuppen hineingefressen. »Zeichen der Arbeit, das kriegste nicht weg. Will ich auch nicht«, sagt der ehemalige Haupt-mechaniker.

Ich frage ihn, weshalb er als Kirchenvorständler und Kleinunternehmer für die PDS kandidierte.

»Weil der Jüttemann mich jeden Sonntag nach dem Kirchgang agitiert hat, dass ich nicht nur reden, sondern auch was tun soll.« Und es gab viel zu tun in Bischoffe-rode: Nach der Schließung der Grube kaum noch Steuer-einnahmen. Der Ort schon damals millionenschwer ver-schuldet. Jeder Einwohner mit rund 2.000 DM. »Ich habe die Bank zwar im Haus, aber die geben uns zur Zeit keinen Pfennig mehr. Und wenn die Kommune jetzt für das vom Land wegen der Grubenschließung versprochene und geförderte Gewerbegebiet 10 Prozent Eigenmittel nachträglich bezahlen muss – für Bischofferode und Holungen je 1,2 Millionen DM –, können wir den Laden gleich zumachen. Was nutzt das Gewerbegebiet, wenn wir eines Tages nicht einmal mehr das Geld haben, um dort nachts die neuen Straßenlaternen anzuzünden? Nicht die 600, die aus Bischofferode fortzogen, sind be-schissen dran, sondern die Leute, die bleiben müssen, die nicht gehen können, weil sie hier Haus und Hof haben.«

Zum Beispiel Meinolf Glan (52), 17 Jahre Lok- und Großgerätefahrer unter Tage, dann »Schonplatz« im Ver-sand, weil das Kreuz kaputt war. Glan ist Haus- und Hofbesitzer in Holungen. Nach seiner Entlassung Um-schulung zum Ökoservice-Techniker. »Hört sich gut an: Ökoservice-Techniker! Habe nun Zeugnisse für Motor-sägen, Baumschnitt, Rasenmähen ... aber die Firma leider keine Aufträge.« Wieder arbeitslos. Danach ABM. Wanderhütten und Wege bauen. Danach wieder arbeitslos. Danach Hauswart in einer Rinderaufzuchtanlage, aber nur für kurze Zeit. Danach seit 1999 wieder arbeitslos.

Meinolf Glan schaut mich ernst und traurig an, aber wegen seiner Zahnlücke sieht er trotzdem lustig aus. Er zeigt mir sein Haus, den alten Bauernhof, die Scheune mit Heu. Drei Schafe, Heidschnucken. Selbstgebaute Holzleitern hängen am Schuppen. Ordentlich gestapelte Brennholzscheite. Und dann geht er mit mir, er zögert wie vor dem Betreten eines Friedhofes, in seinen Garten. In einen großen Garten mit Obstbäumen. »Ein verdammt großer Garten«, stöhnt er. Fast bis zum Gartenzaun führt ein neuer Weg, das heißt die Wendeschleife für die neuen Villen. Am Anfang dieses Weges steht das Haus des Gerichtsvollziehers. »Und für diesen Weg, den ich nicht brauche, den ich nicht will und der meinen Gartenzaun nicht einmal berührt, nicht einmal an ihm langgeht, sondern nur vor ihm endet, soll ich nachträglich 35.000 DM für den Straßenbau bezahlen. Aber woher nehmen?«

Er hat drei Kinder – »Gott sei Dank nur Jungens, die sind billiger als Mädchen«. Der Große hat Koch gelernt und geht, weil er im Eichsfeld keine Arbeit findet, in die Schweiz. Der Mittlere wird Maler, aber vom Ausbildungsbetrieb nicht übernommen. Also muss er sich einen Job im Westen suchen. Und der Kleinste ist Schüler. »Noch haben wir das Geld, damit der Kleine wenigstens die Klassenfahrten mitmachen kann und nicht benachteiligt und ausgelacht wird. Spaßbad oder mal gemeinsam essen gehen oder mal ein Rockkonzert be-

suchen, das können wir ihm nicht bieten. Das ist un-
bezahlbar für uns. Aber mal essen gehen, mal Spaßbad,
mal ein Konzert, das gehört doch heute schon zum Alltag. Nicht mal für den Alltag reicht es! Armut heißt doch
nicht: Du musst hungern, die Lebensmittel im Supermarkt sind billig, aber …«

Als ich mich verabschiedet habe, kehrt er vor seiner
Haustür das Konfetti vom Faschingstreiben auf. Er ist,
obwohl die Holunger den Karneval ausgelassen feiern, in
diesem Jahr nicht hingegangen.

»Und die Politikerreden heute zum Aschermittwoch?«

Er schüttelt den Kopf. »Die lachen doch nur über
uns, und sie lachen auf unsere Kosten.«

Als ich hinter Holungen die Höhe hinauffahre, ist
aller Schnee auf der Halde getaut. Das elefantenhäutig
zerfurchte Mahnmal des Eichsfelder Kalibergbaus leuch-
tet wieder rotbraun.

Wir himmeln hier per Hand

Wahrscheinlich war mein erster Versuch, die Stadt Suhl zu erkunden, der ungeeignetste. Ich hatte in der Lokalpresse gelesen, dass wegen des nachmittäglichen Kohl-Besuchs bereits ab frühmorgens die großen Parkplätze im Stadtzentrum gesperrt wären. Und ich beschloss, an diesem Kanzlertag von meinem Heimatdorf Dietzhausen lieber mit dem Fahrrad bis in die Stadt zu fahren. In die ehemalige südthüringische Bezirksstadt, an deren Rathaus in großen Lettern steht: »Im grünem Wald die rote Stadt, die ein zerschossen Rathaus hat.«

Grün ist das Land nicht mehr. Herbstbunt das Laub zwischen den Fichtenwäldern rings um Suhl herum und goldgesträhnt die Birken auf den Bergweiden. Tourismuslandschaft.

Der neue Radweg endet vor Mäbendorf, einem idyllischen kleinen Ort, der Suhl bereits 1979 zugeschlagen worden ist. Ich bewundere in Gedanken die kleine Fachwerkkirche des Dorfes zu lange, denn urplötzlich ist die Straße verschlammt, drängeln sich Laster zwischen Baucontainern, und ich falle vor einem fußballfeldgroßen Betonbauwerk in den Dreck. Ein Schild davor verkündet den Aufschwung Ost mit 6.100 plus 1.500 Quadratmetern Verkaufsfläche und 820 Parkplätzen. Gegen diesen hässlichen Koloss – solch massiven fensterlosen Betonklotz sah ich bisher in keinem Bundesland – sind die Opel-Hallen in Eisenach architektonische Meisterleistungen. Außerdem wird dort produziert. Nein, denke ich, nur nicht aus westlicher Richtung in die – so preist sie das Fremdenverkehrsamt – »Tourismushauptstadt Südthüringens« hineinfahren. Das nächste Gebäude ist ein neues »japanisches« Autohaus. Gegenüber stehen die teilweise verlassenen und verfallenen alten Fabriken des ehemaligen Suhler Fahrzeug- und Jagdwaffenwerks. Gewehre und Mopeds »Made in GDR« haben Suhl in aller Welt bekanntgemacht. Vor dem Werktor säubere ich mir die Hose. Einen Arbeiter frage ich, wie es drinnen läuft. Sie wären nicht einmal mehr ein Drittel der früheren Belegschaft. Aber Postminister Pötsch hätte versprochen, dass er das neue Elektroauto und Roller in Suhl bestellen würde. »Ich selber habe in der Jagdwaffe gearbeitet, jetzt reiße ich als ein ABMler unseren Betrieb, die alte Hähnel-Gewehrfabrik, mit ab.«

»Und wenn die abgerissen ist?«

»Dann werde ich vielleicht an der Autobahn mitbauen können. Genau hier, über das gesamte Betriebsgelände, über die Straße und die Häuser hinweg, wird eine kilometerlange Autobahnbrücke errichtet.«

Wanderer, nähere dich dieser Stadt nicht von Westen her ...

An der Hauptstraße grüßen von fast allen Lampenmasten die Konterfeis der Wahlkandidaten. Unten auf der Erde die PDS-Leute, obendrüber – sich gewissermaßen daraufstellend – die SPD-Poträts. CDU-Ministerpräsident Vogel hängt allein und ziemlich weit oben und schwindelt: »Es gibt keine Alternative.« Krempelt sich die Ärmel hoch, und ich als Fahrradfahrer (die schnellen Autofahrer sehen das nicht) erkenne auf seiner Uhr sogar die Zeit, zu der er sich die Ärmel hochgekrempelt hat. Halb sechs Uhr. Morgens? Nachmittags?

Jetzt ist es kurz nach 4 Uhr nachmittags. Um 5 soll Kohl kommen. Durch das Eisenbahnviadukt – 1884 erhielten die Suhler, vor allem die Waffenproduzenten, endlich den Eisenbahnanschluss an Europa – fahre ich zum zentralen Platz der deutschen Einheit. Doch davor stoppen mich Polizisten. In die vorüberhuschenden Wagen schauen sie nur flüchtig hinein, mich halten sie an. Kontrollieren meine Tasche. Radler sind heutzutage, kurz vor dem Autobahnbau, in jeder Beziehung verdächtig.

Absperrungsgitter vor der Rednertribüne. Oberhalb des Platzes stehen sieben Mannschaftswagen der Sicherheitskräfte. Viele der »Unauffälligen« in Zivil schauen weg, wenn ich sie grüße. Ich kenne sie von früher. Ein junger, dynamischer CDU-Ordner mit Schlips und im rotsamtenen Sakko hindert Bauarbeiter, mit ihren Protestplakaten und ihren Forderungen nach Schlechtwettergeld in den Innenraum des Platzes der Einheit, in Sichtweite der Redner zu gelangen. Also warten sie auf der Straße, dort, wo Kohl eintreffen soll. Aber Kohl kommt von der anderen Ecke. Sieht nur die ausgestreckten Hände. Zuerst spricht Vogel. Suhl erwähnt er in zwei Sätzen. Die Jagdwaffe und die Simson-Fahrzeuge seien gerettet. Und auch Pilz werde man nicht hängenlassen. (Von Pilz wird noch zu erzählen sein.) Kohl sagt einmal »schönes Suhl« und mehrmals »liebe Suhler«. Ansonsten lobt er die Einheit und schimpft auf die PDS. Da pfeifen manche.

Die Bauarbeiter lassen inzwischen Luftballons vom Gewerkschaftshaus starten. Doch das Haus steht leider hinter der Tribüne. Einer der Bauarbeiter brubbelt mit tiefer Stimme, der Dicke da vorn erzähle was von Aufbau, er solle lieber mal rübergucken zu den »Sarajevo-Ruinen«. So nennen die Suhler ihren 1972 gebauten Stadthallenkomplex heute. Eine runde, nach Leningrader Vorbild errichtete Stadthalle mit 2.250 Plätzen für Kultur- und Sportveranstaltungen. Dazu eine Schwimmhalle und das höchste Gebäude von Suhl, ein einundzwanzigstöckiges Wohnhaus mit Café obendrauf. Von alldem stehen nur noch Stützpfeiler und Außenwände. Wie ausgebrannt. Für eine D-Mark hat ein West-Investor den Komplex von der Stadt gekauft und bis auf die Außenhaut abgerissen. Er wollte das neue internationale Kongresszentrum inzwischen längst einweihen, aber es dauert und dauert. Der kräftige Bauarbeiter – »Ich heiße Tilo Springer und habe seinerzeit die gläserne Fassade der Stadthalle mitgebaut« – schimpft über den Betonmantel, den die Billigarbeiter aus Portugal nun der Halle überstülpen. »Furchtbar sieht's aus. Das einzig Positive: Die Halle ist jetzt ein paar Zentimeter höher. Ist ja alles sumpfig hier, Suhl entstand nun mal aus Suhle, und folgerichtig hat die Stadthallentorte beim Abriss Auftrieb bekommen. Im Keller könnte man jetzt Forellen züchten.«

Kohl redet über die starke D-Mark, die man nicht durch sozialistische Experimente gefährden dürfe. Die Bauarbeiter lachen. Und einer der CDU-Leute neben mir zeigt wütend auf die Bauarbeiter und sagt, dass ganz Suhl schon wieder unterminiert sei. Unterminiert, unterhöhlt von der PDS.

Das stimmt, Suhl ist unterminiert. Ein Beweis dafür steht unweit des Stadtzentrums: der 676 Meter hohe

Suhler Hausberg, der Domberg. Unterminiert ist er seit Jahrhunderten durch die eisenschürfenden Suhler Bergleute. Genau wie der Ringberg und der Dölberg, wo seit 700 Jahren Erz gefördert und zu Eisen verarbeitet wurde. Erst 1860 schloss man die letzte Grube am Domberg. Das bedeutete allerdings nicht das Ende für die wichtigste Industrie der Stadt, die Waffenherstellung. Seit fast 500 Jahren werden in Suhl Waffen produziert.

Und des Geschäftes wegen konnten die hiesigen Fabrikanten in den vielen Kriegen nicht nach Recht oder Unrecht, nach Moral oder Unmoral fragen. Sie verkauften heute diesem und morgen jenem. Und sie verkauften nicht schlechthin Gewehre, sie verkauften fast immer »Hightech«, wie es neudeutsch heißt. Nur einmal kamen sie zu spät, denn der Suhler Waffenbaumeister Schmeißer erfand die Maschinenpistole erst 1918!

Sowohl die hennebergischen Grafen als auch die sächsischen Herzöge, denen Suhl zeitweise unterstand, liebten zwar die Waffen der Stadt, nicht unbedingt aber den Geruch, den Rauch und den Schweiß in der »Waffenschmiede Suhl«. Die Stadt wurde nie Residenz, kein Schloss wie in vielen Orten ringsum wurde hier erbaut, und 1815 bis 1945 gehörte die Proletarierstadt als Enklave sowieso zu Preußen.

Und keine der »geadelten« Städte in der Nachbarschaft wollte mit dem »Schmuddelkind« Suhl spielen. Das tat dann der Arbeiter-und-Bauern-Staat, der Suhl in den Rang einer Bezirksstadt erhob. (Keine Westnähe und Herzogsvergangenheit wie die ehemalige Residenz Meiningen, dafür Arbeiterklasse!) Und um die geduckte Stadt im Tal für Institutionen, Straßen und sozialistische Neubauten zu öffnen, wurden große Teile der Altstadt abgerissen. Seitdem hat Suhl zwischen all seinen Neubauten nur noch museale Vergangenheitsinseln.

Aber die Stadt wuchs seit 1970 um über 20.000 Einwohner. Fremde kamen, um beim Aufbau der »sozialistischen Bezirksmetropole« zu helfen. Und deshalb befindet sich heutzutage in der 55.000-Einwohner-Stadt das größte Wählerpotential Südthüringens auf einem Fleck. Und deshalb müssen die Politiker nach Suhl kommen. Egal ob sie die früher gehätschelte und heute wieder auf ihre Grundlagen zurückgestufte Stadt lieben oder nicht. Kohl redet davon, dass er in zwei Stunden bereits vor der Frauenkirche in Dresden sprechen wird. Nein, hier und heute erfahre ich nichts über Leben und Leute in Suhl. Ich radle los, damit ich eher zu Hause bin, als Kohl in Dresden sein wird.

Beim zweiten Versuch, Suhl zu erkunden, gehe ich zu Fuß und gewissermaßen von hintenherum durch herrliche Wiesentäler und über Bergeshöhen nach Suhl. Das heißt, ich schaffe es nur bis zum eingemeindeten Dorf Albrechts. Abseits der Verkehrsmagistralen liegt es freundlich im Tal, wäre auch nach der Wende wohl fernab aller Sensationen geblieben, wenn da nicht jenes Werk gebaut worden wäre, zu dem ich jetzt will. Außerhalb des Ortes auf einer Anhöhe versucht sich ein glasdurchsichtiger Industriebetrieb in das Grün einzufügen. Architektonisch ist das fast gelungen. Und zur Einweihung vor gut zwei Jahren war auch der Ministerpräsident hier. Er freute sich über das mit erheblichen Fördermitteln gebaute »modernste CD-Werk der Welt«. Danach jedoch geriet Unternehmer Pilz in finanzielle Turbulenzen. Das

Land übernahm das Werk, butterte Millionen hinein, wollte es Pilz nach der Gesundung wieder zurückgeben. Doch nun droht Konkurs ...

An der Pforte sagt mir der Pförtner, dass er erstens niemand von der Presse hereinlassen darf, außerdem wäre er nicht der richtige Pförtner, sondern nur ein Freund des Pförtners. Der richtige sei mal austreten. Früher hätte auch er hier gearbeitet. Teilzeitbeschäftigung. Aber nun ... Nach einer Weile beteuert er, dass er weder für die PDS noch ein alter Kommunist sei, aber damit ich es wisse: »Solange es um Schulden geht, haben wir hier immer noch Volkseigentum. Die Schulden-Millionen, die zahlen nämlich Sie und ich mit unseren Steuern. Nur die Gewinne, die kassiert dann wieder der Herr Pilz.« – Der Herr Pilz sitzt inzwischen übrigens wegen »Investitionsbetrug« in Untersuchungshaft.

Ich wandere nicht weiter in Richtung Domberg. Von Albrechts fahre ich mit dem Bus nach Suhl. Der Bus sieht so gut und so modern aus wie das CD-Werk. Und am Taxistand in Suhl stehen jetzt die Taxis Schlange. Ich frage einen der Fahrer, was er einem Fremden zeigen würde, damit der Suhl kennenlernt. »Zuerst das Schießsportgelände auf dem Friedberg. Den Tierpark in der Suhler Schweiz. Das Hotel auf dem Ringberg. Die Sternwarte auf dem Hoheloh.«

»Und in der Stadt?«

»Vielleicht, wenn es ihn interessiert, das Grab von Herbert Roth, der hat das Rennsteiglied geschrieben. In der Stadt selber ...

Nee, da wird doch im Moment nur gebaut. Sind genug Geldleute aus dem Westen gekommen, die haben die Geschäfte aufgekauft und bauen sie nun neu. Wollen wir zufrieden sein, denn wer von unsereinem aus dem Osten kann heute schon im Stadtzentrum ein großes Geschäft bauen.«

Vom Bahnhof laufe ich zum Markt. Auf dem Weg sehe ich rechts und links die letzten schönen alten Villen von Suhl. Die Villa im italienischen Stil, früher gehörte sie dem Gewehrfabrikanten Sauer, später war sie das Johannes-R.-Becher-Klubhaus, heute Vereinshaus. Das Rokokohaus des Gewehrhändlers Steigleder. Das Galeriegebäude, seinerzeit einem Weinhändler gehörend. Auch Bauhausstil ist zu sehen. Das ehemalige Konsumkaufhaus wurde 1928 von dem Gropius-Schüler Karl Otto entworfen.

Auf dem Markt Stände mit holländischem Käse, Thüringer Wurst, alten DDR-Krimis, Blumen, Spreewaldgurken. Ein junger Mann mit kohlrabenschwarzem gepflegtem Bart und Nickelbrille preist seine Gewürze an. Kommt aus dem bayerischen Rodach. Heißt Spielvogel. Und hat unter den Hunderten Sorten auch einen »Original Suhler Tee« aus Wildschlehen. Er verkauft auch einen »Meininger Tee«, der enthält das vornehmere Maracuja. Also die Tees, sagt er, die wären sein Beitrag zur deutschen Einheit. Und er hätte die Sorten auch der Mentalität angepasst. Die Suhler seien etwas einfachere, um nicht zu sagen proletarischere Menschen. Die Meininger dagegen schon feiner in ihrer Art. Und die würden, wenn er bei ihnen auf dem Meininger Markt handele, natürlich auf die alte rote Stadt, in die zu Sozialismuszeiten alles hineingebuttert worden sei, fürchterlich schimpfen. Ich schaue hinüber zum rotgestrichenen Rathaus. Dort steht er noch, der Spruch von der roten Stadt im grünen Wald. Mit goldenen Buchstaben. Aber nach der Wende hat die neue Stadtverwaltung vorsorglich noch die Jahreszahl 1920 hinzufügen lassen. Damit niemand etwas Falsches denken kann ... »Allen hier in den neuen Bundesländern«, philosophiert Gewürzhändler Spielvogel aus dem bayerischen Rodach, »ist gemein, dass sie noch sehr konservativ kochen. Dabei könnten die Frauen, die in der DDR immer nur arbeiten mussten und nun zu Hause sind, nun auch neue Speisen und Gewürze ausprobieren.« Und er preist sein »Wundergewürz Sasiki« an.

Gegenüber dem großen Verkaufswagen aus Rodach hat sich ein Mann ein paar Tische und Stiegen und einen Hocker hingestellt. Bietet Lavendel an und Salbeipflanzen und Arnika in kleinen Töpfen. Roland Mägdefrau aus Schwarza. »Von gleich hier um die Ecke, fast ein Suhler«, wie er sagt. Bauerndill empfiehlt er mir, selbst geerntet, und Äpfel aus dem eigenen Garten. Seine Pflanzen stammten nicht aus dem Gewächshaus, die wären im Freiland abgehärtet. »Damit sie auch was werden, hier in den Berggärten. Was nutzen uns die wunderbarsten blütenprächtigsten, hochgezüchteten Pflanzen aus Holland? Die gehen hier ein.« Er betreibe die Gärtnerei nun schon seit 25 Jahren als Hobby. Von Beruf sei er Werkzeugmacher, Metaller. Und er sei vor der Wende und danach auf eines stolz gewesen: auf seiner Hände Arbeit. Nur darauf. Die Suhler wären Arbeitstiere. »Deshalb brauchen wir heute auch keinen toten Herzog wieder lebendig zu machen, um unsere Geschichte zu finden. Unsere Geschichte war immer die Arbeit. Und ohne Arbeit haben wir keine Geschichte.«

Wenn ich wolle, könnten wir nach dem Markttag noch ein Bier in einer alten Kneipe trinken gehen. Hier in Suhl? Nein, da gäbe es keine Arbeiterkneipe mehr, aber in Schwarza.

Mittlerweile ist es Freitag, 13 Uhr. Das Rathaus leert sich. Holger Uske, den Pressesprecher, treffe ich auf der Straße, er will zum Friseur. Hat wenig Zeit. Ich frage ihn, wer die Baugenehmigung für das Betonkoloss-Einkaufs-center im Westen von Suhl erteilt hat? Er will wissen, ob er als Pressesprecher Uske oder als der einfache Mensch und Bürger Uske antworten solle. Natürlich sei es ein Schandfleck ... aber nicht mehr feststellbar, wer die Genehmigung ... Andererseits: die Arbeitsplätze, die künftigen Steuergelder für das Stadtsäckel ... Kapitalkräftige Investoren seien manchmal neue Diktatoren ... Aber er müsse zum Friseur, sonst wäre keine Zeit, nur freitagnachmittags.

Zum guten Ende möchte ich mir die Stadt noch von oben anschauen und laufe hinauf zur Sternwarte. Ein kleines Haus auf dem Hoheloh. Daneben buckelt die Planetariumskuppel. Als Sternengucker vom Dienst arbeitet seit zwei Jahren der Astronomie-, Geographie- und Deutschgymnasiallehrer Michael Rebhan in der 25 Jahre alten Sternwarte. Und freut sich, »was wir Suhler früher schon für feine Dinge gebaut haben«. Natürlich nicht so viel auf einmal wie heutzutage. 40 Kräne ständen zur Zeit unten in der Stadt. Schade, dass man die Stadt von hier oben aus nicht sehen könne. Aber es wäre eben eine Stern- und keine Stadtwarte. Doch die herrliche Umgebung, die sei auch ohne Fernrohr zu erkennen. »Und in Suhl guckt man allemal besser aus der Stadt raus als in die Stadt rein!« Rebhan, der außerberuflich seit 30 Jahren der bekannteste Büttenredner des Suhler Carnevals-clubs ist, zeigt mir die Sternwarte. Der Enkel des Vaters der Raumfahrt Ziolkowski sei schon hier gewesen, »und Siegmund Jähn, der erste deutsche Kosmonaut aus der DDR«. Im Planetarium flimmert der Sternenhimmel auf. Leider oder Gott sei Dank wären hier noch keine multi-medialen computergesteuerten Licht-, Laser-, Sternen-shows wie in vielen Planetarien der alten Bundesländer möglich. Er müsse noch ordentlich mit eigener Stimme und vom Pult aus den Lauf der Sterne erklären, das Licht eigenhändig ein- und ausschalten. »Das ist wie unten in der Stadt: Wir himmeln hier immer noch per Hand.«

Bevor es dunkel wird, gehen wir auf die Westseite der Sternwarte. Der Haselgrund mit jenem schrecklichen Betonklotz in Mäbendorf ist von hier aus nicht zu sehen. Ein Berg dazwischen. Aber wunderschön sieht es aus, als die Sonne dort im Westen rot untergeht.

Das Innere der Glaskugel

Im Viertausend-Seelen-Städtchen Lauscha, nahe der bayerischen Grenze im Thüringer Schiefergebirge gelegen, kann man entweder drunten im Tal ohne Anstrengung auf der Hauptstraße entlangspazieren oder muss die rechts und links steil ansteigenden Seitengassen hinaufklettern. Im Tal, in dem die schieferverkleideten Häuschen wie blaugeschuppte Karpfen an den Stromleitungs-Angelschnüren hängen, sind an die fünfzig Weihnachtsbäume aufgestellt und mit großen goldglänzenden Glaskugeln geschmückt. Ich zähle die Kugeln am Baum und multipliziere. Rund 3.000 Christbaumkugeln. Alle in Einheitsgröße und in der Einheitsfarbe Gold. Oben am Berg, in den engen Seitengassen, hier stützen sich die Blaugeschuppten solidarisch aneinander, sehe ich kaum noch goldbehangene Bäume, dafür aber welche mit gläsernen Tieren, silbernen Zapfen, Geigen, Nüssen, Eiskugeln, Weihnachtsmännern, Teddybären. Alle filigran und keine Kugel doppelt.

Ich frage einen alten »Lauschner«, weshalb unten hauptsächlich Einheitsgold und hier oben künstlerische Vielfalt zu sehen ist. »Die goldenen Christbaumkugeln, das sind sozusagen die staatlichen Kugeln, die hat die Stadt drangehängt. Wahrscheinlich noch Restbestände aus DDR-Zeiten. Maschinengeblasen. Und die anderen, das sind die individuellen. Jeder Glasbläser hat dafür seine eigenen Muster.« Vor 100 Jahren hätte hier in jedem Haus mindestens ein Glasbläser gewohnt. An den Türen lese ich: »Kunstglasbläserei« – »Glasschmuck« – »Glas-

atelier« – »Christbaumschmuck« – »Puppenaugenfabri-
kation« – »Glasmalerei« – »Herstellung künstlicher Menschenaugen« …

Ich klingele wahllos bei »Walter Hähnlein. Christbaumschmuck. Mundgeblasen und handbemalt«. Ein
Mann mit wirrem, an den Spitzen versengtem Vollbart,
vorgebundener blauer Schürze, roten Wangen und
Schweiß auf der Stirn öffnet. Er schüttelt den Kopf, nein,
heute hätte er keine Zeit, mir zu zeigen, wie die Kugeln
geblasen und bemalt werden, geschweige denn mit mir
darüber zu reden. »Drei Wochen vor Weihnachten, kaum
dass wir zum Essen, geschweige denn zum Reden kommen.« Aber dann redet er doch, zwar nur kurz, aber
er lässt mich nicht einfach vor der Tür stehen. »Meine
Frau und ich waren zu DDR-Zeiten Heimarbeiter, haben
Kugeln für den VEB Lauscher Christbaumschmuck hergestellt. Den Betrieb, früher 1.200 Beschäftigte, hat die
Treuhand an die Konkurrenz aus dem bayerischen Rosenheim, die Firma Krebs, verkauft. Auch die hiesige
Glashütte erhielt ein Westdeutscher. Und die Farbglashütte wurde an einen Handelsmanager aus Hongkong,
nein, kein Schlitzauge, verscherbelt. Und ich habe eben
meine kleine Heimarbeiterwerkstatt privatisiert, zu mehr
reichte es nicht. Die Kugeln verkaufe ich meistens erst ab
Herbst. Zuvor arbeiten und leben wir sozusagen auf
Pump. Und wer pumpt heutzutage einem Glasbläser
was? 2.000, jeder zweite Einwohner von Lauscha, lebten
vor der Wende vom Glas. Heute vielleicht noch 500. Reich
kannste nicht werden davon, aber leben kann man. Also,
ich muss jetzt wieder.«

Er rät mir, die Technologie der Glasherstellung unten

im Museum anzuschauen. Dort könne ich auch eine der armen alten Glasmacherstuben besichtigen, gleich am Eingang hätte der einheimische Rudolf Hoffmann, der das Museum von 1950 bis 1990 leitete, solch eine Werkstatt eingerichtet.

Im Museum finde ich weder Anschauungsmaterial über die Glasherstellung noch die alte Glasmacherbude. Die Frauen am Einlass tun verwundert.

Das müsste der Hähnlein doch wissen, dass dem Museum seit 1990 eine neue Direktorin, eine fremde Künstlerin aus Westberlin, vorstehe. Und die stelle eben nur Glaskunst aus, keine soziale Glasbläsergeschichte. Im Verkaufsregal liegen teure Bücher über Lauschaer Glaskunst. Für den symbolischen Preis von 1 D-Mark wird eine mit vielen historischen Aufnahmen versehene Broschüre »Zur sozialen Lage der Werktätigen in der Lauschaer Glasindustrie unter den Bedingungen kapitalistischer Produktionsverhältnisse« angeboten.

»Die stammt noch aus sozialistischen Zeiten, einige Besucher aus dem Westen haben uns schon vorgeworfen, dass es nie zur Einheit des deutschen Volkes kommen könne, wenn wir hier immer noch solche kommunistische Propaganda vertreiben würden.«

Ich werde versuchen, über die Lauschaer Glasgeschichte ohne Verwendung des Begriffes »kapitalistische Produktionsweise« zu berichten.

1597 hatten der schwäbische Glasmeister Hanß Greyner und der aus Böhmen stammende Christoff Müller im Tal des Lauschabaches eine Glashütte errichtet. Sowohl die Hütte – die »Mutterglashütte Thüringens« – als auch die Familien der Greyner und Müller vergrößerten sich sehr schnell. Heute leben in Lauscha 350 Greiner- und 120 Müllerfamilien. Zur Unterscheidung wurden amtlich bestätigte Doppelnamen eingeführt, und so entstanden die Greiner und Müller mit Zusätzen wie Hüpfer oder Bleifrosch, Spargelstange oder Mops. Die Mutterhütte, in der die Meister und Gesellen vor allem Trinkgefäße herstellten, konnte schon bald all die Greiners und Müllers nicht mehr ernähren. Notgedrungen begannen die Glasarbeiter zu Hause vor der Lampe, einem mit Rüböl oder Talg gespeisten Brenner, zuerst Glasperlen, später Glasfiguren, künstliche Menschenaugen, Gefäße und Christbaumkugeln zu blasen. Verleger aus der Sonneberger Kaufmannschaft vertrieben die Glasware und diktierten den Glasbläsern in Lauscha Preis, Form und Abnahmemenge. 1867 erhielt die Stadt eine Gasanstalt, die Lampen konnten umgestellt werden, und Lauscha überschwemmte erst Deutschland, später auch Europa und die USA mit Glasperlen und Christbaumschmuck. Erst nach 1945 erhielten die Lauschner im bayerischen Rosenheim Konkurrenz. Dort hatte sich die aus Gablonz kommende Familie Krebs, Mutter und Sohn Helmut, niedergelassen und eine Christbaumschmuckfabrikation gegründet, die sich bald bis nach Amerika ausbreitete. Heute werden bei Krebs in Rosenheim täglich rund 250.000 maschinengeblasene Kugeln produziert und im Krebs-Werk Roswell in New Mexico etwa 150.000. In Lauscha vereinigten sich die Glasbläserfamilien 1959 zu einer Produktionsgenossenschaft. In den achtziger Jahren eroberten die Lauschaer den osteuropäischen und kapitalistischen Markt auch mit billigem maschinengeblasenem Baumschmuck. Nach der Wende, die Preise waren von den Lauschnern nun nicht mehr zu halten, und die Osteuropäer zahlten nicht, kamen mit den bundesdeutschen Kaufhausketten, die sich den Markt der ehemaligen DDR aufgeteilt hatten, erstmals auch Krebs-Christbaumkugeln aus Rosenheim nach Ostdeutschland.

1991 verkaufte die Treuhand die Lauschaer Christbaumkugelproduktion an den Konkurrenten aus Rosenheim. Der stoppte erst einmal die maschinengeblasene Kugelproduktion, denn die hatte er in Rosenheim selber, reduzierte von 1.200 Beschäftigten auf 160 und ließ eine neue Werkhalle bauen, in der vor allem die ehemaligen Heimarbeiter, nun nicht mehr unkontrollierbar zu Hause für sich, sondern zusammen in einem Raum, mundgeblasenen und handbemalten Christbaumschmuck effektiver als früher herstellen: hochwertigen, handwerklich und künstlerisch wertvollen Glasschmuck. In Lauscha bekam Krebs, was er in Rosenheim nicht hatte: erfahrene Glasbläser, die ihre Kunst seit drei Jahrhunderten von Generation zu Generation weitergegeben haben.

Allerdings hörte mit der deutschen Vereinigung der bis dahin in der DDR geschätzte, in der alten Bundesrepublik aber längst zu Grabe getragene Beruf des künstlerisch kreativen Glasbläsers formell zu existieren auf. Er stand nicht in der Anlage zur bundesdeutschen Deutschen Handwerksordnung. Seitdem kämpfen die Lauschaer mit Hilfe von hiesigen Politikern darum, dass ihr Beruf anerkannt wird und sie Glasbläser-Lehrlinge ausbilden dürfen.

Unten in der Farbglashütte, so verkündet es ein Schild, sind Glasbläser zu besichtigen. Für 1 D-Mark führt ein Kollege Reisegruppen und Einzeltouristen durch die

1853 gegründete Hütte. Zuerst historische Informationen, dann die Mitteilung, dass 1990 in der Hütte 120 Leute gearbeitet hätten, mittlerweile wären es noch 40. Aber ein Investor aus Hongkong sei erschienen. »Wir hoffen, dass es aufwärtsgeht.« Danach die schriftliche Ermahnung: »Für Verbrennungen bzw. Verletzungen aufgrund von Nichtbeachten der Hinweise übernehmen wir keine Haftung!«

Mit mir streunen noch sechs Besucher durch die Hütte. Bestaunen die Glutmäuler des Ofens. Davor die Glasbläser. Mit ihren langen Pfeifen tauchen sie in das rotglühende flüssige Glas ein, balancieren die Tropfen, blasen sie zu durchsichtigen Gebilden auf. Oder sie erhitzen die 30 Pfund schweren Glaskörper, nehmen die glühenden Gebilde zu zweit auf die Pfeifen und ziehen sie rennend und blasend zu zehn oder zwanzig Meter langen oder noch längeren Glasröhren auseinander. Andere blasen das Glas in einer Form auf, die ein junger Mann, Pferdeschwanz und Ring im Ohr, mit den Händen zusammenhält, während das Glas, glühend und rauchend, in der Form die Gestalt einer Wasserpfeife annimmt. Die Besucher fotografieren die schwitzenden Männer, holen ihre Videokameras aus der Umhängetasche.

Ich stelle mich abseits. Entdecke die »Hüttenkasse«. Man kann Glasscherben rausnehmen und Geld hineinlegen. Später frage ich die Männer am Glasofen, was sie verdienen. Knapp 13 DM brutto in der Stunde, das wären um die 1.400 monatlich auf die Hand. Einer brubbelt: »Am liebsten würde uns der Chef aus Hongkong für 'ne Schale Reis arbeiten lassen.«

Ein Bus mit Touristen ist angekommen. Ältere Herrschaften. Sie drängeln sich um die Glasarbeiter. »Schön warm hamses.« Der mit dem Pferdeschwanz stöhnt: »Es fehlt nur noch, dass die uns wie die Affen im Zoo mit Bananen füttern.« Ich frage ihn, ob sie vor 1990 auch schon zur Besichtigung freigegeben waren. »Nee, da haben wir nur gearbeitet. Da konnten wir vom Glas, das wir gut verkauften, noch leben. Heute können wir und das Glas, so sagen es die Chefs, nur noch von den Touristen leben.«

Den neuen Chef, den Handelsunternehmer für Kleinelektronik aus Hongkong, kann ich nicht sprechen. Der sei zur Zeit in Asien, sagt ein Angestellter in einem grauen Dederonkittel. Man munkele, dass er dort billige Glaswaren aufkaufe und in Lauscha vertreiben wolle. Neu sei das nicht, ein Geschäft nebenan würde auch schon Billigglas aus Böhmen und Polen verkaufen. Und kein Kunde ahne, dass es nicht aus Lauscha stamme. Der Bürgermeister möchte deshalb im Stadtrat ein Schutzgesetz beschließen lassen. Danach dürfte in Lauscha nur in Lauscha hergestelltes Glas verkauft werden.

Und sollte einer doch Billigprodukte anbieten, dann müsste er verpflichtet werden, die Ware als ausländische zu kennzeichnen. »Aber wo wir doch jetzt die freie Marktwirtschaft haben, glaube ich nicht, dass solch ein Gesetz rechtens ist.« Und wieder wird ein Bus Touristen entladen.

Am übernächsten Tag, zwei Wochen vor dem Weihnachtsfest, hat Walter Hähnlein doch noch »fünf Minuten« Zeit für mich. Lässt mich ein in das kleine Haus. Oben Wohnung, unten Werkstatt und Lager. Die Treppen und Flure sind mit Unmengen von Kartons verstellt, und auch in der Werkstatt ist Walter Hähnlein hinter den Kartonstapeln kaum zu sehen. An einer langen aufgebockten Tischplatte sitzen zwei Frauen und bemalen große, auf Nägel gesteckte Christbaumkugeln. Die schwarzhaarige zierliche malt sehr naturalistisch Tannen, Schnee, Berge und Häuschen auf blaue Kugeln. Die blonde gewichtigere zaubert mit Nitrofarben eisähnliche glänzende rosa und violette Strukturen. Nach wenigen Minuten schmerzt mir der Kopf vom Gestank der Farben.

Walter Hähnlein hat den Brenner, fachmännisch Lampe genannt, angezündet. Zischend und fauchend flammt er auf. In dem gelb-blauen Drachenfeuer erhitzt der Bärtige ein winziges bauchiges Glasstück und bläst es sekundenschnell zu einer hauchzarten, gleichmäßig gerundeten durchsichtigen Kugel. Ohne Pause die nächste. Und die übernächste. Seine Augen sind rot vom Feuer. Nun müssten die Kugeln nur noch innen verspiegelt, in Farbe getaucht, bemalt, der Spieß abgetrennt, die Hakenhütchen aufgesetzt und verpackt werden. »Und verkauft!«, ergänzt lachend die Zierliche. Sie spricht kein Lauschaer Platt. Sie stammt aus Ungarn. Ist 1971 mit Hunderten ungarischen Mädchen in die DDR gekommen. »Weil die damals zu viel Arbeit, aber nicht genug Arbeitskräfte hatten.« Der Glasbläser lacht laut und hämisch. 15 Jahre lang hatte Magdalena im Röhrenwerk Neuhaus zuerst Transistoren und danach Mikrochips hergestellt. Zwischendurch den Hähnlein geheiratet. Der 42 Jahre alte Hähnlein ist in der fünften oder sechsten Familiengeneration Glasbläser. Hat von 68 bis 69 gelernt.

»Danach bin ich aber 15 Jahre lang nach Steinach in die Leuchtperlenfabrik an die Pressmaschine. Habe dort in drei Schichten gearbeitet und viel mehr verdient als ein Glasbläser.« 1987 hätten er und seine Frau Magdalena hier in ihrer Werkstatt als Heimarbeiter mit der Glasbläserei angefangen. »Ich hatte seit 15 Jahren keine Glaspfeife mehr im Maul und Magdalena noch niemals Glas bemalt. Aber inzwischen ...« Er zeigt mir, wie er im Feuer eine Glocke formt.

»Das Glas lebt nur Sekunden. In der Zeit kann man es formen, es ist etwas Lebendiges, das Glas.« Er schlägt die Glasglocke an. Sie tönt hell und zart. In seinem Musterzimmer stehen silberne Vögel mit venezianischem Staub auf dem Gefieder, pausbäckige Weihnachtsmänner, Eiszapfen, vergoldete Nüsse ... Das meiste davon hat er erst nach der Wende ausprobiert. »Zu DDR-Zeiten waren meine Frau und ich als Heimarbeiter sozusagen Arbeitnehmer im VEB Christbaumschmuck. Selbständige Glasbläser wurden nicht mehr zugelassen. Wir bekamen das Material vom Betrieb, die Muster, naja, und 's Geld. Wenig genug. Wenn ich auf 600 Mark kommen wollte, mussten wir am Tag schon unsere 500 Kugeln abliefern, Arbeitszeit bis in die Nacht. Und kreativ sein, was Eigenes ausprobieren konntste auch nicht ... Nach der Wende haben wir uns dann gesagt: Wenn schon Tag und Nacht arbeiten, dann wenigstens für uns! Und sind eben unsere eigenen Unternehmer geworden. Vorerst Christbaumschmuckproduzenten ohne Kunden! Dann kamen die ersten Käufer, auch Wessis, die glaubten, hier noch was besonders billig abzustauben, aber wir haben die Kugeln nicht billig abgegeben, auch als wir kaum noch 'ne Mark in der Tasche hatten. Die Käufer kamen im nächsten Jahr trotzdem wieder.«

Urlaub hätten sie seit fünf Jahren noch keinen machen können. Seine Frau lächelt. »Wir träumen davon, das ist eine schöne Vorfreude. Es geht von Jahr zu Jahr besser.« Walter Hähnlein sucht im Glasscherbenhaufen nach einer schon verspiegelten zerbrochenen Glaskugel. Findet keine. »Sonst hätte ich Ihnen die zwei Seiten der bemalten Glaskugel gezeigt: außen glänzend, aber wenn man reinschaut …«

Bevor ich gehe, sagt er, dass die alten DDR-Chefs des Christbaumschmuckbetriebs wohl keinen Arsch in der Hose hatten, die Sache hier selbst zu übernehmen. »Die kannten die Kunden in aller Welt, hatten die besten Glasbläser weit und breit, aber nee, haben abgewartet, bis der Krebs, der Konkurrent aus Rosenheim, sie kauft und sie nun dort schön strammstehen, Geld verdienen, aber das Risiko nicht tragen müssen. Und der Krebs, der schaffte sich nicht nur den unliebsamen Ostkonkurrenten vom Halse, der erhielt Hunderte hervorragend ausgebildeter Glasbläser, wie es sie in Bayern kaum noch gibt. Der Krebs produziert in der neuen Halle mundgeblasenen und handbemalten Lauschaer Christbaumschmuck. Sieht übrigens gut aus, ordentliche Qualität, das muss man ihm lassen.« Allerdings würde es zum Himmel schreien, wie er die Leute ausnutze. Ramona, er zeigt auf die unentwegt Eiskugeln bemalende blonde Frau, hätte bei Krebs gearbeitet. Nicht mal 10 Mark brutto in der Stunde. Und Überstunden und Sonnabendarbeit.

»Ich habe dann ein Kind bekommen, ein Jahr Erziehungsurlaub, anschließend die Kündigung«, ergänzt sie, und beide reden nicht gut von diesem Wessi.

Einen Tag später empfängt mich Michael Krebs.

Ein freundliches, offenes Kindergesicht. Drei künstliche Tannen stehen in dem kleinen Besucherzimmer, in dem wir uns gegenübersitzen. Sie sind so dicht mit gläsernen Trompeten, Mickymäusen, Nikoläusen an Fallschirmen, orientalischen Märchenfiguren und traditionellen Kugeln geschmückt, dass kaum noch Nadeln zu sehen sind. »Wir haben rund 4.000 verschiedene Serien produziert.« Er sagt es stolz, erzählt, dass er in Bayern sehr erfolgreich in der Autobranche tätig gewesen sei, nie in den Osten wollte. »Einmal, weil ich zuvor keinen Gedanken an die Einheit verschwendet habe, die Grenze war für mich so unverrückbar wie die zu Frankreich, und zum Zweiten lernte ich im Herbst 89 die ersten Leute aus der DDR kennen. Das waren welche, die über Ungarn geflohen waren. Ich stellte sie in meiner Autobude ein, aber die glaubten immer noch ans Paradies Westen, und von Arbeit hielten die nicht viel.«

Ich unterbreche ihn und sage, dass man in Lauscha vom Unternehmer Krebs aus Rosenheim erzählt, dass er hier endlich seinen einzigen ernsthaften Konkurrenten geschluckt hätte und obendrein die Leute für Billiglöhne arbeiten ließe. Er ist verwirrt, das hätte ihm noch niemand gesagt, ich sei der Erste. Und dann versucht er zu erklären, dass die Lauschaer eigentlich keine Konkurrenz für die Firma seines Vaters gewesen wären. »Die Regierung schützte unsere Produktion vor dem Billigangebot aus Lauscha mit Einfuhrbeschränkungen. Die durften nämlich nur für soundso viel Millionen Mark Christbaumschmuck in den Westen Deutschlands liefern, kein Stück mehr. Das war damals politisch nötig, um unseren Markt in der Auseinandersetzung der Systeme zu schützen.« (Hier sei eingefügt, dass Krebs seine Rosenheimer Christbaumkugeln schon 1990 mit den SB-Ketten der Handelskonzerne auf dem ungeschützten Ostmarkt verkaufte. Die »Frankfurter Allgemeine« schrieb dazu: »Hier finden die neuen Modefarben noch nicht so viel Anklang, da, unter anderem, die über Jahre hinweg geschmacksbildenden Anregungen der Frauenzeitschriften fehlten. Lieber hält man sich hier an die Tradition und hängt silberne Kugeln in den Baum, rote und goldene.«)

Weiter mit Michael Krebs. Was den Lohn beträfe: In den meisten bayrischen Glasfabriken gäbe es überhaupt keine Tarife, lediglich Akkord, er dagegen hätte hier sogar einen eigenen Haustarif. Natürlich ohne Gewerkschaften, aber mit dem Betriebsrat abgesprochen. Nein, Gewerkschaften und Klassenkampf, das sei jetzt in der Aufbruchphase nicht nötig. »Wir sitzen doch alle in dieser neuen Halle im gleichen Boot.«

Ich möchte gern den neuen, mit 8 Millionen DM gebauten Betrieb sehen. Doch Michael Krebs sagt, dass er eigentlich niemand reinschauen lassen wolle. Also reden wir weiter über Michael Krebs, den Wessi-Unternehmer im Osten. 37 Jahre alt. Seit 1992 in Lauscha. Damals zwei Kinder. Inzwischen drei und ein Haus in Lauscha. Vier Kinder sollen es werden. »Bei dreien ist eins immer ein Einzelgänger.« Er hätte auch drei Geschwister, ein Bruder würde inzwischen das Rosenheimer Unternehmen leiten, der andere den Krebs-Christbaumschmuckbetrieb in den USA.

Tage später, beim zweiten Anlauf, führt er mich doch durch die neue Halle. Ein geräumiger heller Flachbau. Weder Maschinen noch Arbeiter noch Verpackungskartons müssen sich drängeln. Zuerst sehe ich einen an die 20 Meter langen, mit einer Weihnachtsmarkt-Landschaft bemalten Stoff an der Wand. Der würde die Fenster verdunkeln, denn die Glasbläser störe das Licht. Hätte man zuvor beim Bau nicht bedacht, es wären eben richtige Künstler, die hiesigen Glasbläser. Auch Frauen sitzen vor den fauchenden Gaslampen und formen die Kugeln mit ihrem Blasebalg Lunge. Ohne aufzuschauen. Sie würden noch nach Akkord arbeiten. Und der Stundenlohn? Ziel sei es, so der Jungunternehmer, dass jeder über 10 DM brutto in der Stunde verdiene. Fast so viel wie in Rosenheim die Arbeiter an den Glasautomaten ... Er geht mit mir in die Mitte der Halle. Dort hängt eine Tafel mit der neuen Versuchslohnform. Grundlohn und dazu wird die Übererfüllung an die Arbeiter unterschiedlich verteilt. Arbeitsmenge, Sorgfalt, Güte, Aktivitäten werden von »Anforderungen nicht erfüllt« bis »Anforderungen in der Regel übertroffen« mit Punkten bewertet. Je mehr Punkte, umso mehr Geld.

Das Eintauchen der Kugeln in die Farbe geschieht automatisch. Gute Entlüftung. Auch bei den Malerinnen kaum Farbgeruch. Alles junge Frauen.

Michael Krebs lässt mich allein, damit ich die Frauen befragen kann. Porzellanmalerinnen aus den bekannten, fast auf null gefahrenen weltbekannten Thüringer Porzellanfabriken sind dabei. Ja, sie wären dem Chef dankbar, dass er fast 200 Leuten Brot und Arbeit gegeben habe. Porzellanmaler und Glasbläser haben sonst keine

Chance. Jana Richter ist über 20. Kinder? Nein, Kinder könne sie sich jetzt nicht leisten. »Von den rund 1.200 DM Lohn kann ich nicht schon fast 200 für den Kindergarten bezahlen!«

Wieder unterm mustergeschmückten Tannenbaum, sagt Michael Krebs, dass er inzwischen seine Meinung über die Ostler geändert hätte. »Die Leute hier sind fleißig, zäh und willensstark.« Ich sage ihm, dass er die Mitverantwortung für die hier 400 Jahre alte Glasbläsertradition übernommen hat. »Diese Region hat immer nur vom Glas gelebt.«

Ja, aber er wäre kein neuer Wohltäter. Zwei plus zwei sei immer noch vier. »Und wenn es ökonomisch nötig sein sollte, 100 Leute zu entlassen, um die Firma zu erhalten, werde ich eben 100 entlassen! Tradition ist was Moralisches, und Glas ist was Materielles.«

Auf dem Rückweg schaue ich noch einmal bei Walter Hähnlein rein. Er ist mit seiner Frau allein. Auf dem Gaskocher steht ein alter Waschkessel mit heißem Wasser. Aus einem an der Wand hängenden Plastekanister füllt er mit einer Pipette Silbernitrat in die durchsichtigen Kugeln. Seine Frau gibt ein Reaktionsmittel dazu, schüttelt die Kugeln im Waschkessel, bis sie silbern spiegeln.

Gummihandschuhe. Schmutz und Dämpfe. Er will mir wieder die Innenseite der glänzenden Weihnachtskugeln zeigen, aber immer noch sind keine Scherben da. Es klingelt. Eine Frau kommt mit einem großem Korb duftender Weihnachtsplätzchen. »Eine Nachbarin. Sie weiß, dass wir nie Zeit haben, Weihnachtsplätzchen zu backen. Aber was wäre ein Fest ohne selbstgebackene Plätzchen? Sie schenkt uns jedes Jahr welche.«

Nachts um ein Uhr, als ich aus der Lauschaer »Western-Gaststätte« zurückkomme, brennt bei den Hähnleins in der Werkstatt immer noch Licht. Er sitzt vor der Flamme und bläst Christbaumkugeln. Sie malt. Ich klingele nicht.

Vor ihrem Haus sind Kugeln vom Baum gefallen. Eine ist zerbrochen, gibt ihr Inneres preis. Anstelle des äußeren Lichterglanzes sehe ich innen nur eine matte, blinde und kalte Silberschicht. Die zwei Seiten der Christbaumkugeln, die mir Walter Hähnlein zeigen wollte.

Ich erinnere mich, dass mir ein Mitarbeiter bei Krebs erläutert hatte, der neueste Trend bei Christbaumschmuck gehe zu gestalteten Weihnachtsbäumen, den sogenannten Themenbäumen. Zum Beispiel müsste der Musikbaum mit zierlichen gläsernen Musikinstrumenten, goldenen Tonleiterketten, gerollten Notenblättern und einer beweglichen Kapelle geschmückt werden. »Ohne Tanne kostet das mindestens 1.000 Mark. Ein Weihnachtskonzert für Besserverdienende.«

Ich hänge die noch heilen unthematischen Hähnlein'schen Weihnachtskugeln, die silbrigen Zapfen und Nüsse, die Vögel mit dem Gefieder aus venezianischem Staub wieder an die kleine Fichte. Muss daran denken, was mir der 90-jährige Glasbläser Fritz Leipold Büttner, der bis zu seinem 80. Geburtstag an der Lampe saß, in seiner ruhigen, wortkargen Lauschaer Art gesagt hat: »Wenn in Lauscha mal die Lampen ausgehen, weil's keine Aufträge mehr gibt, dann ist das für die Lauschner heute schlimmer als für unsereinen damals. Jeder von uns hatte außer dem Glas noch ein Stück Acker für Kartoffeln, mindestens eine Ziege im Stall und meist auch ein Fangeisen im Schuppen, um sich einen Hasenbraten aus dem Wald zu holen. Aber heute, was haben die Glasbläser heute? Außer ihrem Glas? Nichts. Und wenn die Preise für die Kugeln wegen der Billigware aus Asien sinken, dann werden die Glasbläser hier, um ihren Lebensunterhalt weiter verdienen zu können, auch heute nicht schneller arbeiten, das geht gar nicht, sie werden jeden Tag länger arbeiten. Bis Mitternacht. Und die Kinder auch.«

Aus Lauscha zurück, rufe ich die Thüringer Außenstelle der »IG Chemie, Papier und Keramik« in Jena an, erkundige mich nach den Tarifen für die Glasbläser. Als ich der Gewerkschaftsfrau am Telefon von Lauscha und der neuen Fabrik des Michael Krebs erzähle, unterbricht sie mich. Den feinen Herrn kenne sie. Übervolle Auftragsbücher, Sonnabendarbeit. Kein Urlaub im Sommer. Überstunden … Aber wehe, ein Gewerkschafter verlange mehr als diesen Billiglohn …

Ich sage ihr, dass er zur Zeit ein neues Lohnsystem einführt. Grundlohn und dazu bei Übererfüllung bis zu 30 Prozent bei entsprechender Punktebewertung. Und sie entgegnet mir in ihrem lustigen, freundlichen Dialekt (»Ich komme aus dem Badischen«): »Ja, ich weiß, wer am Tag mehr als einmal aufs Scheißhaus muss, der kriegt eben keinen Pluspunkt. Kennen wir im Westen alles schon.«

Ich frage, wie sie ihren Weihnachtsbaum schmückt. Und sie schwärmt: »Kein Lametta, nur das Grün der Nadeln. Dazu weiße Schleifen und einfache weiße Kugeln. Wunderschön …«

»Kugeln aus Lauscha?«

»Ja, Kugeln aus Lauscha. Ich sage den Leuten immer: Kauft die Waren aus dem Osten. Jede Christbaumkugel hilft.«

»Auch die vom Krebs?«

»Natürlich, auch die vom Krebs.«

Sag Sascha, nicht Alexander! oder: »Die Eltern haben drei Kinderärzte totgeschlagen«

Es war nicht nach dem fünften oder sechsten oder zehnten oder elften Wodka, sondern vor dem allerersten, als der Arzt Alexander Komarow aus dem kalten schmutzigen Kamyschin – an der Wolga zwischen Saratow und Stalingrad gelegen – zu mir sagte: »Ich heiße zwar Alexander, aber meine Frau, meine Mutter, mein Töchterchen und meine Freunde nennen mich Sascha. Sag also Sascha zu mir!«

Und das war im Oktober 89.

Vor zwei Wochen schrieb Saschas 10-jährige Tochter Lena an unsere 11-jährige Tochter Ulrike: »Hallo Uli, wir bekamen Euer schönes Päckchen und Deinen Brief gleichzeitig. Vielen Dank für die schönen Sachen. Alles ist sehr gefallen. Das Päckchen kam am 14. Januar an, das war gerade ein alter russischer Feiertag: der Kirche beginnt neues Jahr. In diesem Jahr bei uns sehr viel Schnee ist. Und der Frost ist jeden Tag. Es taut nicht. Und erst jetzt habe ich mich besonnen, dass ich Ski habe. Solche kleinen, aus dem Plast, aber ohne Stöcke. Und jetzt laufe in den Dünen ich schon dritten Tag. Und dein Wunsch mir (vom guten Rutsch) hat sich erfüllt. Im neuen Jahr hatten wir einen großen Tannenbaum, Jolka, gekauft, haben den in ein Glas mit Wasser gestellt, begossen ihn jeden Tag und plötzlich darauf wuchsen sogar neue Zweigchen mit grünen Blättern, 7 cm lang …«

Und weil sie noch nie in Deutschland waren, lud ich Sascha und seine Frau Alja und ihr Töchterchen Lena ein, uns im Sommer 1996 zu besuchen.

Auf meine Einladung und die Frage nach notwendigen Formalitäten schrieb er mir: »Ihr lieben Freunde, wir bekamen Euren Brief. Und ich antworte sofort. Folgende Bürokratie ist bei Euch nötig: Das ist die Einladung auf offiziellem Formular, das Ihr uns schicken sollt. Nur wenn wir Eure Einladung mit offiziellem Formular erhalten, werden wir hier übrige Dokumente weiter organisieren dürfen.«

Ich ging also zur Meldestelle meines in die Stadt Suhl eingemeindeten Dorfes Dietzhausen und fragte nach dem offiziellen Formular. Die Meldestellenfrau kannte ich gut, sie klärte mich auf, dass Einladungen jetzt Sache der Ausländerbehörde in der Stadtverwaltung seien. Sie rief dort für mich an und fragte, ob man das benötigte Formular der Meldestelle zuschicken könne.

Man konnte nicht. Also gab sie mir den Hörer, und ich erkundigte mich nach den nötigen Formalitäten.

Eine weibliche Stimme erklärte mir, dass ich persönlich erscheinen, den Antrag ausfüllen und dazu meinen Ausweis sowie die Lohnbescheinigung vorzeigen müsse.

»Etwa 2.000 DM monatlich müssten Sie nachweisen können, verstehen Sie, als Sicherheit, sonst können wir das Einladungsformular nicht unterschreiben.« Pause, weil ich schwieg. »Verstehen Sie?«

Ich sagte, dass ich nichts verstände, ein freischaffender Schriftsteller sei und leider ohne festes Gehalt.

Dann müsste mein Steuerberater mir bestätigen, dass ich die Summe von monatlich 2.000 DM …

Das könne er nicht, bedauerte ich, denn ich hätte oft weniger.

Dann dürfe sie keine Bestätigung ausstellen.

»Sie müssen doch für alle Eventualitäten finanziell haften können. Ihr Russe kann sich hier einen Arm brechen, also allein das Röntgen und Eingipsen, Krankentransport, das sind ein paar Tausender. Oder noch schlimmer: Wenn jemand von dieser russischen Familie im Kaufhaus klaut, erwischt wird und sofort mit dem Flugzeug zurückmuss – Flugkosten für eine dreiköpfige Familie, mindestens 5.000 ...«

Ich redete hilflos was von Freundschaft und dass ich diese Familie persönlich kenne.

Und sie, die Frau vom Ausländeramt, würde mich doch auch kennen. Ich hätte im sowjetischen Hungerwinter 1990 mit einem LKW die Suhler Hilfsgüter in drei Tagen nach Kaluga kutschiert. Und ihr Chef, der Oberbürgermeister Kummer, hätte mich damals sehr herzlich verabschiedet und tiefbewegt von Freundschaft und den wichtigen menschlichen Beziehungen gesprochen.

»Alte Freundschaften«, sagte sie bedauernd, »alte Freundschaften sind die eine Sache, die andere und allein entscheidende ist die heutige Verordnung. Und die besagt, dass Sie keinen Russen oder anderen Osteuropäer in die BRD einladen dürfen, wenn Sie nicht 2.000 Deutsche Mark ... Verstehen Sie doch endlich!«

Ich hätte ihr von Sascha und Alja und der kleinen Lena erzählen können, von meiner ersten und bisher einzigen Begegnung mit ihnen, doch ich begann zu ahnen, dass das in dem Fall auch niemanden mehr interessierte.

Sascha hatte uns, als er in der Zeitung »Rotes Banner« las, dass zwei Deutsche in Kamyschin über Perestroika, Glasnost und den Alltag der Menschen in der 400.000-Einwohner-Stadt schreiben wollten, ohne uns zu kennen, zu sich nach Hause eingeladen. »Um mit den lieben Gästen aus Deutschland reden, essen und trinken zu können«, hatte er auf einen Zettel geschrieben, den er im Hotel für uns hinterlegt hatte.

Er wohnt in einem der Neubauviertel. Die Treppe ist steil und das Treppenhaus so spärlich beleuchtet, dass Gerd und ich die Türschilder nicht entziffern können. Aber im 4. Stock steht die Tür schon offen, es riecht nach Kraut und Roten Beten, nach Knoblauch und Gebratenem. Alexander stellt uns zuerst seine Mutter vor. Sie wohnt mit ihnen in der winzigen Wohnung und hat den ganzen Tag für uns gekocht. In einer Porzellanschüssel serviert sie Borschtsch, die berühmte Rote-Bete-Suppe, die sich von der Ukraine aus in der ganzen ehemaligen Sowjetunion verbreitet hat. Und auf einem großen Teller bringt sie, hoch aufgestapelt, goldbraun gebratene Krautwickel.

Willkommenswodka aus kleinen Gläsern. Alexander trinkt auf die Gäste. »Die teuersten und ehrenvollsten, die wir bisher in unserer Wohnung begrüßt haben.« Sascha ist kein so geübter Toastredner wie die meisten Russen.

Die zum Stamme der Mari gehörende Alja und der Russe Sascha haben Medizin studiert. Er unterrichtet an der Medizinischen Schule, sie arbeitet in der Kinderklinik. Über Medizin reden wir erst später. In den ersten Stunden spricht Sascha nur über ein Thema: die deutschen Menschen, die deutsche Sprache, die deutsche Literatur, die deutsche Musik. Leider habe er an der Universität kein Deutsch erlernen können, aber nun studiere er als Autodidakt die Grammatik und Aussprache, um Goethe und Heine in der Originalfassung lesen zu können. Die Deutschen, schwärmt er, sind solch kulturvolle Menschen, feinfühlig und gebildet. »Wir Russen dagegen sind plump und aggressiv.« Er holt ein deutsches Märchenbuch, zeigt Lena die Bilder und ist glücklich, wenn die 4-Jährige auf Deutsch »Wolf« und »Großmutter« und »Kuchen« sagt.

Alja sitzt still daneben und lächelt. Aber plötzlich sagt sie übergangslos: »Sascha hat heute einen Tag Urlaub genommen. Er ist von früh bis abends durch die Stadt gelaufen, von Geschäft zu Geschäft, um für die teuren deutschen Gäste ein paar Flaschen Bier zu organisieren. Von früh bis abends, stellen Sie sich das vor. Er hat trotzdem kein Bier bekommen. Und wenn ihm nicht ein Kollege eine Flasche Wodka ausgeborgt hätte … Wie entmutigend für einen Menschen, für einen Arzt, der sechs Jahre studiert hat. Was für ein schreckliches Leben!« Nein, sie wolle nicht klagen, sagt Alja, aber wenigstens die Wahrheit erzählen über ihr Leben. »Ein Dreher verdient in Kamyschin beispielsweise 300 Rubel. Ich als Ärztin, verantwortlich für das Leben von 80 Kindern auf der Station, erhalte 130 Rubel. Wir haben für alle Kinder drei Spritzen. Drei Spritzen in der Kinderklinik, die wir wie das Wasser des Lebens hüten. Und immer wieder mahnen wir die Schwestern, sie zu pflegen und zu pflegen und zu pflegen. Und zu sterilisieren und zu sterilisieren und zu sterilisieren. In Wolgograd sind fast einhundert Kinder im Krankenhaus mit AIDS infiziert worden, weil sie keine Einwegspritzen haben. Aus Wut haben die betroffenen Eltern drei Ärzte totgeschlagen.«

Ich bezweifle die Wahrheit, doch Alja versichert, dass sie diese Information öffentlich in der Dienstberatung erfahren hat.

Während wir Tee trinken und Honig löffeln, übt Sascha mit Lena die deutschen Zahlen. Bis acht kann sie schon zählen.

Ich frage, wie viele Kinder sie noch großziehen wollen.

»Kein einziges mehr«, sagt Alexander. »Es ist unverantwortlich, in diesem Land heute Kinder in die Welt zu setzen. Nein, dieses Risiko, dass unsere Kinder vielleicht keine Milch haben werden und kein Brot, dieses Risiko werden wir nicht auf uns nehmen.«

Alja nickt. Es sei ein Verbrechen oder besser gesagt eine Sünde, in diesem Land Kinder zu gebären.

Sie sagt es nicht laut und leidenschaftlich agitatorisch, sondern sehr leise, sehr stockend und sehr traurig.

Wir bleiben bis kurz vor Mitternacht.

Alja kocht den traditionellen russischen Abschiedstee. Dann, entgegen allen Ritualen, eine zweite Kanne. Und auch noch eine dritte.

Sascha nimmt Lena auf den Schoß und singt mit ihr in deutscher Sprache: »Alle meine Entchen …« Und plötzlich weint Alja. Wir sollten wiederkommen, sagt sie. Wir könnten zusammen Bach hören und Rachmaninow und Lena werde dann schon einige deutsche Worte mehr sprechen.

Sascha schenkt Gerd zum Abschied das in der DDR

verbotene Buch »Die Kinder vom Arbat« auf Russisch. Mir überreicht Alja einen kleinen Wecker. Wenn er mich weckt, möge ich an die Familie Komarow in Kamyschin denken. Und wir sollten im nächsten Jahr mit unseren Frauen und allen Kindern zu ihnen kommen. »Es haben alle Platz«, sagt Alja, umarmt uns flüchtig, weint und weint. Sascha, Alja, Lena und die Großmutter wohnen in zwei kleinen Zimmern. Aber ich weiß, es wird Platz sein, selbst wenn wir unangemeldet alle auf einmal kommen würden.

Nach fünf Minuten erfolglosem Telefonat im Meldeamt sagte ich den selbst für eine gesetzesbefolgende Ausländerbeauftragte – sofern sie DDR-Bürgerin gewesen ist – wahrscheinlich immer noch schlimmen Satz: »Also dann ist wohl nichts mehr mit der deutsch-sowjetischen Freundschaft?« Und drohte obendrein, dass ich mich an den Petitionsausschuss des Thüringer Landtages wenden würde. Da reichte mich die erste Stimme an die nächsthöhere Ausländerbeauftragten-Stimme weiter. Und die redete nach meiner nochmaligen Litanei wie mit Engelszungen. Ich wäre doch intelligent und müsste deshalb begreifen, dass die Ausländer, die ansonsten Einreiseverbot in die BRD hätten, mit einer persönlichen Einladung ohne finanzielle Haftung des Einladenden durch die Hintertür doch noch hereingelassen würden. Außerdem würde ich doch nicht wollen, dass im Falle von Eventualitäten, also Krankheit oder Abschiebung meiner Gäste, die deutschen Steuerzahler zur Kasse gebeten werden müssten.

Nein, das wollte ich nicht, und ich sagte das, was ich

sonst kaum jemand sage und was ja auch in der neuen Eigentum-ist-alles-Gesellschaft das bestgehütete Geheimnis sein sollte: »Ich habe noch 20.000 DM zur Altersvorsorge auf der Bank. Sofort abhebbar. Das könnte ich mir dort bestätigen lassen und als Sicherheit für die Einladung vorlegen.«

»Bedaure«, sagte die »Engelszunge«, »diese Bestätigung wird in dem Fall nicht anerkannt. Sie können jetzt das Geld zwar vorweisen, aber bis zum Eintreffen der Russen längst verbraucht haben und hätten nichts, wenn, siehe Gips oder Klauen …« Es ginge um den Nachweis eines kontinuierlichen Verdienstes von rund 2.000 DM. Zum Leben brauche man ja auch noch was.

Da wurde ich trotz der Engelszungen doch laut am Telefon, und da kam zufällig auch die Chefin der Ausländerabteilung ins Zimmer. Sie wurde sofort unterrichtet, am Telefon sei ein uneinsichtiger Schriftsteller, der könne das Geld zwar nicht aufbringen, bestehe aber trotzdem darauf, einen Russen in die BRD einzuladen.

Die Chefin kannte den Schriftsteller Scherzer. Das schmeichelte mir, und ich dachte, dass ich es vielleicht mit der diplomatischen Variante versuchen sollte. Und als sie sich mit ihrem Namen – ich verstand Senf – vorgestellt hatte, sagte ich, dass ich froh sei, nun endlich die kompetente Chefin, also die ganz oben, zu sprechen, denn die unteren wollten ja doch nur immer wichtigtuerisch ihren Senf dazugeben.

Sie unterbrach mich, nannte noch einmal ihren Namen. Und dieses Mal verstand ich nicht Senf, sondern Lenz, Lenz wie die Jahreszeit. Ich war außergewöhnlich gedankenschnell und sagte etwas vom Frühling und der

Hoffnung, die im Lenz immer wieder neu knospe, und dass ich hoffte, mit ihrer Hilfe die Bescheinigung doch noch zu erhalten.

Sie sagte versöhnlerisch, dass es vielleicht auch möglich wäre, wenn ich nicht ganz 2.000 nachweisen könnte.

Stolz und hoffnungsfroh beteuerte ich, dass zwar nicht ich so viel verdienen würde, aber in der Familie, da kämen wir zusammen sogar auf über 2.000. Und weil das Finanzamt die Steuer auch aus dem gesamten Familieneinkommen errechne, wäre das bestimmt auch für diese Einladung gültig.

Sie widersprach energisch. Nur der Verdienst des Einladenden sei maßgebend, nicht die Familienkasse. Und fürsorglich wie bei einem Kranken erläuterte sie: »Also nehmen wir mal an, Sie laden die befreundeten Russen ein, wir geben die Genehmigung, und Sie haften mit dem Familieneinkommen für die Ausländer, denen passiert was, Sie, Herr Scherzer, sollen persönlich zahlen, können aber nicht, und Ihre Frau sagt: Ich habe niemand eingeladen, ich habe nicht unterschrieben, das war mein Mann, der hat den Russen eingeladen, also soll er auch bezahlen.«

Ich antwortete erst kleinlaut: »Wir haben nur ein gemeinsames Konto; wir sind eine Familie, und meine Freunde sind auch die Freunde meiner Frau.« Und sagte dann zornig, dass ich alles langsam verstünde, denn es wäre wohl ähnlich wie mit einer Kaution, die man für die Freilassung eines Verbrechers hinterlegen müsste …

Da wurde Chefin Lenz (in der Zwischenzeit hatte sie mich noch einmal berichtigt, sie heiße nicht Lenz, sondern Senz), also sie wurde sehr grimmig und sagte kurz angebunden, dass sie ihre teure Zeit nicht länger vergeuden könne. »Haben Sie nun die nötige Summe, damit Sie wie ein ordentlicher Bürger die finanzielle Verantwortung für die eingeladenen Russen übernehmen können, oder haben Sie das Geld nicht?«

»Ich persönlich habe es nicht«, sagte ich leise. Und hätte heulen wollen. Aber ich heulte nicht, weil am Telefon in der Meldestelle inzwischen ein fremder Mann hinter mir stand. Es war mir sehr peinlich.

Doch der Mann grinste nur, klopfte mir auf die Schulter und sagte: »Ich kenne einen Steuerberater, der bestätigt Ihnen für mickrige 250 DM jedes gewünschte monatliche Einkommen. Und den Schein legen Sie dann der Behörde vor ...«

Sascha wird, wenn er ein Visum erhält, nun doch im Sommer mit Töchterchen Lena und Frau Alja zu uns kommen.

Und so wie ich ihn kenne, wird er zur Begrüßung den ersten Toast auf das große Volk der kulturvollen Deutschen, auf das Volk der Humanisten Goethe und Schiller trinken. Und ich werde ihn umarmen und das Glas nach alter russischer Sitte auf einen Zug leeren.

Die Erben der Öfen oder: »Das ist der Bengel von dem Kriegsverbrecher!«

Auch im Krematorium, in dem die zwei dreimäuligen Verbrennungsöfen stehen, war es an diesem Februarmorgen hundekalt, und die jugendlichen Besucher des ehemaligen Konzentrationslagers Buchenwald zogen ihre bunten Anorakkapuzen über den Kopf. Der »Museumsführer«, ein wohl über zwei Meter großer Mann, der in seinem bis zur Erde reichenden schwarzen Mantel einem Prediger ähnelte, erklärte die Öfen.

»Was Sie hier sehen, das sind noch die Originalöfen der Firma Topf. Ähnliche Modelle errichtete die Firma unter Leitung des Ingenieurs Kurt Prüfer auch in Auschwitz, Dachau und Mauthausen. Die Parameter des Dreimuffelofens, damals technologischer Höchststand, garantierten die Einäscherung von rund 300 Menschen in 24 Stunden. Damit die ausgemergelten Häftlingsleichen besser brannten, 70 Prozent hatten weniger als 50 Kilo Körpergewicht, wurde Öl aus diesem Tank – ebenfalls ein Topf-Patent – zugesetzt. Und um Brennmaterial zu sparen, sollten die Krematoriumshäftlinge möglichst eine noch gut genährte männliche Leiche zusammen mit der einer abgemagerten Frau oder der eines Kindes in den Ofen schmeißen. Die Firma Topf, hier an den gusseisernen Verschlussdeckeln erkennen Sie deutlich das Markenzeichen, hatte ihren Sitz in Erfurt …«

Ich fragte den Mann im langen schwarzen Mantel, ob der Betrieb noch existiert. Er nickte. Nach dem Krieg hätte sich Ludwig Topf, einer der Besitzer, erhängt. »Sein

Bruder, Ernst Wolfgang Topf, flüchtete, noch bevor ihn die Sowjets verhaften konnten, nach Westdeutschland. Dort erhielt er als angeblich zu Unrecht enteigneter Unternehmer eine neue Gewerbeeintragung im Handelsregister, und 1950 ließ er durch seinen Ingenieur Klettner ein Topf-Patent mit dem Titel ›Verfahren und Vorrichtung zur Verbrennung von Leichen, Kadavern und Teilen davon‹ anmelden. 1963 löste er die Firma auf. Der Erfurter Betrieb, inzwischen in ›Erfurter Mälzerei und Speicherbau-EMS‹ umbenannt, produziert an alter Stelle Speichersilos, Tanks und Mälzereiausrüstungen.«

Udo Braun, der Geschäftsführer von EBM, bestellt mich nach 21 Uhr in sein Büro. Tagsüber hätte er keine Zeit für Gespräche über die Vergangenheit. Das alte Verwaltungsgebäude ist hell erleuchtet, die Eingangstür steht offen, aber innen ist alles kafkahaft still. Die Büros sind verschlossen. Auch das von Braun. Endlich ein Husten im Erdgeschoss. Ein älterer Weißbekittelter, dem die wenigen Haarsträhnen wirr ins Gesicht hängen, läuft zu dieser Nachtstunde immer noch zwischen Reißbrett, Computer und Zeichnungen hin und her.

Ich frage ihn, ob er schon zu Zeiten der Gebrüder Topf im Betrieb gearbeitet habe.

»Nein, erst seit 1948. Aber wir hießen damals noch Topf. Nagema Topfwerke. Später beschloss die neue Macht, den belasteten schlechten Firmennamen durch einen guten, fortschrittlichen zu ersetzen. Und wir erhielten den Ehrennamen des gegen die Militärdiktatur kämpfenden griechischen Kommunisten Nikos Belojannis und bildeten außerdem als internationalistische Hilfe 50 griechische Lehrlinge bei uns aus.«

(Was der zerzauste Konstrukteur der Speicher nicht wissen konnte: Nachdem der Konstrukteur der Verbrennungsöfen, Ingenieur Kurt Prüfer, am 4. März 1943 die fünf Dreimuffelöfen in Auschwitz II eine Woche lang trockenfeuern ließ und am 13. März Ingenieur Karl Schultze die von ihm bei Topf entwickelte Be- und Entlüftung der Gaskammern 15 Stunden lang getestet hatte, wurden in der darauffolgenden Nacht im ersten Großversuch 1.492 Juden aus Kraków mit Zyklon B vergast. Und wie vorgesehen in zwei Tagen eingeäschert. Eine Woche später folgte der zweite Ofen-Test mit 2.191 Juden aus Griechenland.)

»Als die ›Belojannisse‹, wie man uns nun spöttisch in Erfurt nannte, hatten wir offiziell den Schlussstrich unter die Topf-Geschichte gezogen. Und unsere Ingenieure Prüfer und Schultze und der ehemalige Betriebsleiter Gustav Braun saßen, wegen Kriegsverbrechen zu je 25 Jahren verurteilt, schon in sowjetischen Lagern.«

Ich frage, ob dieser Gustav Braun mit dem jetzigen Geschäftsführer Udo Braun verwandt sei.

»Das war der Vater von Udo Braun. Der Udo kam 1950, zwei Jahre nach mir, als Lehrling in den Betrieb.«

Der heute 59-jährige Udo Braun schenkt mir wenig später Kaffee aus einer Thermoskanne ein und entschuldigt sich für den nächtlichen Gesprächstermin. Tagsüber müsse er jede Minute für den Betrieb nutzen. »75 von früher 700 Beschäftigten arbeiten noch hier. Zusammen mit drei Westdeutschen bin ich Gesellschafter des Betriebes geworden. Habe all mein privates Vermögen verbürgt ...«

Das interessiert mich im Moment weniger als die Öfen. Ich frage nach seinem Vater.

»Viel weiß ich auch nicht. Als der Vater verhaftet wurde, war ich 9 Jahre alt. Und nach Vaters Entlassung im Jahre 1955 sind die Eltern sofort in die BRD umgesiedelt. Drei Jahre später starb der Vater. In seinem Tagebuch habe ich nur eine Eintragung über die Zeit während und nach dem Krieg gefunden: ›1946 bis 1955 Luftveränderung – Sowjetunion.‹« Udo Braun berichtet darüber nicht zögerlich und leise, sondern schnell und bestimmt.

»Ich klaute als Kind alles, was nicht niet- und nagelfest war. Tauschte Kohlen gegen Brot und Schrauben gegen Kartoffeln. So überlebten die Mutter, mein kleiner Bruder und ich. Das heißt körperlich. Seelisch war es schwerer. Da galt man eben als einer, dessen Vater sitzt! Trotzdem begann ich die Lehre hier im Betrieb. Einige geiferten: Das ist der Bengel von dem Kriegsverbrecher! Andere Kollegen klopften mir auf die Schulter und sagten, ich solle nichts auf den Vater kommen lassen, der sei kein schlechter Mensch gewesen … Aber niemals werde ich den Tag vergessen, an dem ich zum ersten Mal die Öfen in Buchenwald sah. Die Bustüren wurden hinter uns verschlossen, damit niemand einsteigen konnte, bevor er alles gesehen hatte. Ich stand wie erschlagen im Krematoriumsraum. Bildete mir ein, dass die Öfen noch warm wären. Roch den widerlichen Rauch der verbrannten Leichen. Aber instinktiv und unausgesprochen legte ich tief in mir trotzdem eine Schutzhülle um das Bild des Vaters.

Als ich ausgelernt hatte, ging ich zur Wismut ins Uran-Bergwerk. Dort erfuhr ich von der Entlassung des Vaters. Wollte sofort nach Hause. Meldete mich beim sowjetischen Schachtleiter und erzählte ihm alles. Das von den Öfen, vom Lager und von der Heimkehr. Und da sagte der: ›Wissen Sie, Herr Braun, mein Vater und meine Mutter sind von den Deutschen umgebracht worden.‹ Und dann fragte er: ›Sie lieben die Sowjetunion wahrscheinlich nicht, denn schließlich musste Ihr Vater dort 10 Jahre im Lager verbringen?‹ Ich habe allen Mut zusammengenommen und geantwortet: ›Nein, ich liebe sie nicht.‹ Da nickte er und meinte, es wäre widernatürlich, wenn ich anders denken würde. Aber es sollte irgendwann Schluss sein mit dem Hass. Und er entschied stehenden Fußes, dass ich sofort nach Hause dürfe, besorgte mir eine Fahrkarte und bepackte mich mit Lebensmitteln … Nach diesem Erlebnis bin ich in die Gesellschaft für Deutsch-Sowjetische Freundschaft eingetreten.«

Ich frage Udo Braun, was er heute über die Topf-Verantwortlichen für die Verbrennungsöfen und die Be- und Entlüftung in den Gaskammern denkt.

Nun überlegt der Geschäftsführer doch sehr lange und antwortet zögerlich: »Ich müsste sie mit meinem heutigen Wissen verurteilen. Aber ich weiß inzwischen auch, wie anfällig der Mensch für Böses ist und wie oberflächlich seine Moralprinzipien, seine Kultivierung sind. Nehmen Sie als Beispiel die Geschichte mit den angolanischen Arbeitern in unserem Betrieb. Bis 1989 waren sie unsere Freunde und Klassenbrüder. Aber schon 1990 hat man sie gejagt! Hier in diesem Betrieb! Die gleichen Leute haben sie gejagt, die zuvor mit ihnen bei sozialistischen Brigadefeiern auf die ewige Freundschaft angestoßen hatten.«

Vor ungefähr einem Jahr, erzählt der Geschäftsführer, sei Frau Dagmar Topf, die 50-jährige Schwiegertochter von Ernst Wolfgang Topf, aus dem Westen kommend, plötzlich im Betrieb aufgetaucht. »Die Dame will für die in aller Welt verstreute Topf-Familie das angebliche Erbe zurückholen. Den Betrieb. Und die Topf-Villa samt 20.000 Quadratmetern Park. Millionenwerte.« Rechtlich ständen die Chancen für die Topf-Erben wegen der Enteignung als Kriegsgewinnler-Firma sehr schlecht. Und moralisch?

»Seitdem ich beispielsweise begriffen habe, dass wir zum Überleben unseres Betriebes so viel Geld wie möglich und egal woher auftreiben müssen, denke ich über Geld und Moral getrennt nach.« Das hätte er in dieser Gesellschaft als Gesellschafter zuerst lernen müssen. Doch was die Moral beträfe, es gäbe in der Familie Topf einen Journalisten, der die Erbansprüche aus moralischen Gründen ablehnen würde …

Ich treffe den 61-jährigen Hartmut Topf im RIAS-Funkhaus, und er zeigt mir einen Brief, den er vor vier Wochen als ersten Rundbrief seines Lebens verschickt hat. »Liebe Cousinen, liebe Cousins und Familien … Diejenigen Nachfahren des Großonkels, die sich in die Geschäfte mit den Nazis verwickelten und dabei viel Geld verdienten, sind alle tot … Ich finde, hier sollten keine nachgeborenen oder in die Familie eingeheirateten Personen Ansprüche anmelden … Wenn überhaupt Geld aus der Immobilie flüssiggemacht werden kann, sollte es der Wiedergutmachung dienen, sollte zur Versorgung und Therapie von Opfern mit Spätfolgen der Verfolgung und des Lagerterrors verwendet werden …«

Nach einem Monat hat noch niemand auf seinen Brief geantwortet.

Trotz der Kälte im Krematoriumsraum hatten einige der jungen Leute ihre bunten Anorakkapuzen wieder heruntergestreift. Standen barhäuptig vor den Öfen, zwischen denen Kerzen brannten, Blumen welkten und Steine der Juden aus Israel lagen. Der Mann im langen schwarzen Mantel erzählte, dass ein Sinti eine Zigarette angezündet und sie schweigend in einen der Verbrennungsöfen gelegt hätte. »Und Elie Wiesel, der Nobelpreisträger, fragte hier, wo die Spuren der Verbrannten zu finden sind. Und er zeigte hinauf zum Himmel ... Es gibt aber auch noch andere Spuren. Die Asche, als Dünger auf den Äckern rings um das Lager verstreut ...«

Damit ließ er die jungen Leute allein.

Auf dem Parkplatz vor dem Lager standen die ersten Busse und Besucherautos. Daneben zwei Streifenwagen der Polizei. Aus dem dritten stieg eine junge Polizistin mit Kakaoflasche in der einen und Brötchentüte in der anderen Hand. Seitdem im vergangenen Jahr die jugendlichen Neonazis in Buchenwald aufmarschiert wären, hätte das Innenministerium hier eine ständig besetzte Polizeistation eingerichtet.

Die flache Baracke mit der neuen Türaufschrift POLIZEI wurde erst kurz vor der Befreiung von den Häftlingen gebaut und sollte der SS als Büroraum dienen ...

Ein Gebirge wird verkauft oder: »Das Lied können Sie heute getrost wieder anstimmen«

Den deutschen Ortsnamen für Pec pod Sněžkou kannte ich viele Jahre lang ebenso wenig wie den von Jelenia Góra oder Liberec, denn der Geographielehrer hatte in der Schule nie von Hirschberg und Reichenberg gesprochen. Wer Städte in Polen oder der Tschechoslowakei bei ihren alten deutschen Namen nannte, war ein »westdeutscher Revanchist«. Lediglich Auschwitz hieß in DDR-Schulbüchern immer Auschwitz ...

Dank des 1992 in Würzburg erschienenen Reiseführers »Riesengebirge« weiß ich, dass Pec pod Sněžkou früher Petzer hieß, eines der kleinsten Städtchen von Tschechien ist und im Riesengebirge (Krkonoše) am Fuße der Schneekoppe (Sněžka) liegt.

Ich komme erst nachts aus dem frühlingshaften Flachland in Pec an, staune über den hohen Schnee und erschrecke vor Tausenden von Autos auf überfüllten Parkplätzen. Im kalten Lampenlicht entziffere ich die Kennzeichen: Cottbus. Schwerin. Erfurt. Dresden ... Über die Hälfte aus den neuen Bundesländern. Dazu einige Tschechen, Polen und vereinzelt auch Autos aus Westdeutschland. Bevor mich eine Schneeraupe zur Übernachtung in die 1.000 Meter hoch gelegene Baude »Bílá Labut'« (Weißer Schwan) kutschiert, wärme ich mich in der Baracke des alten Parkwärters auf. Wattejacke und grüne Wollmütze und ein Gesicht wie das einer holzgeschnitzten Rübezahlfigur. In gebrochenem Deutsch erzählt er, dass hier bis zum Mai Schnee liegen würde und dass Petzer 560 Einwohner zählt. Und 10.000 Touristen.

»Deutsche?«

»Ja, jetzt immer mehr von Deitschland.«

Ich frage, ob er ein Sudetendeutscher sei.

Er schüttelt den Kopf. In Petzer würde nur noch ein Deutscher aus der Zeit vor 1945 wohnen. »Aber heute, wo hier fast alles wieder deitsch wird, ist es gut, wenn man ä bissl deitsch spricht.«

Ein junger, sehr beleibter Pecer Polizist, der sich auch wärmen will, widerspricht und flucht auf Tschechisch über die Němci. Drei deutsche Touristen aus Pec mussten sie in diesem Jahr schon zur Grenze bringen und ausweisen. Hätten Taxifahrer und Polizisten verprügelt. Und die deutschen Autofahrer würden hier rasen, als ob sie die Herren eines gesetzlosen Gebietes wären. Einhundert tschechische Verkehrstote im letzten Jahr seien die Opfer von Ausländern, hauptsächlich Deutschen, gewesen.

»Volem-Němec – Ochse-Deutscher. Trotzdem ist's gut«, grient der Holzgeschnitzte, »wenn du heit Deitsch sprichst – kriegst eher Trinkgeld.«

Vladimír Novotný, der Chef vom »Weißen Schwan«, spricht Deutsch mit österreichischem Akzent. Sein Großvater, ein gebürtiger Hofbauer, habe bei Budweis gesiedelt, aber die Baude gehöre ihm nicht, er arbeite seit fast 20 Jahren nur als Verwalter hier oben. Eigentümer der Bergbauden seien die Staatsbetriebe gewesen. Deshalb hießen Bauden heute noch »Turbina«, »Lokomotiva«

und »Energetika«. Er zeigt mir die »Kronika«, die Chronik »seiner« Baude, die früher zum Prager Betrieb »Projekta« gehörte.

In dem zerfledderten Buch haben sich DDR-Kinder aus Ferienlagern mit kleinen Versen verewigt. Ansonsten bis 1989 fast nur tschechoslowakische Gäste. Danach keine Ferienlager mehr, auch kaum noch Tschechen und Slowaken. Dafür Deutsche. Einzeln und in Gruppen. Punks aus Westberlin. (»Als ich die sah, dachte ich: Herrgott hilf! Und er hat geholfen, sie waren friedlich.«) In der Kronika verewigten sie sich: »Die Schwarz-ROT-Front wünscht allen einen angenehmen Aufenthalt. Außer der rechtsbraunen Masse – denen viele Stürze und gebrochene Beine ...«

Und dann wären Neonazis aus Ostberlin hier gewesen, die hätten das Radio aus dem Fenster geschmissen. »Nein, nichts eingetragen in Kronika.« Aber am anderen Tag finde ich zwischen den Seiten ein herausgerissenes Blatt: »Gebt den Deutschen, was den Deutschen gehört: Schlesien, Pommern und das Riesengebirge! Und nehmt ihnen weg, was nicht zu Deutschland gehört: Kommunisten und Ausländer.«

Vor dem Krieg, erzählt Vladimír, habe die Baude, wie fast alle Häuser im Ort, einem Deutschen gehört, einem gewissen Schräfel. Dessen Sohn Christian aus Burg sei vor vier Jahren hier gewesen. »Aber die Regierung hat ein Gesetz erlassen: Nichts darf jetzt an Ausländer verkauft werden. Es hieß, um unser Eigentum vor den Deutschen zu schützen, aber der wahre Grund ... Also sehen Sie, den ›Weißen Schwan‹ haben 1990 zwei ehemalige kommunistische Betriebsleiter von ›Projekta‹ privat für 2,6 Millionen gekauft. Und nun für 5 Millionen an einen ehemaligen Genossen Baudirektor verscherbelt … Und der könnte, wenn das Gesetz geändert wird – und es wird geändert, denn nur Ausländer haben das Geld, um die kaputten Häuser und Fabriken zu renovieren –, der kann dann die Baude für 7 Millionen an die Deutschen verkaufen.«

Am nächsten Morgen stiefele ich hinunter ins Tal. Trotz Nebel auf den Bergen Hochbetrieb in der Skiausleihstation von Petr Kos. Funken sprühen beim Schleifen der Kanten. Ich frage den mit vorgebundener Lederschürze einem Schmied ähnelnden Skiverleiher, weshalb so wenige tschechische Touristen nach Pec kommen.

»Der Tagesverdienst eines Schlossers reicht bei den auf die Deutschen ausgerichteten Preisen in Pec gerade für zwei Bier und eine Liftkarte. Bist ein Tscheche und hast kein Geld, um in deiner Heimat Urlaub zu machen.« Und er flucht auf Deutsch: »Scheiße kommt nicht über Berge, aber über Menschen!«

Ein Deutscher erwidert, dass die Tunesier auch nicht am Golf von Tunis Urlaub machen könnten, genauso wenig wie er als Hausmeister vom ehemaligen Interhotel in Rostock das Geld hätte, in solch einem Hotel in Dresden oder Oberhof zu logieren. Da würden jetzt die Westdeutschen wohnen. »Und ich leiste mir Tschechien!«

»Und die Tschechen?«

»Die sollten vielleicht nach Russland … oder Tschetschenien.«

Gelächter.

Auf dem Weg zum Bürgermeister der Stadt stehen zwei Dutzend deutsche und tschechische Autos in der engen Talstraße im Halteverbot. An fünf – nur ostdeutschen – blockieren Polizeikrallen die Räder.

Der Bürgermeister Magister Jiří Ratajík sitzt mit den sieben Stadträten bei einer Beratung. Freundlich, leise unterbricht er, um mir Auskunft zu geben. Im letzten Herbst wären viele Busse mit Heimwehtouristen, den Deutschen, die früher hier Häuser besaßen, in Pec gewesen. Nein, Vorkommnisse hätte es keine gegeben, aber die Angst, dass sie wiederkommen … »Wissen Sie, hier waren die Menschen früher nicht aufgeteilt in Polen, Tschechen und Deutsche. Alle waren Gebirgler, Riesengebirgler! Das war ihre Nationalität.« Das andere sei Sache der Politik gewesen, sowohl die Verbrechen der Nazideutschen als auch die Aussiedlung der Deutschen.

Einer der Stadträte bringt mich hinaus und erzählt empört, dass die vom tschechischen Starkbier betrunkenen Heimwehtouristen in der Gaststätte sehr laut das Deutschlandlied und danach auch das Riesengebirgslied angestimmt hätten. Ich kenne dieses Lied aus dem schon erwähnten aktuellen deutschen Reiseführer: »O mein liebes Riesengebirge, wo die Elbe heimlich rinnt, wo der Rübezahl mit seinen Zwergen heut noch Sagen und Märchen spinnt. Riesengebirge, deutsches Gebirge, meine liebe Heimat, du!«

Und darunter die Gebrauchsanweisung: »Das Lied war jahrzehntelang verboten. Heute können Sie es getrost wieder anstimmen.«

Am nächsten Tag treffe ich mich mit Wolfgang Berger, dem letzten Petzer Deutschen aus der Vorkriegszeit.

Der 61-Jährige arbeitet in der Bergrettungsstation, einem modernen Neubau aus Glas und Beton.

»1945 flüchteten hier zuerst die großen Hoteliers wie der Schubert, die waren ja alle aktive Nazis gewesen. Mein deutscher Vater war damals gerade gefallen, und weil meine Mutter Tschechin war, wir drei Kühe und ein Haus hatten und vier Kinder waren, blieben wir in Petzer. Alle anderen, bis auf ein paar erfahrene deutsche Holzfäller, jagte man weg. Zuerst mussten meine Geschwister und ich ein Jahr mit weißer Binde und einem N für Němec herumlaufen. Wie Aussätzige. Nach zwei, drei Jahren, wir waren damals ja alle gleich arm, legte sich der Hass wieder.«

Bevor ich gehe, lobe ich das schmucke Äußere der neuen Bergrettungsstation.

Berger protestiert. Nein, es sei schlampig gebaut. »Weil es billiger ist, hat man dafür Schwarzarbeiter aus der Ukraine geholt. Die Tschechen gehen als Billigarbeiter nach Deutschland, und hierher kommen die noch billigeren Arbeiter aus der Ukraine.«

Ich frage ihn, ob er möchte, dass das Riesengebirge wieder deutsch wird.

»Nein. Aber wenn die Tschechen arm und die Deutschen reich bleiben, wird das Riesengebirge eines Tages wieder deutsch sein. Dann haben es sich die Deutschen einfach zurückgekauft, ihr Riesengebirge.«

Am Nachmittag beobachte ich am Hang der Schneekoppe einen Skifahrer, der die Enden einer Plasteplane zu einem dickbäuchigen Segel zusammengebunden hat. Rübezahls Sturmwind, der hier oben ständig bläst, pustet ihn nach jeder Abfahrt immer wieder den flachen

Hang hinauf. Er heißt Milan Kučera und arbeitet als Ingenieur in den weltbekannten Škoda-Werken von Pilsen.

»Mit dieser Technik spare ich täglich fast 200 Kronen
Liftgebühr.«

Und er lacht wie Schwejk.

Nach der Himmelfahrt auf Hiddensee

Am darauffolgenden Wochenende brüten die Säbel-schnäbler, Sandregenpfeifer und Brandgänse wieder un-gestört. Die drei ABM-Nationalparkwächter von Hidden-see sammeln Hunderte Bierbüchsen und Schnapsflaschen zwischen Thymian, wildem Spargel und Grasnelken. Die Dauerurlauber spazieren in der noch wintergrauen Heide, und die Tagestouristen, die auf der Fähre oder mit dem Wassertaxi von Rügen herübergekommen sind, mieten sich die noch girlandengeschmückten Pferde-kutschen. Mit zwei vorgespannten Kaltblütern Abfahrt in Richtung Kloster zum Wohnhaus von Gerhart Haupt-mann. »Das war der mit dem Gedicht von die armen Weber« erklärt der Kutscher und knallt die Peitsche, als würden die Gäule wirklich darauf reagieren. Während der Fahrt wird er sein Verschen von »dat söte Länneken« aufsagen, wie die Einheimischen ihr Hiddensee nennen, und dass es die einzige größere betretbare Ostseeinsel ist (überall Wasser drum herum). Vier Dörfer: Grieben, Kloster, Vitte und Neuendorf. 1.300 Einwohner und über 4.000 Gästebetten. 18 Kilometer lang und einen breit. 1990 zum Nationalpark erklärt, deshalb dürfe nie-mand abseits der öffentlichen Wege gehen. Vor der Wen-de 200.000 Touristen im Jahr, nun schon über eine halbe Million. Meistens Tagesausflügler. Schlecht für den Magerrasen, aber gut für das Fuhrgeschäft. Viel Promi-nenz sei schon hier gewesen. Er könnte stundenlang Namen aufzählen. Tut es aber nicht, also nenne ich ein paar: Das Doppelhaus neben der »Quelle«-Filiale gehörte dem Sohn von Sigmund Freud, der dort auch zu Besuch war.

Am Ortsausgang von Vitte steht das Haus von Stummfilmstar Asta Nielsen … Weitere Gäste auf der kleinen Insel: Antje Vollmer. George Grosz. Max Reinhardt. Die deutsche Wehrmacht, deren Bunker auch nach der Sprengung noch zu sehen sind. Henny Porten. Die Palucca, die wie Hauptmann und Walter Felsenstein auf Hiddensee beigesetzt ist. Ernst Toller. Manfred Stolpe. Das ZK der SED, dessen Ferienhäuser die Hiddenseer Ende 1989 unter wohnungssuchenden Inselbewohnern verlost haben. Wilhelm von Humboldt. Carl Zuckmayer. Volker Rühe (ohne Pressebegleitung, nur der alte Lehrer Ehmer berichtete in den Inselnachrichten) mit seinem österreichischen Kollegen nebst Gattinnen. Puppenmutter Käthe Kruse, die die Lietzenburg in Kloster geerbt hatte. Björn Engholm. Joachim Ringelnatz. Das MfS der DDR, das u. a. eine Holzvilla »kaufte«, in der sich unregelmäßig Günter Guillaume und regelmäßig Markus Wolf vom Dienst erholt haben und in welcher heute der aus Ostfriesland importierte Bürgermeister Norbert Athing, 40, wegen der fehlenden Wärmedämmung im Winter furchtbar friert. Anna Seghers. Thomas Mann. Günter Grass mit seiner Frau Ute. (Ute Grass entstammt einer Hiddenseer Arztfamilie, die in den sechziger Jahren in den Westen gegangen war. Als sie – noch zu DDR-Zeiten – zum ersten Mal mit ihrem Mann wieder auf die Insel kam, bestaunten die Einheimischen ihre Ute. »Gut siehste aus« – »Groß biste geworden.« – »Schön, dass du uns besuchst.« Später zeigte einer auf Grass und fragte höflichkeitshalber: »Und das ist wohl dein Mann, Ute?«)

Die Fischer im Hafen sind nicht geschwätzig. Nur über die Fischerei reden sie ungefragt. Bei Honecker hätten sie für das Kilo Heringe 1,40 Mark bekommen, heutzutage nur noch 35 Pfennig. Kaum dass sie den Diesel für die Boote bezahlen könnten. »Aber die Händler verdienen sich an unserem Hering dumm und dusslig, verkaufen ihn im Laden für 7 Mark.« Ich sage, dass ich an den Imbissständen auf Hiddensee zwar Bockwürste oder Fritten, aber keinen frisch gebratenen oder geräucherten Hering essen könne. »Eure Frauen würden dadurch aus den 35 Pfennig vielleicht 10 Mark machen!« Sie gucken mich böse an. Ihre Frauen brauchten keine Fische zu braten, die hätten Feriengäste. »Die Regierung muss den Fischpreis erhöhen. Aber die stecken mit den Geldleuten unter eine Decke. Den Fischgroßhändlern. Und den Reedereien, wie die Flensburger, die zu Hause fast bankrott war, hier die Weiße Flotte aufgekauft und von der Landesregierung die Fährkonzession erhalten hat und nun mit den Hiddenseetouristen ein gutes Geschäft macht. Und sich die Konkurrenz, unsere Hiddenseer Wassertaxis, mit Gerichtsbeschluss vom Halse schafft. Verdammtes Kroppzeug.«

Sie trinken und schimpfen auf die Regierung. Ich leihe mir in Vitte bei Christian Kula ein Fahrrad aus. 10 DM am Tag. Gleicher Preis bei allen Vermietern. Aber die Fahrradverleiher drängeln wie in Neuendorf immer näher zum Hafen. »Am liebsten würden sie die Tagestouristen schon auf der Fähre abfangen.« Auf der idyllischen Insel mit Steilküste, langen Sandstränden, Dünen und stillen Abenden – gewöhnliche Sterbliche erhielten vor der Wende nur durch staatliche Beziehungen oder reichliche Mangelwaren-Mitbringsel wie ungarische Salami und Keramikfliesen ein Feriendomizil auf Hiddensee – ist auch heute noch das schnelle Geld zu verdienen. Nur wenige Schritte neben Kula bietet eine nichteinheimische Immobilienfirma im Schaukasten »Gastronomische Betriebe und Baugrundstücke in Vitte, 12.000 qm Grünland in der Heide, Ferienappartements, Appartementwohnungen und Ferienhäuschen in der Heide« an. Baugrundstücke in Vitte kosten 400 bis 1.000 DM je Quadratmeter. 40 Pedalumdrehungen weiter bietet ein 12-jähriger Junge in einem Schuhkarton Hunderte von Bernsteinen an. Die hat er im Winter wochenlang am eisigen Strand gesammelt. Ich kaufe fünf für insgesamt 5 Mark, und er zeigt mir, wo Detlef Ewert wohnt.

Detlef Ewert ist einer von den drei Wassertaxifahrern, die ihr Unternehmen wegen der gerichtlichen Intervention seitens der übermächtigen Flensburger Reederei aufgeben mussten. An seiner Haustür steht: »Hier leben, lieben und streiten Marion und Detlef Ewert.« Beide sind 40. Sie ist Lehrerin auf der Insel. Bangt um ihre Anstellung, denn ab Herbst müssen die Klassen zusammengelegt, die verschiedenen Altersstufen gemeinsam unterrichtet werden. Zwergschulmodell. 1989 waren noch 28 Kinder auf der Insel geboren worden. Inzwischen freut man sich über zwei. »Aber es muss an der neuen Gesellschaft liegen«, klagt die Lehrerin, »denn unsere Männer sind ja nicht weniger potent als vor der Wende.« Sie haben drei Kinder. Nach dem jüngsten, der Susann, hat Detlef sein Wassertaxi benannt. Er ist gelernter Vollmatrose. Zuerst bei der Handelsflotte. Danach das, wovor in der DDR alle Seeleute Angst hatten: Einziehen des

Seefahrtsbuches ohne Begründung. Ein halbes Jahr Binnenschiffer auf der Elbe. Dann Bagger- und Bugsierdienst Rostock. 1989 war auch dort Ebbe. Im Juli 1992 endlich sein eigener Herr. Für 120.000 DM Kredit kaufte er sich ein Wassertaxi. »Wir waren hier fünf kleine private und zwei größere Wassertaxis der Reederei. Die 3.000 bis 8.000 Touristen am Tag reichten für alle, auch für die großen Fähren. Doch die Flensburger wollen das Monopol. Und weil wir nur eine Gewerbeerlaubnis, aber keine Konzession besaßen, waren wir die Ersten, die sie mit einstweiliger Verfügung versenkt haben. Ab Karfreitag Fahrverbot. Bei Zuwiderhandlung eine halbe Million Strafe. Nur die Zinsen für den Kredit laufen weiter.«

Nun hoffen die drei Bootsleute auf eine politische Entscheidung im Landesministerium, auf eine Konzession für eine Insel-Reederei, in der Kommune, Wassertaxiverein und Weiße Flotte gleichberechtigt vertreten sind. »Nur so können wir die Zahl der Tagestouristen begrenzen und verhindern, dass die Insel an ihnen erstickt. Denn die Flotte hat doch nur ein Interesse: Je mehr Ausflügler sie übersetzen kann, umso mehr verdient sie!«

20 Minuten brauche ich mit dem Fahrrad von Vitte nach Kloster. Vor Hauptmanns Haus drängeln viele Touristen. An seinem mit Efeu überwachsenen Grabstein stehe ich allein. Den Efeu hatte Hauptmann 1932 bei einem Amerikabesuch geschenkt bekommen. Er stammt aus dem Garten von George Washington, und der Präsident soll ihn eigenhändig gepflanzt haben.

Vom Hauptmann-Haus (jährlich 60.000 Besucher) pilgern die Touristen zum Aussichtspunkt, dem 70 Meter hoch stehenden Leuchtturm. Über den zweiten »Aussichtspunkt« an der Steilküste, die Radarstation der DDR-Grenztruppen mit zwei Stacheldrahtzäunen drum herum, ist schon Gras gewachsen. Die Station und die Zäune mochten die Hiddenseer in ihrer sonst zaunlosen Weite nicht. Im Herbst 1989 verlangten sie den Abriss. Einige Gemeindevertreter wollten noch eine Jugendherberge daraus machen, aber Bernd Blase, 53, früher Biologie-lehrer und seit 1991 Chef des Nationalparks auf Hidden-see, organisierte 1992 ein Lübecker Pionierbataillon, das in einer Nacht-und-Nebel-Übungsaktion die NVA-Grenzstation mitsamt den Zäunen beseitigte. Das war einer der Nachwendeerfolge auf Hiddensee. Außerdem wurde eine biologische Kläranlage gebaut, das Abwasser läuft nicht mehr einfach in die Ostsee. Die Müllkippe der Insel ist inzwischen geschlossen, der Müll wird auf das Festland gebracht. Durchgesetzt ist ein strenges Bau-verbot außerhalb der Ortslagen. Und die Autofreiheit der Insel. Die drei Nationalparkwächter kümmern sich um Wanderwege, Schilder, Naturschutz und agitieren die Tausenden Tagestouristen, dass sie auf dem Pilgermarsch zu Hauptmann und dem dicken Leuchtturm nicht ab-seits der Wege gehen. Doch die uniformierten National-parkwächter haben keine Flinten wie ihre US-Kollegen, und wenn sich ein Natursünder weigert, den Ausweis zu zeigen, müssen sie erst Amtshilfe, das heißt einen der zwei Inselpolizisten, anfordern. Und Bernd Blase, ihr Chef, der 1992 die endlos zaunlose Wanderweite von Hiddensee durch ein Pionierbataillon wiederherstellen ließ, musste inzwischen neue Zäune bauen lassen! Damit die Grasnelken, das Tausendgüldenkraut und die Sand-strohblumen vor den Schuhen und Mountainbike-Reifen der Touristen geschützt werden können. Zuerst hatte auch der Inselpfarrer Manfred Domrös gegen die neuen Zäune protestiert. Er gehörte in der DDR zu den engagierten Kirchenoppositionellen, rief auf den Leipziger Montagsdemos »Wir sind das Volk« und versammelte im Herbst 89 fast 400 Hiddenseer in seinem Kirchlein. Dort verfassten sie gemeinsam einen Brief gegen die Willkür der Mächtigen von Partei, Staat und Großbetrieben auf der Insel. Sie waren schneller als Treuhand und Kommission fürs Parteienvermögen, beschlagnahmten deren Häuser und verlosten sie zum Verkauf an bedürftige einheimische Familien. (Eine hat das Haus gleich weiterverkauft, war plötzlich gar nicht mehr so bedürftig wie zuvor und kam auch nicht auf die Idee, es der Gemeinde zur erneuten Verlosung zurückzugeben.)

Das Pfarrhaus steht gegenüber vom Friedhof. Drinnen schreit ein Baby zum Gotterbarmen. Als mir der Pfarrer öffnet, füllt er die Tür aus. Er ist zwei Meter groß. »Unser Jüngstes kriegt die Haare gewaschen.« Er hat sechs Kinder. Nachdem seine erste Frau gestorben war, ging er vor 10 Jahren allein mit vier Kindern als Pfarrer von Potsdam nach Hiddensee. Er mäht das Gras hinter dem Pfarrhaus noch mit der Sense, hackt sein Feuerholz mit dem Beil. In der Kirche hat er das Bild eines mächtigen Baumes aufgehängt.

Darunter steht: »Durch Rücksichtslosigkeit haben die Menschen Erfolg. Erlangen, was sie begehren. Aber danach verdorren sie an der Wurzel.«

Im Regenmantel fährt er die 10 Kilometer zum sonnabendlichen Gottesdienst nach Neuendorf. Von den 1.300 Inselbewohnern sind 900 Mitglieder seiner Pfarrgemeinde. Aber die versammeln sich nur winters in der Kirche, der Sommer gehört auf Hiddensee in jeder Beziehung den Touristen. Etwa 50 sind gekommen. Und weil der Inselpfarrer von der Kanzel und wohl auch in der Kneipe mit nur einer Zunge redet, kann ich getrost Sätze aus seiner Predigt und aus privaten Gesprächen vereinen: »Das Leben auf der Insel ähnelt der Zeit zwischen Himmelfahrt und Pfingsten: Jesus ist schon von uns gegangen, aber der allmächtige Geist ist uns noch nicht erschienen ... Auswärtige kommen hierher, wollen mit diesem Eiland spekulieren, die Insel finanziell ausnutzen. Wenn sie scheitern, kümmert sie das Schicksal von Hiddensee nicht mehr. Sie gehen einfach zurück, müssen hier nicht leben ... Wenn ich an die Ärmsten der Welt Suppe verteile, so nennt man mich einen Heiligen. Aber wenn ich nach den gesellschaftlichen Ursachen dieser Armut frage, dann stellt man mich in die Ecke, schimpft mich einen Kommunisten ... Ich möchte die Mächtigen, die den Lebensunterhalt der Wassertaxifahrer vernichten, an ihre christliche Moral erinnern. Ich weiß, dass juristisch nichts mehr zu retten ist, aber wir sollten uns mit den Flensburgern an einen runden Tisch setzen und fragen: Wie viel Tagesausflügler braucht die Reederei, um leben zu können? Wie viel davon vertragen die ruhesuchenden Dauergäste, die den Vermietern das Geld bringen? Wie viel brauchen die Gastwirte? Wie viel die Vögel und Pflanzen? Wir müssen auf der Insel miteinander leben und nicht wegen des Mammons gegeneinander.«

Auf dem Rückweg von Neuendorf nach Vitte treffe ich in der Heide, sehr gerade auf seinem Fahrrad sitzend,

Friedrich Schorlemmer, den zur Zeit bekanntesten ost-deutschen Schriftsteller-Pfarrer. Seit 1992 lädt der Bertelsmann Club Schriftsteller zu Arbeitsgesprächen nach Hiddensee ein. In diesem Jahr diskutieren sie auf der Insel das Thema »Intellektuelle und die Macht«. Schorlemmer hat schon seit Jahren immer eine Woche lang beim Inselpfarrer gewohnt. Er schätzt ihn sehr. »Aber wenn die kleinen Wassertaxis der Reederei ökonomisch ein Dorn im Auge sind, wird kein moralischer Protest mehr helfen! Der verlängert dann höchstens die Schmerzen des Todeskampfes.« Nachdenkliche Pause. »Den Utopisten und den Realisten in uns zu vereinen fällt uns immer noch schwer.«

Der rotbärtige kurzhaarige Bürgermeister Norbert Athing aus Ostfriesland – er trinkt Unmengen Tee – will in seinem Amt Realist und Utopist sein. Er hat schon als Verwaltungsbeamter auf Helgoland Inselerfahrungen gesammelt. Und versucht sie seit 1990 auf Hiddensee »ostspezifisch« anzuwenden. »Natürlich nicht automatisch, denn dann müsste ich unseren FKK-Strand nach bundesdeutscher Tradition fein säuberlich isolieren und könnte nicht, wie es hier vernünftigerweise immer noch üblich ist, Nackte und Textile einträchtig nebeneinander liegen lassen.« Nein, er meine nicht so sehr die Büro-erfahrung als vielmehr seine Erfahrungen als Kind eines Wesermarsch-Bauern. »Ein Bauer weiß, dass er das schnelle Geld nicht auf Kosten des Bodens verdienen kann. Und als sich einige Hiddenseer 1990 den Super-gewinn durch breitere Straßen, Hotelbau in der Heide und Autoverkehr auf der Insel versprachen, habe ich mich gewehrt.«

Die CDU-Unternehmer im Gemeinderat verlangten seine Abwahl. Da berief sich der parteilose Westbürgermeister auf das Ostmotto: »Wir sind das Volk.« Zwar kamen keine 400 mehr, aber fast 200 waren es immer noch. Und die sagten: Der Wessi soll bleiben! Inzwischen hat Athing von den drei Bibliotheken auf der Insel zwei geschlossen. Damit eine überleben kann. Er hat Kindergärtnerinnen entlassen und die übrigen verpflichtet, im 14-Tage-Turnus aus der Chemiestadt Weißenfels anreisende Kinder mit zu betreuen. Damit der Kindergarten vorerst überleben kann.

Das hat der Realist Athing veranlasst. Der Utopist Athing träumt im Moment davon, dass die, die auf der Insel leben, auch übermorgen noch von ihr und auf ihr leben können. »Denn sein eigenes Land kann man nur einmal verkaufen. Und bei 1.000 DM Grundstückspreisen werden auf der Insel nicht mehr die Einheimischen für ihre Kinder bauen können.«

Doch es gibt schon Familien, die demnächst aus ihren Wohnungen raus- und damit von der Insel runtermüssen, weil die Alteigentümer zurückkommen. Auch deshalb haben die Hiddenseer eine Gesellschaft gegründet, die es so noch nirgends gibt: eine kommunale Wohnungsbaugesellschaft. Ohne bares Geld, nur mit der ersten Hoffnung auf die Rückführung kommunaler Flächen und der zweiten Hoffnung, dass sie trotz ihrer über der förderungswürdigen Preisgrenze liegenden Bausumme – auf der Insel ist es wegen des Wassertransports viel teurer als auf dem Land – eine Stützung für den sozialen Wohnungsbau erhalten. Mindestens die Hälfte der 30 Wohnungen sollen an Familien von der Insel vermietet werden. »Damit die hier leben können, die schon immer hier gelebt haben … Zum Aufsichtsratsvorsitzenden unserer Wohnungsbaugesellschaft wurde Manfred Domrös gewählt.«

»Der Pfarrer?«, frage ich.

»Ja, unser Inselpfarrer ist der Aufsichtsratsvorsitzende«, sagt der Bürgermeister.

Abends sitze ich wieder am Hafen. Die Fischer schimpfen auf die Regierung und über die zu niedrigen Heringspreise. Die Pferdekutscher monieren den Plan von Athing, künftig alle Waren vom Hafen aus mit Pferdefuhrwerken über die Insel zu transportieren. »Da kutschiere ich lieber die Touristen. Die klettern von alleine auf den Wagen. Die Kisten muss ich auf- und abladen.«

Und die betrunkenen Tagesausflügler, die die letzte Fähre verpasst haben, freuen sich, dass sie mit dem Wassertaxi noch vor der Dunkelheit von der Insel herunterkommen.

Straßengeschichten

Die Neu-Ulmer im thüringischen Meiningen ist keine Straße zum Flanieren. Zwar wird sie von klassizistischen und neoromantischen Villen gesäumt, doch die sind längst von Karies zerfressen, und dazwischen erinnert ein Dutzend größerer und kleiner Lücken an die Extraktion vor 50 Jahren, als amerikanische Bomben in der Theaterstadt detonierten. Zum Schönheitsmakel kommen noch der Lärm und der Gestank von rund 30.000 Autos, die sich seit der Wende über diesen Teil der B19 täglich in Richtung Westen durch die 25.000 Einwohner zählende ehemalige herzogliche Residenzstadt quälen.

Alte Meininger behaupten, dass die Neu-Ulmer zu Kriegszeiten »Adolf-Hitler-Straße« geheißen habe. Doch dabei war nur der Wunsch der Vater des Gedankens, denn offiziell ist sie niemals nach diesem Meininger Ehrenbürger benannt worden. Im Mittelalter Stadtmauer und Stadtgraben, danach »Halbe-Stadt-Straße« und zur Jahrhundertwende, dem deutschen Zeitgeist huldigend, »Bismarck-Straße«. Nach der ersten Wende »Ernst-Thälmann-Straße« und nach der zweiten Wende, die Einheit und die westdeutsche Partnerstadt preisend, »Neu-Ulmer Straße«. Und seitdem?

Am Bahnhof erkundige ich mich nach dem Weg. »Die Neu-Ulmer? Sie laufen quer durch den Englischen Garten. Und am ehemaligen Wohnhaus von Max Reger beginnt sie, die ... Thälmann-Straße.« Ein schwarzes Marmorschild auf grauem Putz. Hier wohnte der Komponist von 1911 bis 1915. Drinnen buntbesprühte Wände und

Phantasieplastiken, eine Mischung zwischen Geisterbahn und Casino. Junge Leute hocken vor Videogeräten, Computern und Spielautomaten. Der Jugendtreff »Kaff«. Im Obergeschoss sitzen die zwei erwachsenen Verantwortlichen für das »Kaff«. Sie sind vom Landratsamt bestallt und als ABM bezahlt. Aber meine Frage nach der Arbeit im »Kaff« beantworten sie nicht. »Wir dürfen mit Ihnen nur reden, wenn Sie zuvor beim Landratsamt eine Genehmigung eingeholt haben.« Das sei eine strenge Anweisung der neuen Obrigkeit. »Bei Nichtbefolgen erhalten wir eine Abmahnung.«

Sie meinen es ernst. Ich gehe. Die Briefträgerin klärt mich auf, dass Regers Wohnhaus zwar auf der Neu-Ulmer steht, aber postalisch nicht zu ihr gehört, und zeigt mir die früher wichtigsten Gebäude der Straße: linker Hand die Stasi-Zentrale, rechter Hand die SED-Kreisleitung.

Mir ist kalt. Ich habe weder Lust auf Stasi noch auf Partei, sondern auf eine warme Gaststätte. Die gibt es nicht in der Neu-Ulmer. Nur den »Getränkestützpunkt H. Helpert«. Dort sitzen alte und junge Männer schon um halb zehn Uhr vormittags bei Bier und Schnaps. Sie erzählen mir ohne Genehmigung über die Neu-Ulmer.

Also, das »Kaff« wäre früher das Pionierhaus gewesen. Tanzgruppen, Singebewegung und so. Nach der Wende hätte sich der Erbe eines Alteigentümers gemeldet, ein gewisser Laub, einer vom Meininger Theater, bisschen verquer, aber als das Landratsamt einen Treff für die Jugend brauchte, hätte der sein Regerhaus wieder verkauft. Wollte sich vom Erlös ein kleines Häuschen auf dem Land bauen lassen, aber dafür reichte das Geld nicht. »So blöd kann nur ein Ossi sein«, sagt der arbeitslose Gärtner Bernd Schirmer, der bei mir am Tisch sitzt und mit sechs anderen Kollegen entlassen wurde, derweil der Landschaftspflegebetrieb die billigen, vom Arbeitsamt geschickten und geförderten Arbeiter behielt. Danach minutenlanger Streit, ob Ossis naiv-blöd und Wessis gerissen-klug seien. So lange, bis der Helmut, der Wirt, nicht gerade ein Riese von Gestalt, seine Lederschürze fester bindet und erzählt, dass er zum Beispiel schon zur Wende begriffen habe, dass es von nun an abwärtsgehen würde mit den Ostbetrieben. Und da hätte er als Schmied im Stahlgabelwerk gekündigt, hier den Keller ausgebaut, die Wirtsschürze umgebunden. Der halbe Liter koste noch 2,30 und dazu gratis die Gespräche untereinander, Tipps, wie die Formulare für die Ämter ausgefüllt werden müssten. Die Kneipe ernähre ihn noch bis zur Rente. »Aber die Kollegen aus dem Stahlgabelwerk, die wie ich über 50 sind und inzwischen arbeitslos, die sind blöd dran. Es gibt hüben wie drüben solche und solche.«

»Außerdem«, schreit einer dazwischen, »außerdem reden uns die Politiker den Unterschied zwischen Ossis und Wessis immer wieder ein, damit wir den eigentlichen Unterschied in Deutschland vergessen, nämlich den zwischen verdammt reichen großen Leuten und ziemlich ärmlich lebenden kleinen Leuten. Da kam mal einer aus Bayern …«

Ich höre mir die Geschichte nicht bis zu Ende an, trinke aus, aber als ich zahlen will, legt einer von den Arbeitslosen 5 DM auf den Tisch. »Lass gut sein, Kumpel«, sagt er, »es war schön, mit dir zu reden.« Und zahlt für mich.

Weiter auf der linken Seite der Neu-Ulmer. Das frühere Haus des Handwerks. Heute vor allem ein Domizil für Rechtsanwälte. Und zu ebener Erde: »Immobilienverwaltungsgesellschaft«. Hinter einer Glastür wieseln junge Angestellte. Einen Lehrling mit kindlichem Gesicht frage ich nach dem Geschäftsführer. Muss mich entschuldigen, denn der vermutliche Lehrling ist kein Lehrling, sondern der Geschäftsführer. Thomas Gebhardt, 28, aufgewachsen im fünf Kilometer entfernten Dörfchen Untermaßfeld.

In Dresden Elektrotechnik studiert, keinen Job in der Branche, deshalb Versicherungsagent und 1990 Firmengründer. »Ich habe damals so viel an den Versicherungsabschlüssen verdient – die Westfirmen wollten ja hier unbedingt auf den Markt –, dass ich diese Büroräume im Oktober 91 ohne Kredite und ohne Westpartner anmieten konnte.« Inzwischen, obwohl die Zeit des Blindkaufens von DDR-Immobilien vorbei sei, beschäftige er fünf Leute, werde demnächst ein Haus auf dem Marktplatz eröffnen …

Ich sage: »Mit 28 schon ein echter Karrieretyp!«

Er widerspricht: »Unsere Kinder, meine Frau arbeitet auch, sind 1990 und 1993 geboren, das passt doch nicht zur Karriereplanung!«

Ich frage den Immobilienhändler nach der Moral, denn als Häusleaufkäufer könne man ja keine Rücksicht auf Tränen nehmen.

»Aber wenigstens mitfühlen mit den Leuten.«

»Wie lange noch?«

»Kommen Sie in 5 Jahren wieder und fragen mich danach.«

Gegenüber von seinem Büro, in einem kleinen Park, spießen leere Fahnenstangen in den Himmel. Davor steht ein Steinobelisk des früheren Namenspatrons. »Ernst Thälmann. 1886–1944«. Sein Kopf ist abmontiert. Aber er liegt noch im Meininger Museum.

Nun also doch zurück zur SED-Kreisleitung (Neu-Ulmer Nr. 6) und dem Stasi-Gebäude (Nr. 5). Die ehemalige Parteizentrale, aus mächtigen Sandsteinblöcken gemauert und einer Trutzburg nicht unähnlich, war in den dreißiger Jahren das Logenhaus der Freimaurer. Als die während der Nazizeit verboten wurden, quartierte sich hier die NSDAP ein. Und als die NSDAP verboten wurde die SED: Heute beherbergt das Haus unter anderen die Grünen, die PDS (deren Fraktionsvorsitzender im Stadtparlament, der Theaterhistoriker Volker Kern, schlug bei den letzten Kommunalwahlen die Bürgermeisterkandidaten von CDU und SPD und verlor erst in der Stichwahl gegen den amtierenden Bürgermeister), Versicherungen, Krankenkassen. Und das »Meininger Tageblatt«.

Diese Meininger Traditionszeitung (1864 bis 1933) gab Siegfried Herzog, ehemaliger Redakteur der führenden SED-Parteizeitung »Freies Wort«, im Frühling 1990 als demokratisches Gegengewicht zur Parteizeitung neu heraus. Damals war es eine der vielen Aufbruchzeitungen. Inzwischen ist das MT die einzige Neugründung aus der Wendezeit, die in Meiningen überlebt hat. (In Südthüringen erschienen zu DDR-Zeiten mehr regionale Tageszeitungen als heute.) »Nun haben wir gegenüber dem übermächtigen ›Freien Wort‹ so etwas wie einen beschränkten Bestandsschutz, uns braucht man als Feigenblatt für die angebliche neue demokratische Presselandschaft hierzulande, ansonsten stände das alte und neue Monopolblatt allein und nackt da«, sagt Herzog und grient. Als sie die Zeitung 1990 in der BRD drucken ließen, benötigten sie für ihre Manuskripte rauswärts noch eine Ausfuhrgenehmigung (wegen nichtgenehmigter Ausfuhr von Manuskripten hatten DDR-Richter seinerzeit Heym und Havemann verurteilt) und reinwärts eine Einfuhrgenehmigung für das »westliche Druckerzeugnis«. Erinnerungen zum Aufschreiben.

In der Stasi-Zentrale erinnert sich niemand mehr an die Zeit vor fünf Jahren. Selbst die Reinemachefrauen und Pförtner wurden ausgewechselt. Herr im Hause ist inzwischen das Deutsche Rote Kreuz mit Bergwacht, Rettungsdienst, Kleiderkammer ... Ich gehe in die Kleiderkammer. An der Tür versperrt ein Bohlenbrett den Zutritt. Neben dem Brett ein Pappkarton mit Namenskarteikarten. Eine ungeheuer dick, freundlich und mütterlich aussehende Frau mustert mich lange und will mir dann eine Eintrittskarteikarte für Bedürftige ausfüllen. (Keine Peinlichkeit, wir lachen später beide darüber.) Von Pelzmänteln über Jeans und Schirme bis zu Nachttöpfen ist hier alles fein säuberlich in Regalen und auf Bügeln geordnet.

Ein hagerer, bleichgesichtiger Mann mit langen Haaren stapelt für sich dicke Socken und lange Unterhosen. Gerd Holzhauer ist 45, hat 25 Jahre lang als einer der 120 Gleisbauer bei der Reichsbahn in Meiningen gearbeitet. Seit 5 Jahren arbeitslos. Von 120 blieben 7. Ich frage nach seiner Familie.

»Wäre ich für eine Familie verantwortlich, hätte ich mir schon den Strick genommen.«

Und Alkohol?

»Nicht einen Tropfen!«

Eine Mutter mit zwei Kindern kommt. Die Kinder probieren Winteranoraks. Sie bittet, dass ich ihren Namen nicht nenne. »In der Schulklasse darf niemand erfahren, woher unsere Mädchen die Anoraks kriegen.«

Christel Katzenberger, die Kammerleiterin, hat 27 Jahre als DRK-Unfallhelferin am Grenzübergang Henneberg gearbeitet. Erste Hilfe bei Kollaps. Auch Infarkte nach Grenzkontrollen. »Am 3. Oktober 90 habe ich gelacht und geheult. Gelacht, weil es nun keine Grenze mehr gab, und geheult, weil ich damit meine Arbeit los war.« Später erhielt sie die ABM-Stelle in der Kleiderkammer. Bevor ich gehe, erzählt sie, dass ihr seinerzeit an der Grenze BRD-Bürger manchmal Säcke mit getragenen Sachen in die Hand drücken wollten. »Für ihre Kleiderkammern, sagten die damals. Ich habe die Säcke nicht angenommen, erstens weil wir ›vom Klassenfeind‹ nichts annehmen durften und zweitens kannte ich keine Kleiderkammer, die gab es hier nicht.« Zweimal in der Woche öffnet sie nun ihre Kammer. Und hat immer fünf oder sechs Neu-anmeldungen in dem Pappkarton-Karteikasten.

Im Hauptgebäude der Stasi sitzt jetzt auch der »Bund der Vertriebenen«. Andrang vor der Tür. Während wir warten, erzählt ein alter Mann aus dem Dorf Nordheim, dass er dort seit über 40 Jahren ein kleines Häuschen be-säße, den Garten und die Ställe gepflegt hätte. Vorgestern sei der Alteigentümer, ein Wessi, erschienen, habe alles inspiziert, Eigenbedarf für die Tochter angemeldet und ihm die Kündigung – er sagt nicht Kündigung, sondern Vertreibung – für den 1. Januar 1996 angedroht …

Der Bürochef vom BDV heißt Heinz Himmel, ist 62 und war früher in einem Meininger Baubetrieb beschäftigt. »Damals war ich ein Bauarbeiter wie jeder andere auch, vom Vertrieben-worden-Sein durfte man kein Wort sagen.« Heute sei er endlich auch ein anerkannter Vertriebener. 2.136 Mitglieder im Kreis. Die 4.000 DM Entschädigung wären ein Anfang. Nun müsse man um das Recht auf die Heimat, die Häuser, Felder und Wiesen im Osten kämpfen.

Eine alte Frau bringt eine Liste des Inventars ihres Hauses bei Königsberg, in dem jetzt die Russen wohnen. »Meine Kinder waren dort, haben sogar den alten Kachelofen fotografiert.« Herr Himmel macht ihr Mut.

»Die Vertreiberstaaten wollen in die EU, aber bevor das geschieht, müssen die uns endlich erst alles zurückgeben.« Später erläutert er mir, dass die Landsmannschaften für ihre Mitglieder den Kündigungsschutz in der BRD-Verfassung festschreiben lassen wollen. »Nur so sind wir davor geschützt, dass nach 50 Jahren westdeutsche Alteigentümer kommen und unsereinen aus dem mittlerweile eigenen Haus jagen.« Der ehemalige Meininger Bauarbeiter Kurt Himmel stammt aus Baltenburg bei Neu-Stettin. Den polnischen Ortsnamen kennt er nicht.

Die einzige glitzernde, neu aufgesetzte Krone im lückenhaft sanierten Gebiss der Neu-Ulmer ist die Hypobank. Dort treffe ich den für mich ungewöhnlichsten Banker, den 31-jährigen, trotz Schlips wie ein großer Junge aussehenden Michael Kraus. Er wollte zu DDR-Zeiten Kinderzahnarzt werden. Doch während des Studiums vermasselte der angehende Doktor, wie er mir erzählt, die Prüfung im Fach »Politische Ökonomie des Kapitalismus«. Er schmiss das Studium, beschäftigte sich mit Volkskunst und nach 1989 als Autodidakt mit dem kapitalistischen Bankwesen. Das tat er so gut, dass die Hypobank dem Seiteneinsteiger im vergangenen Jahr auf einen der führenden Posten der Meininger Bank setzte, wo er sich mit den 14 Angestellten gegen die Konkurrenz der übrigen 17 (!) in Meiningen ansässigen Banken durchsetzen soll. »Wir müssen vor allem Vertrauen gewinnen und die Kunden nicht mit Schnäppchen, sondern durch Fairness und ehrliche Angebote überzeugen.« Ich nenne ihn einen Idealisten Er lacht und sagt: »Natürlich ein Idealist, schließlich bin ich im Fach Politische Ökonomie des Kapitalismus durchgefallen.«

Am späten Nachmittag sitze ich gegenüber der Hypobank beim Fahrschullehrer Gumpert und warte mit ihm auf neue Schüler. Heute ist Anmeldetag. Wir haben viel Zeit zum Plaudern. Der kleine, oft still in sich hineinlächelnde Mann hat Lokschlosser gelernt. Später Arbeit in einer Kfz-Werkstatt. Studium an der Ingenieurschule für Verkehrswesen. Dann Kontrolleur bei der sogenannten Arbeiter-und-Bauern-Inspektion in Suhl.

Bis 1989 kontrollierte er im Auftrag der SED auch Amtsmissbrauch, Schwarzbauten, Materialschieberei. Und 1990 kontrollierte er ein halbes Jahr lang seine früheren Auftraggeber, die leitenden Genossen der Partei, wegen – Amtsmissbrauch, Schwarzbauten, Materialschieberei. Allerdings nur bis zum Tag der Deutschen Einheit. »Im neuen Deutschland braucht niemand eine Arbeiter-und-Bauern-Inspektion.« Und Gumpert, zu alt für einen neuen Job und zu jung für einen Rentner, beantragte eine Gewerbeerlaubnis für Fuhrunternehmen und Fahrschule. »Erst wollte ich ein Autohaus bauen, 5.000 Quadratmeter Fläche im Gewerbegebiet kaufen. Daraus wurde nichts. Später ließ ich mir Aktien für Schweinehäute und Kaffee aufschwatzen.« Die sind inzwischen wertlos. »Mittlerweile habe ich begriffen: In dieser Gesellschaft muss man entweder das ganz große Geld machen oder mit dem kleinen Geld, das man durch ehrliche Arbeit verdient, zufrieden sein. So ein bisschen ehrlich und ein bisschen bescheißen bringt auf Dauer nichts.«

Nach 90 Minuten kommt heute der erste und einzige neue Fahrschüler. »Das ist der Pillenknick« sagt der Fahrlehrer und lächelt. »Wenn erst der Einheitsknick kommt, stört mich nichts mehr.«

Die Neu-Ulmer weiter in Richtung Westen. Ich latsche mit einer Gruppe bayerischer Touristen. Vor einem abgesperrten Haus bleiben sie stehen. Gelber Rainfarn und kleine Lärchen umschließen es wie eine Dornenhecke. Gras wächst auf den Fensterbänken. Am Giebel steht in großen Lettern: Volkslichtspiele.

Fotoapparate klicken, Videokameras surren. Offene Entrüstung dann am letzten Haus der Straße, der Nr. 47. Zerschlagene Fenster, aufgefrorene Wasserleitungen, heruntergespülte Tapeten … Die Bayern sagen: »Dös is die Zone!« und fluchen auf die Altlasten des Sozialismus. Allerdings sind sowohl das ehemalige Stofflager in der Nr. A7 als auch das Kino in der Neu-Ulmer schon Neulasten der Marktwirtschaft. Denn vor 5 Jahren waren im Lager noch Fenster, und im Kino spielte man Softpornos und US-Thriller. Dann verkaufte die Treuhand, und die

Käufer ließen Gras und Bäume wachsen und hofften, dass in Meiningen die Grundstückspreise weiter steigen.

Unverfälschte DDR-Wohnungsaltlasten hätten die Touristen im Haus dazwischen, in der 43, gefunden. Bröckelnder Putz, morsche Fenster, Gerümpel im Flur, an den Stromzählern noch die Aufschrift »Volkseigentum«. An einer Wohnung wird mir geöffnet. Eine junge schwarzhaarige Frau. Kindergeplärr. Gebrochenes Deutsch. Olena stammt aus der Ukraine. Ihr Mann, ein 50 Jahre alter Meininger Müllfahrer, hat sie sich vor zwei Jahren, »durch eine Vermittlung Ostfrauen nach Deutschland« geholt und geheiratet und ihr gleich ein Baby gemacht. Aber all das zähle nicht. Um wenigstens eine Arbeitserlaubnis zu bekommen, muss sie 5 Jahre verheiratet sein. Aber sie wisse nicht, ob sie dann in Meiningen noch Arbeit annehmen dürfe. Auf dem Markt sei sie im Mai als »Zigeunerin, die den deutschen Frauen die Arbeit klaut«, beschimpft worden.

An der Tür von Superindentent Dr. Victor, Neu-Ulmer 25b, hängt der Spruch: »Menschen sind willkommen. Deutsche und Ausländer.« Im Herbst 89 hatte der Geistliche die Kirchentore für das Volk geöffnet und die Dienstagsdemos in Meiningen organisiert. Er sei damals schon für die Einheit gewesen, hätte sich allerdings keine Illusionen über das neue System gemacht. Trotzdem wäre er heute enttäuscht. Zum einen über die Politiker, die keine Perspektiven für die Zukunft erarbeiten oder wenigstens erahnen könnten. Und über die Bedeutungslosigkeit, in die seine Kirche nach der Euphorie von 1989 leider zurückgefallen sei. »Mit der D-Mark erfüllen sich die Leute heute täglich jene Wünsche, die sie 89 nur unter dem Schutz des Kirchendaches einklagen konnten.« Und mancher, der vor fünf Jahren »Hosianna!« geschrien hätte, rufe heute »Kreuziget ihn!«. Er sei pessimistisch geworden.

Als es dunkel wird, gehe ich noch einmal zu Regers Wohnhaus. Disko im »Kaff«. Frage vor der Tür stehende junge Leute nach ihren Idealen. »Auf keinen Fall wie mein Alter, dieser Held der Arbeit, 40 Jahre umsonst schuften müssen.« – »Per Anhalter um die Welt« – »Die Nazischweine verkloppen.« – »Ein Star bei Bayern München werden.« – »Endlich eine Lehrstelle finden.«

Aber diese Antworten muss ich schon nicht mehr aufschreiben. Denn das »Kaff« gehört ja postalisch nicht zur Neu-Ulmer. Das ist schon die Meininger Marienstraße 6.

Ria S. (43): »Ich sprang nicht ...
Ich heulte nur«

Meine Begegnung mit Ria S. war zufällig. Ich hatte im Block Allendestraße 24 des Salzunger Neubaugebiets gefragt, wie viele der Hausbewohner arbeitslos sind. »Etwa die Hälfte«, sagte der Hausmeister. Als ich wissen wollte, mit welchen Arbeitslosen ich reden könnte, nannte er keinen Namen. Er warnte mich lediglich davor, hinauf in den obersten Stock, zu Ria S., zu gehen. »Asozial!«, knurrte er.

Ich ging hinauf. An ihrem Briefkasten hing ein Aufkleber, der das Einstecken von Reklame untersagte. Und mit Handschrift darunter: »Schmutz und Abfall einwerfen bei Strafe verboten.« An ihrer Wohnungstür ein Schild: »Vertretern wird nicht geöffnet«.

Ria S. ist mager. Tiefliegende Augen. Dunkelblondes strähniges Haar, zu einem Pferdeschwanz gebunden. Keine Kosmetik. Sie hat vier Kinder. Die älteste Tochter schon aus dem Haus, die andere, 18, wohnt mit dem Freund bei ihr. Dazu der jüngste Sohn, zwei Jahre alt, und der ältere, der am Tag zuvor, am Montag, den 20. September, seinen achten Geburtstag feierte.

»Kinder waren zur Feier keine eingeladen, von mir bekam er zwei Strumpfhosen und Schokolade, von seinem Vater, der gibt manchmal Pakete beim Jugendamt ab, Hemden und auch Schokolade. Im Januar 91 musste der Vater auf Weisung des Jugendamtes hier ausziehen. Er hat nicht nur mich geschlagen. Er war und ist ein Säufer, deshalb hat man ihn auch bei der Eisenbahn entlassen. Hat gesoffen und immer nur gesoffen ... Ich habe nie getrunken. Nie getrunken und nie geraucht. Aber ich hatte Pech mit meinen Männern. Der erste, ein Stahlarbeiter, fing nach einem Reservistenlehrgang in Leipzig, bei dem er miterlebte, wie sein Freund beim Waffenreinigen durch einen Schuss umkam, zu saufen an. Ich habe mich scheiden lassen, lebte lange mit den zwei Töchtern allein. Wir waren nicht reich, aber wir konnten Urlaub machen, einmal sogar zu dritt in Ungarn. Zuerst arbeitete ich in der Bastfaserfabrik in Freiberg, dort beendete ich auch meine Lehre. Von klein auf war ich oft krank, eine Nierengeschichte, die immer schlimmer wurde. Ich schulte also um, ging zur Eisenbahn, dort war ich Zugabfertigerin. Habe Telegraphen bedient, konnte Schreibmaschine schreiben, stellte die Güterwagen zusammen und rief dann eben in Freital an, dass sie den Wagen Nummer soundso rausnehmen müssen, die anderen weiter nach Dresden. Und die machten das, was ich sagte. Es war eine schöne Zeit. Natürlich hatten wir keine Bananen, aber Arbeit, auch wenn man krank war. Ohne Angst lebte man, denn eine Arbeit fand sich immer.

Als meine Eltern hier zur Kur waren, lernten sie meinen späteren Mann kennen. Ich zog zu ihm und arbeitete in Salzungen auf dem Bahnhof. Aber dann hatte ich plötzlich Platzangst zwischen den Gleisen und Zügen. Schwindelanfälle. In Freiberg hatte ich miterlebt, wie ein Bekannter zwischen den Puffern ... Die Bahnärztin sagte, dass ich nicht mehr als Zugabfertigerin arbeiten dürfe. Da machte ich Reinigungskraft, Bastfasern gab es ja hier keine. Das war 1986. Zuerst im Gesundheitswesen, dann bei einer Zeitung. Und nach der Wende wurde die Planstelle Reinigungskraft bei der Zeitung ab-geschafft, die ließ die Arbeit von einer privaten Reinigungsfirma machen. Und dort ging es nicht mehr mit dem Jungen, der oft krank war. Sonntags habe ich dann die »Bild« ausgetragen. Als ich es im sechsten Monat mit dem Treppauf und Treppab nicht mehr schaffte, habe ich mich auf die Straße gesetzt, der Junge spielte im Dreck daneben, und ich habe die Zeitung verkauft. Deshalb kennen mich viele im Neubaugebiet. Manchmal habe ich fünf Katzen in der Wohnung, die bringen die Leute zur Aufbewahrung und geben mir paar Mark dafür ... Bis zum 13. Juli dieses Jahres bekam ich wöchentlich 138,80 DM Arbeitslosengeld. Danach war das Jahr vorbei, und ich beantragte Arbeitslosenhilfe, aber weil ich bis zum 15. Juli krankgeschrieben war, wurde der Antrag ungültig. Seitdem leben wir nur vom Kindergeld. Die Ärzte sagen, dass der Große körperlich völlig gesund ist, aber er hat oft miterlebt, wie der Vater mich schlug, er kann noch nicht richtig sprechen, seit zwei Jahren geht er in die Sonderschule nach Bad Liebenstein. Ich fahre ihn hin und hole ihn wieder, weil der Busfahrer sich beschwert hat, dass der Junge zu laut im Bus herumtobe. Für 500 DM in Raten habe ich hier im Autohaus einen Trabi bekommen. Das war im vorigen Jahr. Aber niemand sagte mir, dass er so durchgerostet ist, dass er in diesem Jahr den TÜV nicht kriegt.

Den Kleinen nehme ich mit, wenn wir den Großen wegbringen, ich kann ihn nicht in den Kindergarten schaffen. Das Betreuungsgeld würde ich wiederbekommen, aber nicht das Essengeld. 127 Mark im Monat. Er braucht noch Windeln, die billigsten kosten 25 Mark für

68 Stück. Ich selbst brauche wenig zu essen, wiege nur noch 45 Kilo, aber die Kinder. Vor kurzem hatte seine Klasse Wandertag, Fahrt in die Märchenhöhle nach Walldorf. Das kostete 30 Mark. Ich hatte das Geld nicht, und weil ich mich schämte, ging ich an diesem Tag mit ihm zum Arzt, damit ich eine Ausrede hatte, weil ich mich eben schämte. Ich schäme mich oft, auch dafür, wie liederlich es hier in der Wohnung aussieht. Ich hätte ja viel Zeit zum saubermachen. Aber ich will nicht, weshalb denn Saubermachen? Ich sitze da und grüble, und abends nehme ich Tabletten, damit ich schlafe. Es ist alles ohne Sinn, weshalb soll ich da die Fenster blankputzen? Manchmal gehe ich vormittags für die alten Leute einkaufen. Nein, für die in unserem Eingang nicht, manche von denen drehen sich weg, wenn sie mich sehen. Zu DDR-Zeiten haben wir freundlich zusammengesessen, gefeiert. Jetzt treffen sich auch die anderen nicht mehr. Gleichgültigkeit und Hass aufeinander sind entstanden.

Abfälle und Dreck haben sie mir in den Briefkasten geschmissen. Hundekot und sogar gebrauchte Gummifuffziger. Schließlich kamen die vom Jugendamt, weil sie anonyme Briefe erhielten, dass ich meine Kinder misshandele. Ich musste sie ausziehen, und der Arzt bescheinigte, dass keine blauen Flecke oder so was zu sehen waren. Ein Polizist riet mir, wegen der anonymen Briefe einen Privatdetektiv, den er gut kennen würde, zu beauftragen. Dieser Privatdetektiv, der Herr K., war früher Mitarbeiter in der SED-Kreisleitung Suhl, und der hat herausgefunden, dass die ... naja, dass jemand aus der Verwandtschaft die Briefe geschrieben hat. Danach schickte dieser neue Privatdetektiv eine Rechnung über 2.500 DM. Ich könne es in Raten bezahlen ... In unserem Haus gibt es viele Arbeitslose, aber man redet nicht miteinander. Unten wohnt eine alleinstehende Frau mit Kind, die hat es auch schwer, aber die ist eben eine arbeitslose medizinisch-technische Assistentin, und ich bin nur eine arbeitslose Reinemachefrau. Der Gerichtsvollzieher war schon hier.

Mein Mann bezahlt die Miete nicht, unten in der Stadt, in seiner Bude. Außerdem hat er genau wie die Tochter – die lernte im Salzunger Olympiaeinkaufszentrum Verkäuferin, aber das machte pleite, und sie wurde gekündigt –, also, die haben aus den Katalogen bestellt und bestellt. Der Mann ist nicht nur ein Trinker, er ist auch ein Sammler, Waffen und Briefmarken, teures Zeug. Alles nicht bezahlt, und bei ihm ist nichts zu pfänden. Dem Gastwirt aus dem »Rhönblick« habe ich das letzte Kleingeld gegeben und gefragt, ob er auch Briefmarken nimmt. Er nahm Briefmarken und versprach, dem Mann nichts mehr auf Pump zu geben. Rund 20.000 DM Schulden insgesamt. Und alle wollen es von mir. Aber ich habe nichts bestellt. Wenn ich wenigstens ein Angebot auf meine Bewerbungen erhalten hätte. Ich würde alles machen. Außer dem einen, das nicht! Aber als Hilfsarbeiterin in einem Laden oder einem Lager, oder Reinemachefrau. Nur wieder arbeiten, wenigstens eine Hoffnung haben. Im Arbeitsamt sind sie freundlich. Doch sie sagen, dass ich schwer oder überhaupt nicht zu vermitteln sei. Auch wegen der Kinder ...

Ich habe mit dem Kleinen auf dem Arm schon auf dem Balkon gestanden, außen, auf dem schmalen Sims.

Aber dann bin ich doch nicht gesprungen, lag bloß halb ohnmächtig auf dem Fußboden und heulte.

In der Schuldnerberatung haben sie mir jetzt gesagt, dass es noch eine Chance für mich gäbe. Zusammen mit meiner Schwester hatte ich nämlich als 15-Jährige versucht, bei Hof über die Grenze in den Westen abzuhauen. Wir wurden damals beide zu je vier Jahren Jugendhaft verurteilt. Fast zwei Jahre haben wir davon abgesessen. Und wenn ich jetzt eine Entschädigung beantragen würde – ich habe das Urteil aufgehoben –, könnte ich davon vielleicht die Schulden bezahlen. Das haben sie mir dort gesagt, auf dem Amt.«

Als ich beim Arbeitsamt anrufe, um zu erfragen, ob die Fakten stimmen, bestätigt man mir, dass Ria S. wegen ihrer Ausbildung und der Kinder sehr schwer zu vermitteln wäre. Aber die beantragte Arbeitslosenhilfe sei inzwischen genehmigt.

Ich will Frau Ria S. anrufen, ihr die Neuigkeit sagen, doch ihr Telefonanschluss ist abgeklemmt.

Urlaub für rote Engel

Die Leute, mit denen ich sprach, stöhnten fast alle wegen der Hitze in den vieläugigen Betonbauten älterer und neuerer Art an der Peripherie von Suhl. Über 30 Grad Außentemperaturen. Und Beton heizt sich auf.

In diesen Neubaugebieten erhielt die PDS bei den letzten Kommunalwahlen die meisten Stimmen, auf dem Friedberg über 50 Prozent. Insgesamt machten 29,6 Prozent der Suhler die PDS zur stärksten der Parteien. Durch Volkes Wille erhielt sie 14 Stadträte im Parlament, die CDU 13, die SPD 10, das Neue Forum 3 und die Freie Wählergemeinschaft 2. Doch die war so frei, sich sofort der CDU-Fraktion anzuschließen und deren »führende Rolle« wiederherzustellen.

Nach der konstituierenden Sitzung erschien in den hiesigen Zeitungen das Foto von der Vereidigung des alten und neuen CDU-OB Martin Kummer. Eine füllige Frau mit kurzen Haaren, Brille und in einem dunklen weißgeblümten Kleid lässt den OB die Eidesformel sprechen: die 66-jährige Rentnerin Barbara Brenner (PDS).

Ich kenne sie als Mitarbeiterin vom Rat des Bezirkes. Sie war unter anderem für die Schriftsteller verantwortlich. Sie nahm regelmäßig an den Sitzungen unseres Verbandes teil, und ich erinnere mich, dass sie mütterlich war. Und Staatsmacht.

Am Telefon sagt sie mir, dass sie morgen in den Urlaub fahre. Parlaments- und Schulferien in Thüringen. Nachmittags müsse sie zur Stadtratssitzung, also wenn, dann solle ich sofort kommen.

Leonhard-Frank-Straße 106. Eines der ersten Hochhäuser, das vor knapp 30 Jahren in Suhl gebaut wurde. 60 Fensteraugen. 10 Stockwerke. Sie wohnt im dritten. Führt mich durch ihre Wohnung direkt auf den Balkon, einen vielleicht 2 mal 1,20 Meter großen botanischen Garten. Heckenrosen, Studentenblumen, Efeu, Asparagus, Begonien, wilder Wein, Nelken, Jelängerjelieber, Astern … Ich stehe und staune. Sie genießt mein Staunen.

Das sei ihr Traum gewesen, seit sie vor vielen Jahren in Kiew einen lebenden Balkon gesehen habe. Aber zu DDR-Zeiten hätte sie niemals wilden Wein bekommen, erst nach der Wende. Wilder Wein sei das Wichtigste.

Ich frage sie, weshalb jeder Dritte in Suhl die PDS und solche »Altlasten« wie Barbara Brenner gewählt habe.

»Vielleicht weil die Altlasten nicht agitieren, sondern Wanderungen und Kaffee-und-Kuchen-Nachmittage für die Alten und Dichterlesungen für die Intellektuellen organisieren, vielleicht weil sie für die Hungernden in der Dritten Welt sammeln und mit den Arbeitslosen sprechen.«

Ihre »Jelängerjelieber«-Kletterpflanze wäre in diesem Jahr schnell verblüht, sagt die Stadträtin, doch die kleinen Nelken … Ich muss die Nase sehr dicht an die rosafarbenen Blüten halten, denn unten verpestet ein Motorkompressor die Luft mit seinen Abgasen. Das Haus wird saniert.

Sie trennt sich vom Balkon und zeigt mir ihren neuen Computer. Mit 66 wäre ihr das schwergefallen, aber nun kenne sie sich aus, würde für die alten Leute im Haus die Behördenbriefe schreiben. »Wir waren doch daran gewöhnt, bis 60 oder 65 zu arbeiten, und dann bekam man automatisch seine Rente. Jetzt aber, dieser Bürokraten-Überlebens-Schreibkram, der ängstigt viele.« Dann würde sie noch einige sehr alte Frauen im Haus betreuen. Beispielsweise die Elisabeth Keyser, schon über 80. »Ich schaue jeden Abend nach ihr, das ist sozusagen mein Nachtgebet.«

Aber wenn ich wirklich über das soziale Engagement der PDS schreiben wolle, sei ich bei ihr falsch. Da müsste ich mit der Heide Schwalbe sprechen. Die habe als Vorsitzende des Jugendhilfeausschusses in der Stadt ein Kinderparlament gegründet, oder mit der ehemaligen Pastorin Renate Müller, die 1990 in die PDS eingetreten sei, oder mit der Designerin Hayde-Nina Klonz, die sich nun um Häftlinge kümmere und mit ihnen im Knast Bilder male, oder mit der Else Duske, die mit anderen Genossen jeden Dienstag im Suhler Büro der Thüringer PDS-Vorsitzenden Gabi Zimmer sitze und dort Rentenantragsstellern Hilfe zur Selbsthilfe gebe. Über 5.000 wären schon dort gewesen.

Sie erklärt mir noch, wie man Stecklinge vermehrt, dann muss sie ins Parlament. Zum Abschied der Rat: »Wenn du oben Schwierigkeiten hast mit Informationen, rede mit den kleinen Leuten. Die reichen dich dann weiter, von einem zum anderen. Das funktioniert noch.«

Am nächsten Tag fange ich ganz unten an, fahre noch einmal zum Hochhaus Nummer 106. Warte vor der verschlossenen Haustür, weiß nicht, wo klingeln. Drücke dann den Knopf unten links bei Koch. Unten links wohnten zu DDR-Zeiten immer die Hausmeister. Eine alte, etwas ängstlich blickende Frau öffnet. Ich hasple herunter, dass ich weder Vertreter noch Zeitungswerber oder Glücksspielverkäufer bin, erfahre, dass Frau Koch wirklich Hausmeisterin war. Von 1972 an. Natürlich kenne sie die Frau Brenner. Die hätte allen vom Kaffeekränzchen bei den Rentenbescheiden geholfen. »Unser Kaffeekränzchen, drei sind wir, alle um die 80, die Lilli Lindemann, die Hildegard Prenzel und ich. Wegen mir musste die Frau Brenner bis Worbis schreiben, im Januar kam keine Rente und im Juli nicht.« Frau Koch weiß über alles im Haus Bescheid, heute hätte die Frau Künzel im vierten Stock Geburtstag. Ich gehe hoch und gratuliere. Ja, die PDS, die denke an die kleinen Leute. Obwohl sie weggefahren wäre, hätte die Frau Brenner ihr noch Blumen, eine Karte und einen Pralinenkasten vor die Tür gelegt. »In welcher Partei sie ist, interessiert mich nicht, Hauptsache, ein Mensch.« Und der Mann ergänzt: »Und setzt sich für das Wohl des Volkes ein, jawoll.« Sie wären beide in keiner Partei.

Auf der Treppe eine Frau mit Wischlappen und Wasser. Irgendjemand hat Ketchup verkleckert. Sie schimpft auf die Dreckschweine. Ich schimpfe mit. »Wir sind ansonsten ein gutes Kollektiv im Haus. Fast alle vor 25 Jahren eingezogen. Zusammen alt geworden. Über uns, die Frau … ist jetzt mit 55 arbeitslos geworden, heult manchmal. Und der Mann von der Frau … säuft, hat auch keine Arbeit. Jeder weiß was vom anderen. Wir reden noch zusammen.«

Ich frage nach dem Kaffeekränzchen. Nein, sie gehöre nicht dazu, aber da hätte es neulich einen kleinen Krach gegeben. »Hat die Frau Brenner für die drei und andere im Haus, die nicht gut zu Fuß sind, die Unterlagen für die Briefwahl geholt, die komplizierten langen Listen geduldig erklärt. Und später erzählt eine von den dreien, dass sie die CDU und nicht die Frau Brenner gewählt habe. Und da haben die zwei anderen bitterböse gesagt: ›Schäm dich!‹ Aber weshalb sollte man die roten Socken von der PDS wählen? Nur weil die Frau Brenner so ein guter roter Engel ist, muss doch nicht auch noch die Partei gut sein.«

Ein Mann im verschwitzten weißen Turnhemd über dem Bierbauch hat das Gespräch gehört, und vor dem Haus sagt er mir: »Wissen Sie, die PDS ist die einzige Partei, die sich hier um unsereinen, um die kleinen Leute und ihre Sorgen kümmert.«

Ich frage ihn nach seinem Namen. Den will er nicht sagen. »Ich bin gläubig und früher, als die Kommunisten an der Macht waren, hatte ich Angst, dass ich deswegen Schwierigkeiten kriege. Und heute, wo die Christdemokraten die Macht haben, fürchte ich, dass man Schwierigkeiten bekommt, wenn man wie ich bei den Roten, bei der Volkssolidarität im Wohngebiet mitmacht. Dort ist ja der Helmut Knoth der Chef, früher bei der Bezirksdirektion der Volkspolizei und SED und heute PDS …« Im Haus gäbe es übrigens eine, die die Roten richtig hasse, oben, die Elfriede Keyser. »Als die erfuhr, dass 30 Prozent PDS gewählt haben, schrie sie im Hausflur um Hilfe, denn die Kommunisten und ihre Diktatur werden wieder alle ins Unglück stürzen. Sie hat geschrien und geschrien.«

Ich frage, ob er die Keyser meint, zu der jeden Abend die Brenner hoch geht.

»Ja, genau die.«

Die Vorsitzende vom Jugendhilfeausschuss, Heide Schwalbe, wohnt in der ehemaligen Straße der DSF, heute Würzburger Straße 26. In jedem der 11 Stockwerke des Betonklotzes 28 Fensteraugen. Weit geöffnet oder mit heruntergelassenen Jalousien. Als ich schwitzend im 6. Stock bin, den Namen Schwalbe noch nicht gefunden habe, ruft eine Frau im Erdgeschoss. Sie ist mit dem Fahrstuhl runtergekommen, um mich durch das mit Streublumenmuster tapezierte Treppenhaus zu lotsen. Rennt die Treppen hoch, hat eine enge graue, nicht glänzende Radlerhose an, dazu ein sehr weit ausgeschnittenes weißes T-Shirt.

Ist schlank, hat lustige Augen unter einer Goldrandbrille. Schwarze Haare. Schnauft nicht. Naja, als Lehrerin für Sport und Geschichte am Gymnasium. Außerdem gerade 35 ... In ihrer Wohnung liegt der vielleicht 10-jährige Sohn mit übergestülpten Kopfhörern vor dem Fernseher. Ein Actionfilm von RTL. Heute dürfe er noch, morgen würden sie in Urlaub fahren ... Also, der Jugendhilfeausschuss. Vor vier Jahren hätten sich alle CDU-Abgeordneten geweigert, dort mitzumachen. Einer von der SPD sei zur Gründung dagewesen, danach nie wieder. »Es blieb an der PDS hängen, und die Brigitta Wurschi vom Neuen Forum war noch dabei. Den Ausschuss wollte keiner, da musste man sich mit Alternativen beschäftigen, die für die Freigabe weicher Drogen demonstrierten, mit der Neonaziszene auf dem Lautenberg. Die bekamen Expertenhilfe von der rechten Szene aus Schweinfurt, aber in der Stadt gab es nur einen Sozialpädagogen. Also haben wir gemeinsam mit der Wurschi den Antrag formuliert, Streetworker einzustellen.

Die SPD wagte nicht zu widersprechen, und seitdem haben wir drei Streetworker, die sich mit den jungen Leuten beschäftigen.«

Das Juniorenparlament hätten sie zusammen mit Simone Maaß von den Grünen ins Leben gerufen. Von Schule zu Schule gerannt. 30 Kinder und junge Leute wären nun in diesem Parlament. »Ohne Parteien, ohne OB, mehr so eine Art Runder Tisch, der zu allen Problemen der Kids gehört werden will. Als Erstes verlangten die jungen Parlamentarier übrigens die Abschaffung von Zigarettenautomaten. Und als wir ihnen sagten, das wäre in einer Demokratie nicht möglich, schlugen sie vor, die Automaten höher zu hängen ...« Aber zurück zum Ausschuss. Der würde natürlich auch über die Schließung von Kindertagesstätten befinden. »Und es sieht verdammt schlecht aus, wenn unter solch einem Schließungsschrieb steht: ›Schwalbe (PDS)‹. Ich könnte, um das soziale Gesicht zu wahren, dagegenstimmen. Aber solch Populismus macht eben nicht mehr Kinder.«

Von der neugewählten PDS-Fraktion ist die 35-Jährige nicht begeistert. Persönlich hätte sie nichts gegen die alten Funktionäre, aber ... »Die Parteibasis hat die alten bewährten Genossen weit vorn auf die Liste gesetzt und die jungen oder Parteilosen nach hinten gerückt ... Ich habe meine Probleme mit dieser Basis. In den Versammlungen klatschen die meisten alten Genossen erst einmal bei jedem Redebeitrag. Sie klatschen, wenn einer für die Autobahn spricht, und sie klatschen auch, wenn einer gegen die Autobahn spricht. Gemeinsames Applaudieren macht stark, denken die immer noch. Ich habe bei der OB-Wahl zuerst nicht für unseren Klaus Lamprecht von der PDS gestimmt, sondern für die Simone Maaß von den Grünen. Ja, das kannst du schreiben, man muss zu seiner Meinung stehen, zu seiner ganz persönlichen ...«

Als ich gehe, umarmen wir uns wie gute Bekannte.

Am Fuß des größten Suhler Neubaugebietes, am Ziegenbergweg 13, wohnt die ehemalige Pastorin Renate Müller in einem der sechs sogenannten Würfelhäuser. Jedes nur zweiundzwanzigäugig, Grün drumherum. Sie sind erst sechs Jahre alt. Als mir die pensionierte Pastorin die Tür öffnet – rötlich schimmernde, in der Mitte streng gescheitelte Haare, grüngraue freundliche Augen –, weiß ich, dass wir uns kennen. Vor acht Jahren hatten wir gemeinsam die Ho-Chi-Minh-Medaille erhalten. Sie für ihr Engagement in der Kirche und ich für das meine in der UNICEF. Nach dem Erkennen wendet sich das Gespräch den schönen Würfelhäusern zu. Sie winkt ab. »Hier wird demnächst alles rausgerissen, sogar der Fußbodenbelag. Die GEWO muss 15 Prozent ihrer Häuser verkaufen, und da verscherbelt sie zuerst die in der besten Lage. Für 80.000 DM kann ich die Einraumwohnung kaufen.«

»Und wenn Sie nicht kaufen?«

»Dann kann sie ein anderer erwerben, und ich habe noch drei Jahre Gnadenfrist.«

Inzwischen hat sie alle Mieter eingeladen. »Ich habe Mut zugesprochen, obwohl er mir in diesem Fall selber fehlt. Denn in diesem Wirtschaftssystem kümmert kein Menschenleid, wenn es ums Geld geht. Eine 40-Jährige klagte mir ihr Leid, dass sie hier alt werden wollte, aber die 800 für die erneuerte Wohnung nicht bezahlen kann, also rausmuss. Das Geld hat kein Mitgefühl für die Menschen.« Also müssten die Menschen was tun, zum Beispiel in der Gesellschaft zum Schutz von Bürgerrechten und Menschenwürde, in der sie mitarbeite. Oder indem sie Spenden sammele für Kuba. »Egal wie – mit Solidarität versuche ich, Neues in einer alten Welt zu bauen. Ich war schon als Pastorin links, hatte beispielsweise die Vision, dass sich die Kirche die revolutionären sozialen Ideen von Müntzer zu eigen machen sollte. Geprägt worden bin ich als Jugendpfarrerin in Halle.« Damals hätten sie sich in ihren Gruppen mit dem Hunger in der Dritten Welt beschäftigt. »Nein, nicht beschäftigt, wir haben gelitten, geforscht, gebetet. Mit ausländischen Repräsentanten gesprochen. Damals wurde mir klar, dass das gierige Wirtschaftssystem des Kapitalismus für die Armut, für das Sterben in der Dritten Welt verantwortlich ist. Reichtum ohne Rücksicht auf Tote.« Am 4. April 1990, am Jahrestag der Ermordung von Martin Luther King, ist sie Mitglied der PDS geworden. »Es war nur an diesem symbolischen Tag möglich. Und nachdem die PDS bei den Volkskammerwahlen verloren hatte. Bei einem Sieg wäre ich nicht beigetreten.« Bis zur Pensionierung stand sie noch ein Jahr als PDS-Pastorin auf der Kanzel. Ihre Schlusspredigt am Gründonnerstag: Jesus wäscht den Jüngern die Füße. »Ein Beispiel habe ich euch gegeben, dass ihr tut, wie ich euch getan habe.« Ja, das sei auch ihres: Solidarität untereinander. »Andere Parteien haben hinter sich den Mammon, wir Nichtprivilegierten besitzen nur unsere Solidarität. In der Suhler Bürgerrechtsgesellschaft versuchen wir jetzt den Arbeitslosen zu helfen.« Noch würden viele nicht ahnen, was in zwei, drei Jahren passiere, wenn Arbeitslosengeld und Arbeitslosenhilfe auslaufen und sie Sozialhilfe beantragen müssten. Dann müssten sie erst mal alles Ersparte rausrücken. »Eine neue große Enteignung im Osten. Von der noch keiner spricht. Und die es wissen, sollen den noch Ahnungslosen helfen. Das tue ich.«

An ihrer Wohnungstür hängt ein Spruch von Elie Wiesel. »Der Gegensatz von Liebe ist nicht Hass, der Gegensatz von Hoffnung ist nicht Verzweiflung, der Gegensatz von Erinnerung heißt nicht Vergessen, sondern es ist nichts anderes als jedes Mal die Gleichgültigkeit.«

Ich sage: Vielleicht hätte ich nur das über unser Gespräch aufzuschreiben brauchen. Sie nickt.

Hayde-Nina Klonz, 39, früher Modedesignerin, heute Sozialarbeiterin, parteilos und erste Nachrückerin für die PDS im Stadtparlament, wohnt zur Zeit mit Mann und Kind in einem kleinen Dietzhäuser Hotel. Ihr Mann, früher Forschungsingenieur, heute Bauunternehmer mit rund 50 Beschäftigten, baut das Familienhaus in Suhl um. Die Hayde-Kleider waren vor der Wende begehrt, hingen in Galerien und Modehäusern. »Danach kam die Zeit, in der die Frauen, für die ich meine Kleider immer gemacht hatte, die Unikate nicht mehr kaufen konnten. Otto-Versand war nun ihre Preisklasse. Doch im Westen verkaufte ich gut. Zum Beispiel an die Freifrau von Greilsheim. Aber die Kunden drüben wollten nicht nur die Kleider, die saugten einen aus, man kam völlig leer zurück. Als Designer aus dem Osten war man eine Seltenheit, so was konnte nicht jeder vorweisen … Damals habe ich mir gesagt: Das kann es doch wohl nicht sein, müsstest hier den Leuten helfen, stattdessen spielst du drüben den bunten Vogel. Also habe ich aufgehört mit der Mode und hier die ersten Selbsthilfegruppen gegründet. Ich habe mit Versehrten, mit Kindern, mit Arbeitslosen, mit Frauen und auch mit Häftlingen gemalt.«

Jeden Dienstag geht sie durch das Tor der Haftanstalt in Suhl-Goldlauter. Und regelmäßig malte und modellierte sie auch mit Versehrten im Reha-Zentrum. »Das ist allerdings vorbei, denn die neue Leitung war der Meinung, malen sei verplemperte Zeit. Die Behinderten sollten nur noch effektive, wirtschaftlich verkaufbare Arbeiten erledigen.«

Ich will wissen, weshalb sie für die PDS kandidierte. »Weil diese Gesellschaft nicht durch malende Selbsthilfegruppen sozial gerechter wird. Diese Gerechtigkeit kann man nur durch neue Verordnungen im Parlament schaffen, also wollte ich da rein.«

Hayde, die kurzhaarige blonde Schöne – »von Natur aus bin ich schwarz, aber ich hatte sie auch schon rot und grün gefärbt« –, trägt ein derbes Leinenjäckchen. Selber entworfen und genäht? Nein, sie hätte es billig erstanden, für 17 Mark. »Ich muss das Geld jetzt zusammenhalten. Schließlich hat mein Mann die Verantwortung für Brot und Lohn von 50 Leuten.«

Ich suche die Leonhard-Frank-Straße 122, in der Helmut Knoth, der Chef der Volkssolidarität, wohnen soll. Frage zwei alte Leutchen, die vor ihrem kleinen, mit Asbestschindeln verkleideten Haus am Haselfluss sitzen. Gleich um die Ecke, sagen sie und schwärmen von ihrem Helmut. Sie wären schon mit ihm in Italien gewesen und in Holland. »Neulich hat er sogar eine Busfahrt auf die Lange Bahn organisiert, eine Ausflugsgaststätte hier ganz in der Nähe.« Das sei schwierig gewesen, man brauchte eine Busfahr-Erlaubnis für die Forstwege. Früher wären sie beide fast jeden Sonntag rauf zur Langen Bahn, aber nun, die Beine, sie wären schon über 80. »Fritz Hoffmann, Klempner bei Simson gewesen, meine Frau im Materiallager.« Und vor über 20 Jahren, zur Grundsteinlegung der Langen Bahn, hätte er die Kupferschatulle gefertigt. »Vielleicht war's nun das letzte Mal, dass wir rauf sind. 80 Leute waren wir.«

Nein, sagen sie auf meine Frage, es störe sie überhaupt nicht, dass der Knoth früher ein hohes Tier bei der Polizei und in der SED gewesen sei und heute PDS. »Er ist doch einer von uns, obwohl meine Frau und ich nur in der Gewerkschaft waren. Der organisiert für uns einmal im Monat die Rentner-Geburtstagsfeiern, spielt manchmal selbst auf seinem Zerrwanst. Das ist noch wie früher, da weiß unsereiner Bescheid … Naja, und manchmal verteilt er im Bus auch seine PDS-Wahlschriften. Da klatschen manche wie verrückt. Andere nehmen das Zeug nicht. Wir nehmen's und lesen's nicht.«

Helmut Knoth erzählt mir, dass er 1988 bei der Polizei raus sei. Und da hätte er ehrenamtlich die Volkssolidarität übernommen. Nie hätte er die Stunden, die Mühen gezählt … Aber von den 1.000 Leuten im Wohngebiet wären nun immer noch 250 in der Volkssolidarität, 20 Helferinnen würden sich täglich um die Kranken und Alten kümmern. »Sozusagen ein Stück von der DDR in die neue Zeit hinübergerettet.« Natürlich sei er staatsnah gewesen. »Aber es waren schon damals die Staatsnahen, die nach Feierabend unentgeltlich Schulzimmer malerten, Kuchen für Wohngebietsfeste gebacken haben und die Lampions für den Kindertag besorgten. Und wenn man diese ›Staatstragenden‹ heute nicht ausgrenzen würde, könnte man ihre Erfahrungen und ihren Idealismus wieder nutzen. Viele von denen, die nach der Wende was zu sagen haben, machten früher für die Gemeinschaft keinen Finger krumm und tun es heute wieder nicht. Haben keinen Sinn dafür, tragen den Staat nicht, sondern nutzen ihn nur für sich aus. Wenn ich für 80 alte Leute einen Ausflug zur Langen Bahn organisiere, will ich doch nichts gegen die Gesellschaft tun, im Gegenteil, ich helfe, dass die Menschen zufriedener sind, dass ihr Leben in der neuen Gesellschaft angenehmer wird. Bin sozusagen staatstragend und werde wie andere früher Staatsnahe, die jetzt meinetwegen Arbeitslosen oder Rentenantragsstellern helfen, ausgegrenzt. Das ist doch eine große Dummheit.« Helmut Knoth ist jetzt bald 65 und, seit er nicht mehr bei der Polizei arbeitet, Invalidenrentner.

Else Duske, eine von der PDS, die jeden Dienstag Rentner beim Ausfüllen der Anträge berät, besuche ich nicht. Rufe an. Sie weigert sich, mir darüber auch nur ein Wort zu sagen. Es gäbe einen bösen Brief von der Bundesversicherungsanstalt, die mit Strafe, Verbot und Gericht drohe, falls man nicht sofort aufhöre, das zu tun, was allein Sache der BVA wäre. Nein, kein Wort. Ich müsste schon die Thüringer Parteivorsitzende anrufen oder wenigstens den Stadtvorsitzenden. Nun geht's also doch nicht, wie Barbara Brenner riet, unten weiter. Nur noch oben. Doch von denen erreiche ich niemanden. Urlaubszeit.

Ein letztes Mal Besuch im sechzigäugigen Hochhaus Nr. 106. Ich klingle bei Elfriede Keyser. Eine sorgfältig gekleidete, noch rüstige Frau. Sie kennt mich aus der

Zeitung. Sagt: »Sie sind doch auch ein Linker.« Sie dagegen wäre schon immer rechts gewesen wegen ihres christlichen Glaubens. Aufgewachsen in Weimar. Der Vater Besitzer einer Buchbinderfirma. Die sei von den Kommunisten beschlagnahmt worden. »So was vergisst man nicht.« Ich frage sie, ob es stimmt, dass Barbara Brenner jeden Abend nach ihr schaut, sich um sie sorgt. »Ja, Frau Barbara, ich nenne sie Frau Barbara, ist ein Teil meines Lebens geworden. Seit dem Tod meines Mannes lag immer zu Ostern und Weihnachten ein selbstgemachtes Geschenk von Frau Barbara vor meiner Tür. Später hat sie alle meine Vollmachten bekommen, für die Rente und für das Konto. Die Verwandten kümmern sich nicht mehr um mich, nur Frau Barbara.«

Ich frage vorsichtig nach der neuen PDS-Stadträtin Barbara Brenner. Fast emotionslos sagt sie, dass sie es nicht verstehen könne, schließlich sei Frau Barbara katholisch und stamme aus einer Arztfamilie. »Und trotzdem eine Rote. Wissen Sie, ich brauche Frau Barbara, ich kann es mir nicht vorstellen, dass sie eines Abends nicht mehr kommt und fragt, wie es mir geht. Früher haben wir uns immer umarmt. Jeden Abend. Aber seit der Sache mit der PDS kann ich sie nicht mehr umarmen. Ich warte auf sie, aber ich kann sie nicht mehr umarmen. Es ist ein Berg zwischen uns. Seitdem. Aber immer warte ich auf sie. Und immer kommt sie.«

Anschaffen im Osten

An der Rückscheibe des weißen Cabriolets von Heidi F. steht: »Ich gehe nicht fremd. Alle kommen zu mir.« Ihr gepachtetes großes Haus – vorn weiße Villa mit Garten und bunten Zwergen, hinten fränkischer Bauernhof mit Stall und Scheune – steht außerhalb des thüringischen Dorfes S. zwischen den Glücksbrunner Spatgruben, die nach der Vereinigung stillgelegt wurden. Die stabilen hölzernen Fensterläden zur Straßenseite sind Tag und Nacht verschlossen.

Ich habe für meinen Besuch Kuchen gekauft. Kaffeetrinken ist unverfänglich, denke ich. Im sonnigen Hof räkelt sich eine junge, nur mit BH und Stringtanga bekleidete Frau auf einer Liege. Colabüchse und Handy neben sich. Heidi, die Chefin, käme in wenigen Minuten zurück, sagt sie. Aber wenn ich mit ihr ... Sie bringt den Kuchen ins Haus. Zieht Netzstrümpfe über den Slip. Später, als wir erstaunt feststellen, dass wir in nur fünf Kilometer voneinander entfernten Dörfern wohnen, erzählt mir Ramona von ihrem Job, ohne dass ich sie fragen muss. Sie ist 19 Jahre alt. Ein Kind. Unverheiratet. Ausgelernte Bankkauffrau. Zur Zeit Erziehungsurlaub. Den zweijährigen Marco betreut die Oma. »Wenn er im Kindergartenalter ist, höre ich hier auf, arbeite wieder bei der Bank.« Bis dahin müsste sie allerdings anschaffen gehen, denn von »dem miesen Ostgehalt kann ich dem Kind und mir keine anständige Existenz aufbauen«. Am Anfang sei es ihr leichtgefallen, mit Fremden zu schlafen. »Da blieb ich cool, aber inzwischen habe ich öfters mei-

nen Moralischen, einmal musste ich mittendrin heulen.«
Im Dorf und in der Bank wüsste keiner, womit sie sich
ihre Möbel verdient. »Sonst würde ich zu Hause Spieß-
ruten laufen.«

»Und wenn einer der Herren aus der Bank als Kunde
reinkommt?«

»Falls er verheiratet ist, und das sind die meisten
Kunden, wird er die Klappe halten.«

»Und wenn nicht?«

»Tja, dann ist es eben aus mit der Bankfrau, und ich
mache hier weiter.« Ein wuschliger kleiner Terrier kläfft,
beißt und zerrt an ihren Pantoffeln. »Er gehört der Chefin, soll mal ein Kampfhund werden.« Der wäre nötig.
Nachts ständen manchmal Besoffene im Hof und gröl-
ten: »Kommt raus, ihr Nutten.«

Ihre Kunden? Geschäftsleute. Beamte. Sich langwei-
lende, besser verdienende Arbeitslose auch. Viele Westler,
weil es im Osten noch billiger sei. Ich frage nach Potenz-
unterschieden zwischen den Ost- und Westmännern.
»Habe ich noch keine bemerkt. Doch die Ossis sind zuvor schüchtern, aber danach reden sie über berufliche
und persönliche Probleme, als ob man sich schon jahrelang kennt. Die Wessis dagegen geben sich vorher selbstbewusst und weltmännisch, und hinterher knöpfen sie
den Hemdkragen zu oder binden die Krawatte, und alles
ist wieder verschlossen.« Außerdem wollten die nicht,
wie die Hiesigen, bloß mal bumsen. Die meisten wären
schon überreizt, für die müsste man sich immer was
Neues einfallen lassen, mal im Whirlpool, mal an der
Sprossenwand …

Heidi F. begrüßt überschwänglich ihren Hund, dann

zeigt sie mir das Haus. Liebesschaukel, Sauna, Spiel-
wiese, ringsum Spiegel, spanische Wände, Videogeräte in
den sauberen kleinen Schlafzimmern. Und unten ein mit
Stuck verzierter großer herrschaftlicher Salon. »Doch in
der Küche lässt es sich besser reden«, sagt Heidi. Sie
ist 51, trägt Jeans, wenig großkalibrigen Schmuck, hat
lustige braune Augen und Übergewicht. »Seit ich im Osten bin, habe ich mir 20 Kilo Sorgenspeck angefressen.«

In der Küche steht schmutziges Geschirr. Ein »Kü-
chendienstplan« hängt zwar an der Wand, aber an den
hätten sich die Mädchen nicht gehalten. »Wissen Sie, die
Ostmädchen, die kennen anscheinend weder Strom- noch
Wasserpreise, von wegen mal sparen …«

Ramona, frisch geduscht, kocht unaufgefordert Kaffee, holt den Kuchen aus dem Kühlschrank und setzt
sich zu uns an den Küchentisch. »Wie in einer Familie«,
sage ich. Im Moment wäre es wirklich so, bestätigt Heidi.
Der Hund, ihr Freund, sie und Ramona. Mehr nicht.
Noch vor einem Jahr hätten vier Mädchen hier gewohnt.

»Läuft das Geschäft nicht mehr?«

»Das Geschäft läuft, aber es fehlt an deutschen Mädchen. Ausländerinnen nehme ich hier keine …« Und nach
einer Besinnungspause: »Ich hatte mir das Anschaffen im
Osten leichter vorgestellt.«

Heidi F. ist kein heuriger Hase in der Branche. Vor
knapp 30 Jahren wechselte sie vom gutbürgerlichen Leben zur Prostitution. Damals arbeitete ihr Vater noch auf
der Hardthöhe in Bonn. Sie hatte Modistin gelernt, eine
Tochter bekommen, eine Karriere vor sich. »Aber ich
wollte allein und ganz anders … In Frankfurt war ich
damals eine von den wenigen Nutten, die ohne Zuhälter

anschafften, habe ordentlich verdient, bis ich was Eigenes aufmachen konnte. Club und Sauna. Bevor ich, entgegen den Warnungen aller Freunde, 1992 doch in den Osten gegangen bin, hatte ich in Hannover ein Haus mit 10 Zimmern und 8 Mädchen.

Zuerst wollte ich es in Dessau, einer ostdeutschen Garnisonsstadt, versuchen, aber dort waren früher russische Soldaten stationiert, und nach deren Abzug kam die russische Mafia. Später fand ich hier, mitten in der unschuldigen Natur, diese Traumvilla. Der vorherige Pächter hatte im Haus einen sogenannten »Club« aufgemacht – Bordelle sind in Thüringer Städten unter 50.000 Einwohnern verboten. Allerdings einen von der schlimmen Sorte, ausländische Mädchen und kriminelle Kunden. Und als sich die biederen Dorfbewohner über die Randale empörten, ließ er einen fast vier Meter hohen Bretterzaun drum herum aufstellen. Da griff die Baubehörde ein. Mich dagegen grüßen die Leute im Dorf heute freundlich ›Guten Tag, Frau Heidi‹. Aber glücklich bin ich nicht im Osten. Zum Beispiel sind die Lebensmittel zwar teurer als im Westen, aber keine Qualität. Gehacktes immer nur mit Knoblauch. ›Die Leute in Thüringen wollen das so‹, sagt der Metzger. Und beim Bäcker sind die Amerikaner eben nicht locker und gelb wie im Westen. Und ringsum außer Natur tote Hose. Da kriegste kein Mädchen aus dem Westen, das hier arbeitet.«

»Und Nachwuchs aus dem Osten?«

»Ich sag's mal brutal: Die Ostmädchen bumsen lieber für 'ne Cola und 'nen Wodka auf der Disco, nur so aus Spaß, als dass sie sich hier für ordentliche Arbeit ordentliches Geld verdienen.«

Ich habe den Fehler gemacht, wegen der Hitze meine Socken auszuziehen. Der Kampfhund zerrt sie nun umher. Ramona verschwindet mit einem Stück Kuchen in der Hand zu einem Kunden.

Schwierigkeiten gäbe es auch mit manchen Behörden im Osten. »Die arbeiten bei unsereinem noch besonders genau, befolgen ängstlich jeden Buchstaben. Im Westen entscheiden die Beamten souveräner, die wissen, wo sie ein Auge zudrücken und Spielraum lassen können.«

Zuerst wollte sie im Salon des Hauses einen Singleclub eröffnen, da verlangte die Behörde einen Drei-Kammer-Abwasserkanal. Sie beantragte ihn, erhielt aber in zwei Jahren weder eine Absage noch eine Zustimmung. Auch für ein Spielcasino keine Genehmigung. »Doch danach fragen die Verpächter nicht, die wollen monatlich ihre Knete. Jetzt beantrage ich eine Geschäftserlaubnis für einen Erotik-Shop.«

Unterbrechung durch ein langes Telefongespräch mit einem alten Bekannten. Sie fragt, ob er sich nicht beteiligen wolle, sie hätte die Chance, in einer Thüringer Großstadt ein Haus zu mieten und ein Dirnenhaus einzurichten. 150.000 DM brauche sie noch. Er macht ihr Hoffnungen.

Vorerst, erklärt mir die Chefin kategorisch, mache sie nur noch gemeinsame Geschäfte mit Leuten aus den alten Bundesländern. »Ich hatte einen jungen sympathischen Fuhrunternehmer aus Meiningen kennengelernt, der war Stammkunde im Haus, und der bat mich, ihm für kurze Zeit finanziell zu helfen. Ich habe ihm also ein Büro einrichten lassen, einen Kredit gegeben … Und kurze Zeit danach verschwindet der immer so treu

guckende, hilfsbedürftige, dynamische ostdeutsche Jungunternehmer spurlos mit meinem letzten Westmädchen.
Dafür stehen seine Kraftfahrer vor der Tür und verlangen
von mir ihren seit Monaten ausstehenden Lohn ... Ohne
Rechtsanwalt kannste hier keinen Schritt auf die Straße
gehen.«

Aber entmutigt ist Heidi F. nach drei Jahren Anschaffen im Osten noch nicht. Sie nennt es lächelnd: »An-
fangsschwierigkeit eines bislang in dieser Gegend unbekannten Gewerbes. Wenn ich das große Dirnenhaus
einrichten kann, werde ich auch die kleine Villa nicht
aufgeben müssen. Hier, wo die Leute im Dorf freundlich
›Frau Heidi‹ zu mir sagen.«

Ramona kommt frisch geduscht zurück. Spült unaufgefordert das Geschirr. Irgendwann krieche ich mit ihr
unter den Betten herum und suche meine Socken.

Nebenan »Zum letzten Heller«

In der größten Mittagshitze des zwölften Julitages steige ich aus dem Schatten der sich kreuz und quer aneinanderlehnenden Fachwerkhäuschen des schmalen Steinbachgrundes hinauf zum sonnenüberfluteten Berg, auf dem die große Kirche des 1.500-Seelen-Dorfes steht. Von oben ist deutlich zu sehen, dass sich genau wie die Häusermauern auch die roten Ziegeldächer berühren, einander überlappen, und manchmal beschirmt ein Dach einträchtig zwei Häuser. Die Kirche steht allein. Sie ist eingerüstet, ein Schutznetz hängt vor den Wänden. Drei Männer in Arbeitszeug suchen im Vorraum der Kirche nach Kühle, ich suche den Pfarrer. In der Kirche finde ich ihn nicht und stakse die Treppen wieder hinunter zum Pfarrhaus. Eine Frau steht unten und ruft: »Sind die Männer noch oben an der Kirche?«

Ich schreie: »Ja.«

Und sie ruft: »Bei dieser Hitze, das ist unmöglich … Mittagspause!«

Und ich schreie hinunter: »Können Sie mir sagen, wo ich den Herrn Pfarrer finde?«

Und sie ruft herauf: »Ich bin die Pfarrerin von Steinbach.«

An ihrer Haustür entschuldige ich mich, dass ich unangemeldet komme, und bitte um eine Stunde für Fragen, vielleicht gleich jetzt …

»Nein«, sagt sie, »mein Mann kommt jetzt zum Mittagessen von der Arbeit.« Sie stutzt, dann entschuldigend: »Es ist fast schon eine Sünde, mit der schönsten Selbstverständlichkeit zu sagen: ›Er kommt von der Arbeit …‹ Von 800 Steinbachern, die vor 20 Monaten noch eine Stelle hatten, arbeiten heute noch rund 50. Und eigentlich wäre auch er ohne Arbeit, aber er bekam eine Arbeitsbeschaffungsmaßnahme: mit den anderen Männern den Friedhof verschönern, die Kirche renovieren …«

Ich frage, ob wir am Sonntag nach dem Gottesdienst miteinander sprechen können. Sie schüttelt den Kopf. »Nach dem Gottesdienst muss ich in die Küche, der Sonntagsbraten für die Familie, das ist Tradition in Thüringen.«

Wir einigen uns auf heute Nachmittag, aber zum sonntäglichen Gottesdienst sei ich natürlich herzlich eingeladen.

Mit ihrem Mann, der die Gesangsbücher verteilt und das Läutwerk bedient, sind wir genau 13, die am Sonntag in der Kirche sitzen.

Die Pastorin liest die Geschichte, die gleich fünfmal in den Evangelien steht: Jesus speist mit fünf Broten und zwei Fischen 5.000 Hungrige, und als alle satt sind, lässt er die Reste in 12 Körbe sammeln. Nach der Predigt (»er gab dem nach einem neuen Weg suchenden Volk nicht nur Speise für den Körper, nicht nur Wohlstand, er sorgte sich auch um dessen Geist«) zelebriert die Pastorin das Abendmahl. Brot vom Leibe Christi und Wein vom Blute Christi. Und dann: »Lasst uns nun gemeinsam beten …« Erfleht wird die Hilfe für die Kranken und Bedrängten. Mir läuft es kalt den Rücken herunter, als die Pastorin laut und innig betet: »Herr, wir bitten dich, erbarme dich, erbarme dich unserer Arbeitslosen in Steinbach … erbarme dich …«

Aber das war erst am Sonntag. Am Donnerstag hatte ich, aus Bad Liebenstein kommend, die in einer Kurve versteckte Abfahrt von der Hauptstraße hinunter in das Tal von Steinbach wie so oft fast übersehen. Hatte gehalten, weil an diesem Abzweig vier Männer, drei ältere und ein Jugendlicher, den Rasen von einer großen dreieckigen Fläche absteckten und Feldsteine in der Mitte auftürmten.

Das werde das Eingangssymbol von Steinbach: ein Wegweiser und eine Karte mit Wanderlegende und im Original die schon Jahrhunderte währende Tradition des Ortes, »eine Bergwerkslore zur Erinnerung« ... Und der Junge flucht: »Haben jahrelang gebuddelt, um bis zur neuen Spatader vorzutreiben, und nun, wo sie endlich dort sind, fluten sie das ganze Bergwerk. Schluss! Aus!« Sven Krug hatte schon anderthalb Jahre im Bergwerk gelernt, so wie das die Steinbacher seit Jahrhunderten getan haben. »Nun werde ich weggehen, drüben wieder von vorn anfangen.« »Drüben« ist für ihn Gießen, 100 Kilometer entfernt. Außer der Lore soll noch das Modell einer alten Steinbacher Messerschleifkote aufgestellt werden.

»Auch zur Erinnerung?«

»Musst du den Keller Gerhard fragen, seine Frau ist die Betriebsratsvorsitzende in der Messerfabrik.«

Der winkt ab. »500 Leute waren im Betrieb, jetzt sind es noch 10.« Er selbst hätte dort als Kraftfahrer gearbeitet. Die anderen zwei sind um die 50 Jahre alt.

Dieter Prietzel hatte im Nachbarort Schweina in der Plastefabrik eine Stelle. Als der Betrieb dichtmachte, war er lange »drüben« auf Arbeitssuche. »Entweder ich war ihnen zu alt oder nicht mobil genug, nicht mal als Lagerarbeiter …«

Leo Hacker, von Beruf Schlosser, arbeitete viele Jahre in einer Zweigstelle des Blinden- und Versehrtenhandwerks, in der die Blinden und Versehrten Wäscheklammern zusammensetzten. »Vor einigen Monaten wurde investiert, der Stammbetrieb kaufte eine Maschine, die in einer Schicht so viele Klammern herstellt wie alle Behinderten in einer Woche … seitdem ist alles zu Ende. Für die Versehrten und für mich.«

Die zwei sind über ABM angestellt. Vorerst bis der Schnee fällt, und dann vielleicht wieder, wenn der Schnee taut.

»Die Zukunftslosen bauen für die Zukunft«, sagt der Schlosser.

Und der Mann aus der Plastefabrik guckt hinauf zum Himmel: »Wir können nur hoffen, dass der Winter spät und der Frühling bald kommt.«

Ich fahre hinunter ins Tal, vorbei an der großen neuen Halle der Messerfabrik, und halte vor dem alten Betriebsteil mit den baufälligen verwinkelten Häusern. Hier sitzt noch eine Pförtnerin. Sie sagt, dass niemand von der Betriebsleitung im Haus sei, aber die Betriebsratsvorsitzende der IG Metall, die Doris Keller, könnte sie holen.

Ich studiere inzwischen die Schaukästen am Tor. »Im Dorf, da die Schmiede wohnen«, wie es 1330 schon in einem Steinbacher Kaufbrief hieß, bietet man nun »Qualität zu knallhart kalkulierten Preisen. Sonderverkauf. Haushaltsmesserset für insgesamt 3,33 DM«. Wahrscheinlich sind das nicht einmal die Materialkosten, denke ich. Nebenan steht eine schon lange geschlossene Gaststätte.

Ihr Name ist noch mühelos zu entziffern: »Zum letzten Heller«.

Die Pförtnerin findet die Kollegin Keller nicht, ich schaue mich im Betrieb um. Liebevoll hat jemand eine Wandzeitung gestaltet. Überschrift: »Phantasie gefragt«. Ausgeschnittene Bilder von schönen Frauen in noch schöneren Pullovern: »An Ideen und Phantasie mangelt es in der Maschenmode nicht …« Es ist gespenstisch still, keine Maschine rattert, kein einziger Mensch auf den Gängen oder in den Hallen … Morgen würde der neue Geschäftsführer kurz vorbeischauen. Er sei bei der Treuhand beschäftigt, sagt die Pförtnerin, und nun für die Abwicklung der Messerfabrik verantwortlich, nachdem der ehemalige Chef, »dieser Herr F.«, vorgestern abgesetzt wurde. »Von Montag bis Mittwoch hatten die Kollegen den Betrieb besetzt – so lange, bis der Alte zurücktrat.«

Bevor ich gehe, frage ich sie nach Arbeitslosen, mit denen ich über ihre Situation reden könnte.

Da brauche sie keine Namen zu nennen, ich müsste nur an irgendeine Tür klopfen. Aber ich solle vorsichtig sein, die Leute wären aggressiv.

Wahrscheinlich hat mich dann der Brunnen angelockt. Sein Wasser plätschert aus Stein und fällt auf Stein. Inschrift: »Zum Glöck hun mei noch onsen Zilleboin«. Über dem Zilleborn, »An der Burg«, sind die Häuschen so übereinandergebaut, als hätten Kinder einen Turm aus Bausteinen gestapelt, der jeden Moment zusammenfallen könnte. Vor einer der Haustüren auf einer tischgroßen »Veranda« sitzt ein Mann mit gelichtetem Haar unter einem Sonnenschirm. Ich grüße, frage nach der Messerbude, dann nach seinem Alter.

53 sei er, sagt der Mann, stellt sich dann vor. Heinz Duhlich. Und wir kommen ins Reden. »Wie gesagt, 53, davon fast 40 Jahre in der Messerfabrik. In diesem Mai sagte der Abteilungsleiter: ›Geht nach Hause, Leute, wir haben keinen Absatz mehr für unsere Messer, beruhigt euch, es ist nur vorübergehend.‹ Aber nun ist aus dem Vorübergehend ein Endgültig für mich geworden. Nicht, dass unsere Messer schlechter waren, aber der Markt war plötzlich von der Konkurrenz aus Solingen besetzt. Und wenn der Markt erst mal weg ist, wir waren ja unvorbereitet und der alte Betriebsleiter hat noch mitgemacht, sich mit der Vertriebsfirma Zimax GmbH Bochum verbunden, so lange, bis die sogar Solinger Messer in unserer Betriebsverkaufsstelle vertrieben haben. Und dann hat er auf eine Firma gewartet, die uns, das heißt vor allem ihn, übernimmt, damit er weiter das Sagen hat, denn die alten Reichen wollen reich bleiben ... Mit 53, da gehen Sie mal auf Arbeitssuche. Wo denn – drum herum stirbt alles, die ganze Ecke hier, Tausende Kalikumpel, die Immelborner Hartmetallwerker, die Liebensteiner Wälzkörperleute ... Ich habe nicht mal ein Auto, um am Rhein oder in der Pfalz wegen Arbeit umherzukutschen. Die Frau ist krank, grauer Star, und ich kriege man gerade 800 Märker, das Häuschen ist über 100 Jahre alt, es müsste dringend repariert werden ... Wir hatten Angst, jeder im Betrieb hatte Angst, dass es ihn erwischt, und plötzlich war einer des anderen Teufel ... Ich bin ein Leben lang um 5 Uhr aufgestanden, pünktlich um 6 Uhr war ich in der Messerbude. Auch heute noch bin ich um 5 munter, dann gehe ich zum Friedhof, gieße die Gräber. Komme zurück und frühstücke mit meiner Frau, und dann laufe ich um-

her und horche und horche, als ob einer kommen könnte, der sagt: Duhlich, sie brauchen dich wieder …«

Die Briefträgerin müht sich den Berg herauf, flucht, dass sie bald alles unten auskippen würde, die verdammte Schlepperei. Briefe? Nein, man schreibe weniger, seit das Porto so teuer wäre, aber dieses Zeug: »Millionengewinn durch …« – »Fahrt ins wunderschöne Frankenland mit Verkaufsausstellung …« – »Kommen Sie billig nach Spanien …«

Duhlich schmeißt alles achtlos auf den Stuhl. Seine Frau Gisela, sie hat sich inzwischen auf die Schwelle gesetzt, will erst nicht mit der Sprache heraus, dann sagt sie leise: »Wir müssen mit jedem Pfennig rechnen. Seit er raus ist aus dem Betrieb, hatten wir an keinem Sonntag Rouladen … Ich mache oft Fischstäbchen, die sind billig … Aber verwöhnt waren wir nie. Unsere Eltern sind aus Schlesien gekommen. Ausgebombt. Die hatten nichts mehr.«

Er widerspricht: »Doch, eines hatten sie – sie hatten genug Arbeit!«

Ich zeige hinunter zum Brunnen. »Zum Glück haben wir noch unsern Zilleborn.«

Der 53-Jährige lächelt. »Wenn die Wasseruhren im Haus drin sind, werden wir dort unser Wasser holen.«

Als ich aus dem Schatten des Sonnenschirms aufstehe, sagt die Frau, so als müsse sie sich entschuldigen: »Den haben wir jetzt erst gekauft, wegen der Hitze. Er war ein Billigangebot, 25 Mark.«

Ich trinke vom Zilleborn. Das Wasser ist kalt und kristallklar.

Schon am Vormittag spazieren in Steinbach Männer

mit auf Hochglanz polierten Schuhen durch den Ort. Sie tragen Einkaufsbeutel ... Einen Mann in Arbeitshosen und ohne Einkaufsbeutel, er ist wohl schon im Rentenalter, frage ich, ob er in die Kneipe geht. Nein, aber wenn ich mich für Steinbach interessiere, solle ich mitkommen. Er führt mich in eine kleine Metallwerkstatt. Schleif- und Poliermaschinen, Rohlinge für Messerklingen, Schraubstöcke ... Und an einem steht ein Mann und schabt den Holzgriff eines Messers. Silbereinlage, gekrümmte Klinge. Brotzeitmesser. Ein Auftrag aus Bayern. Preis eines Messers von 500 bis 1.000 DM. Der Mann am Schraubstock, Dieter Eckardt, hat sich, als die Messerfabrik die Leute entließ, den schon 66-jährigen Werner Weißenborn geholt und macht mit ihm nun Brotzeitmesser und Jagdmesser (»die Griffe den Händen der Kunden angepasst«).

»Weshalb macht das ein Rentner, viele junge Messermacher sind arbeitslos?«

»Weil ich für diese Messerschmiedekunst die Erfah- · rung der Alten brauche – sie entlassen die Alten und machen unsere Tradition kaputt.« Er hofft, dass der Zwei-Mann-Betrieb überlebt. »Für größere ist die Konkurrenz zu übermächtig ... Eine Chance hätten wir nur noch, wenn die Chinesen und Japaner endlich die Stäbchen weglegen.« Aber er will kämpfen. »Noch vor 100 Jahren haben die Steinbacher Frauen aus den Schienbeinknochen zuerst eine Suppe gekocht und sie dann zu Messerschalen geschnitzt. Zäh waren sie schon immer, die Steimischer (Steinbacher) ...«

Und so wie die Pastorin mir nun erzählt, waren sie nicht nur zäh, sondern auch rebellisch. Jahrhundertelang

hatten sie gegen alle Herren, um ihre Freiheit, die Stabs-
gerechtigkeit, den Schultheiß selber wählen zu können,
gekämpft. Und als der Pfarrer sie dabei zur Mäßigung
aufrief, verließen sie den Gottesdienst. Ihr Landesvater,
der Herzog von Sachsen-Meiningen, soll bei einer Wan-
derung den Ausruf: »Oh, welch liebliches Dorf in welch
lieblichem Tal«, folgendermaßen kommentiert haben:
»Und wissen Sie, wer in diesem lieblichen Tal wohnt:
Messerstecher, Wilddiebe und … Sozialdemokraten.«

Steinbach eine stolze Arbeiterhochburg. »Die Leute
hier kennen nichts anderes als Arbeit, meist schwere
Handarbeit. Ihnen fällt nun die Decke auf den Kopf«,
sagt die Pastorin. »Mein Mann, als er arbeitslos zu Hause
war, geknurrt hat er … und alle Zimmer gemalert. Man
darf sein Selbstbewusstsein nicht verlieren. Kurz nach
der Wende sagte mir ein alter einheimischer Unternehmer: ›Jetzt werden die Steimischer Arbeiter endlich wieder Untergebenheit lernen müssen!‹«

Vom Pfarrhaus fahre ich hinunter zur neuen großen
Halle der Messerfabrik. Dort sollen die letzten 10 von
500 arbeiten.

Es ist wirklich so. Sie stehen um einen Tisch und be-
gutachten die von ihnen polierten Messerkropfklingen.
Das hätten sie hier noch nie mit solchen Maschinen probiert, aber es wäre ihre letzte Chance. Sie würden auch
billiger polieren als drüben, weniger Lohnkosten … Sie
würden sogar Messer anmalen, wenn man es wünsche …
Ich solle um Gottes willen kein Wort schreiben, das den
neuen Unternehmer verärgern könne …

»Wir sind ihm dankbar, wenn das mit den Messerkropfklingen misslingt, ist alles aus.«

Der Leiter der 10, zumindestens halte ich ihn dafür, weil er Ingenieur ist und blau bekittelt, zeigt mir die verwaiste neue Halle. 120 mal 24 Meter. In den Regalen liegen noch rund eine halbe Million vorgefertigte Messerklingen. Früher eine Monatsproduktion von 2 bis 3 Millionen Mark, heute ist man über 30.000 DM froh.

»Manchmal geht mir das Lied ›Zehn kleine Negerlein …‹ nicht aus dem Kopf … Nein, wir 10 sind keine Schleimer und Kriecher. Wir hatten nur Glück … Als alles schon zu spät war, der Betrieb völlig darnieder, hatte der alte Chef, Herr F., den neuen Unternehmer von drüben gefunden. Und der versprach, den Betrieb und 10 Mann, 10 Mann!, zu übernehmen. 10 Mann – und alle hier dachten nur eins: Das werden F. und 9 seiner Getreuen sein. 490 geopfert und nun selbst überleben … Da erwachte noch einmal der Kampfgeist – wir besetzten den Betrieb, bis der F. entlassen wurde.«

»Und wer bestimmte die 10 glücklichen kleinen Negerlein?«

»Der Betriebsrat.«

Doris Keller, die Vorsitzende, treffe ich vor ihrem niedrigen, verschachtelten Häuschen. Sie diskutiert mit einem jungen Mann, der früher Messerschmied war und nun nach drüben geht, um als Hilfsarbeiter Gipskartonplatten anzunageln. Sie versucht nicht, ihn zu halten.

»Auch wenn wir Arbeiter den Betrieb drei Monate besetzen würden, Arbeitsplätze könnten wir dadurch keine erzwingen.« Sie kämpft um Abfindungen und Sozialpläne. Denn nach seinem Rausschmiss hat der alte Chef zwar nicht den geleasten Betriebs-Mercedes vergessen, aber die Unterschrift für den Sozialplan.

Früher war Doris Keller Stanzerin, die 46-Jährige hat heute wegen ihrer Funktion Kündigungsschutz, aber 10 Leute brauchen keinen Betriebsrat. »Mein Arbeitslosengeld und das meines Mannes wird wohl nicht die Hälfte dessen sein, was der F. einsteckt ...« Und völlig unvermittelt sagt sie: »Ich kaufe jetzt wieder den billigen DDR-Senf in den Plastebechern, was soll ich auch jede Woche mit einem neuen leeren Glashenkeltöpfchen? Den Senf gibt's noch, die alten DDR-Strumpfhosen, die die Frauen hier verlangen, schon nicht mehr ... Und unsere guten, billigen, aber schlecht verpackten Küchenmesser ... Wir haben die Neugierde teuer bezahlen müssen.«

Im Nachbarhaus von Doris Keller wohnt Herbert Kurzke, einer der Klammermacher aus der Blinden- und Versehrtenwerkstatt. Ich klingele. Der Mann öffnet die Tür nur einen Spaltbreit. Erst nach vielen Erklärungen lässt er mich herein. Verstört setzt er sich in der Küche an den Tisch. Hier hätte er 16 Jahre lang Woche für Woche gesessen und mit einem kleinen Maschinchen die Klammern gebastelt ... »Man war im Leben noch zu was nutze.« Zuvor hatte er im Steinbruch gearbeitet und beim Straßenbau. Dort sei es 1973 so schlimm geworden mit den Augen, dass er froh war, hier zu Hause ... »Vor genau 16 Monaten hat man uns nun gesagt: Wir brauchen eure Klammern nicht mehr! Und am 27. Juli werden es genau 11 Monate, dass meine Frau nun gestorben ist ...«

Ich verabschiede mich und brauche einen Schnaps. In der Kneipe »Zum Löwen« sitzen nur 5 Männer am sonntäglichen Stammtisch, 8 weniger als in der Kirche ... Ich notiere mir ihre Gespräche.

»Die Jungen gehen alle weg, Steinbach kriegt im nächsten Jahr nicht mal mehr eine Fußballmannschaft zusammen …« – »Die Ehen halten das nicht aus, der Mann nur am Wochenende zu Hause …« – »Wir werden die Armedei von Deutschland …«

Ich frage, ob ich mich zu ihnen setzen darf. Sie nicken und sind froh, als ich sage, weshalb.

»Wir dachten schon, Sie kämen vom neuen Thüringer Verfassungsschutz …«

Die 5 am Tisch: Rudi Haupt, 47, Elektroingenieur, er war 7 Monate ohne Arbeit. »Aber in die Kneipe bin ich trotzdem – zu Hause wird man nur aggressiv.« Nun hat er einen neuen Job gefunden, er wird zusammen mit einem finanzkräftigen Partner Kabelbäume herstellen.

Hans Jürgen Füller, 42, Polier: »Ich habe es aufgegeben, eher findest du einen Fünfer im Lotto als eine neue Arbeit.«

Die anderen zwei, der »Ammrich« (seine Mutter war die Steinbacher Amme) und Michael Heinz aus dem Wälzkörperwerk, sind »Gott sei Dank schon Rentner«.

Der Jüngste ist Klaus Mihm. 1971 wurde er aus seinem Heimatort Geismar im Grenzgebiet ausgewiesen. Er hat hier kurz mal in der Messerfabrik und anderswo gearbeitet. Dann wurde er »Lebenskünstler«. Wenn er kein Geld mehr hatte, reparierte er den Leuten die Fernseher. Krank war er nie. Zum Leben hätte es gereicht. Nur heute, die neuen Westfernseher, da wisse er nicht einmal, wie sie aufgeschraubt würden. Aber er sähe Chancen für sich, schließlich hätte er von allen Steinbachern die meisten Erfahrungen, wie man ohne Arbeit überlebt, die müsse er nun nutzen. Und vielleicht werde er vom Wirt Freibier dafür bekommen …

Früher hatte der »Löwe« bis kurz vor Mitternacht auf, für die Schichtarbeiter, denn fast alle in Steinbach arbeiteten im Drei-Schicht-System. »Früh kurz vor 6 konnte man vor Bussen und Autos kaum über die Straße. Jetzt ist es um die Zeit so still, als wäre hier jeden Tag Sonntag … Und statt 800 Liter Bier trinken die Leute bei mir nur noch knapp 100 Liter in der Woche …«, sagt der Wirt.

Das alles sei erst der Anfang, philosophieren die 5 am Stammtisch. Jetzt gäbe es Arbeitslosengeld, zu Hause wäre noch was zu tun, überhaupt hoffe man, nicht im Stich gelassen zu werden. »Aber wer denkt darüber nach, was in drei, vier Jahren sein wird. Kaum einer der Großbetriebe im Umkreis von 50 bis 80 Kilometer wird überleben, wohin also mit den Arbeitssuchenden, den Tausenden 40- bis 50-Jährigen …?«

Auch die Pastorin hat in der Predigt über die Zukunft gesprochen: »Jesus ließ die 5.000 schon in Gruppen lagern, ohne zu wissen, wie er sie satt machen würde. Er machte die Tischordnung, er machte den Plan für die Menschen, ohne dass er vorher wusste, wer die Kosten übernimmt …« Und so sorgt sich die Pastorin um ein altes Haus, in dem sie einen Treffpunkt und eine Betätigung für die arbeitslosen Frauen schaffen will, schreibt Wandergruppen an, damit sie in Steinbach übernachten, macht einen Plan, an welche Kirchen der Umgebung sie die ABM-Männer im Winter ausborgen kann …

Und auch Doris Keller hat über die Zukunft der Messermacher gesprochen. Ich könnte sie mir heute schon anschauen, denn 20 Beschäftigte im Zweigbetrieb Wiesenthal wären den anderen mehr als um ein Jahr voraus, sie seien schon im Frühjahr 1990 gekündigt worden.

In Wiesenthal gehe ich ins Gasthaus »Schmalz«, um nach den 20 zu fragen. Der Wirt zeigt auf einen hageren zigarrerauchenden Mann. »Dem Walter Irrgang seine Frau ist dabei.« Der bringt mich ein Stück, erzählt, dass er 50 Prozent schwerbeschädigt sei, eine Bohle hätte ihm im Sägewerk die Brust durchbohrt ... »Alles kaputt – Milz, Leber, Lunge und Rippen ...« Danach hätte er noch einige Jahre im Sägewerk gearbeitet, schließlich Kündigung ... Nein, er wolle nicht jammern, er hätte eine ABM-Stelle bei der Kommune, für die Frauen wäre es schlimmer.

Die Frau, Erika Irrgang, ist 49. Sie sitzt mit ihrer gleichaltrigen Freundin in der Küche. Ich frage nach den 20 Entlassenen. »Die 18 Frauen sind noch ohne Arbeit, ein Mann hat eine ABM-Stelle, und einer ist fort auf Montage.«

Sie holt mir die Kündigung, ein abgezogener unpersönlicher Wisch.

»22.6.90. Entsprechend dem AGB kündige ich ... zum 5.7.90. Wir bitten Sie im Interesse des Fortbestehens des Betriebes um Verständnis für diese Maßnahme ... F. Betriebsdirektor.«

Sie hätte 13 Jahre mit der Hand Messer entgratet. 1.000 Stück für 12,50 Mark ... Aber das alles sei nichts gegen das Schicksal ihres Mannes.

»Mit dem Sägewerk verheiratet war der Walter. Und dann der schreckliche Unfall. Ein halbes Jahr lang bin ich täglich an die 100 Kilometer nach Suhl ins Krankenhaus gefahren, das heißt, Freunde aus dem Dorf haben mich gefahren.«

Sie holt selbstgeschlachtete Wurst, Brot, saure Gurken und kocht Kaffee.

»Nach dem Unglück war er noch ein Jahr zu Hause, dann hat er wieder gearbeitet im Sägewerk, mit diesem schrecklichen Loch in der Brust ... Und dann am 3. 12. 90 kam der Brief vom neuen Sägewerk-Jungunternehmer, der ist gerade 29, der hat noch in die Windeln geschissen, als Walter dort schon arbeitete. ›Zum 17. 12. 90 gekündigt.‹ Es war das schrecklichste Weihnachten, er hat geheult und immer nur gesagt: ›Wär ich nur beim Unfall gestorben ...‹ Neulich riet mir jemand von drüben: ›Ihr müsst erst mal schaffe lernen!‹ Schaffe lernen? Die Brigitte hier, sechs Kinder, das Kleinste war drei, und dann den ganzen Tag in der Messerbude ... Unser Haus, Stein für Stein haben wir es gebaut ... Und das Sägewerk – es war nur eine Bretterbude, alle die festen Gebäude, die jetzt dort stehen, hat der Walter mit seinen Händen gemauert ... Schauen Sie es sich mal an, wenn Sie durchs Dorf gehen.«

Ich habe es mir angeschaut. Am Eingang hängt ein großes Wahlplakat. Ein lächelnder Vater, der sein lächelndes Kind im Arm hält. In großer Schrift »Papa, lieben alle Menschen Kinder? Kinderzukunft ... CDU«.

Ich frage Brigitte Möller nach ihren sechs Kindern. »Der Älteste im Kali ist arbeitslos. Der Zweite hat Arbeit als Maurer. Der Dritte arbeitslos in der LPG. Der Vierte lernt Landwirt, aber es ist sinnlos ... Das erste Mädchen, Facharbeiter für Transporttechnik, ist arbeitslos. Das zweite Mädchen hat noch Arbeit, aber im Kali ...«

Während wir reden, polkt die 49-jährige Erika Irr-
gang von verblühten Stiefmütterchen, die sie in einem
Pappkarton gesammelt hat, die Samenkörnchen heraus.
»Ich ziehe für das nächste Jahr Pflänzchen daraus. Die
Stiefmütterchen-Pflanzen sind so teuer geworden, und
ich brauche viele für die Gräber.«

Die Reichen von Radebeul

Im Nizza von Sachsen, der vor Dresden gelegenen Weinstadt Radebeul, sollen – so schreiben es die Zeitungen – mittlerweile 250 Millionäre in Schlösschen, Burgen und denkmalgeschützten Villen wohnen. Meine Schwierigkeiten, zwei oder drei von ihnen zu finden, beginnen schon bei der Wahl meines Radebeuler Aussteigebahnhofs. Denn die Stadt, in der 32.000 Menschen leben, besitzt nicht nur 14 Schulen, 17 Kindertagesstätten, zwei Bibliotheken, zwei Freibäder, drei Sporthallen, eine Schwimmhalle, ein Theater und 1.200 Baudenkmäler, sondern auch fünf Bahnhöfe: West, Weintraube, Ost, Naundorf und Zitzschewig. Ich entscheide mich, man kann es immer noch nicht lassen, für Radebeul Ost. Und frage die Fahrkartenverkäuferin dort sofort vorsichtig, wo ich in Radebeul einen der 250 Millionäre finde.

Sie schaut mich erst sehr von der Seite an. Dann poltert sie los, dass die nicht hier unten zwischen stillgelegten Fabriken und abbruchreifen ehemaligen Arbeiter- und Tagelöhnerhäusern leben, sondern »oben im Goldstaubviertel! Diese … diese … Soll ich Ihnen mal sagen, was ich im Monat verdiene?«

Ich will es nicht wissen. Und fahre wegen meiner Pension weiter nach Radebeul West. Der Bahnhof West ist heruntergekommener als der im Osten. Verkehrte Welt in der Stadt der Millionäre? Im Schaufenster der Allianz-Versicherung nahe dem Bahnhof wird sie mit einer Plakattafel wieder geradegerückt: »Einem Karies-Bakterium ist es egal, wie viel Sie verdienen!«

Als ich mir schräg gegenüber im Geschenkladen einen Stadtplan kaufe und wiederum nach Millionären frage, erklärt mir die freundliche Besitzerin die »Topographie des Reichtums« in Radebeul. Trennlinie sei die B 6, die Meißner Straße, die Radebeul kilometerweit teile. Oberhalb Weinberge und Parks mit ihren Schlösschen, Weingütern, herrschaftlichen Wohnsitzen und früheren Pensionärsvillen. Unterhalb Eisenbahn, Industrie, Behörden, Wohnhäuser, Geschäfte, Friedhof. Auch Villen wie die von Karl May.

»Doch die Dresdner Reichen, die Pensionäre, die hier schon in den goldenen zwanziger Jahren ihren Lebensabend genießen wollten, die wohnten oberhalb der Meißner.« Ihr Geschäft liegt unterhalb. »Aber oben, in meinem zweiten Laden, in dem ich Bücher verkaufe, läuft's Geschäft auch nicht besser. Wenn jeder dieser angeblichen Millionäre im Monat wenigstens Bücher für 50 Euro kaufen würde. Lesen die?« Ich weiß es nicht.

Vom prominentesten Bewohner der Weinberge, dem ehemaligen MP Biedenkopf und seiner Frau Ingrid, schreiben die Zeitungen, dass sie außer Karl-May-Originalbänden auch Storm und Dostojewski im Regal stehen haben. Sie wohnen im teuer renovierten Berghaus Neufriedstein. Es gehört der Unternehmerfamilie Haub (Tengelmann-Imperium), die nach der Wende in Ostdeutschland unter anderem mit ihren Supermarktketten wie Obi, Kaiser's und Plus Millionen Kunden sozusagen zum Nulltarif dazuerhalten hat. In der engen Plus-Verkaufsstelle in Radebeul-West, unterhalb der Meißner Straße gelegen, frage ich, ob der Millionärssohn Haub schon mal von seinem Berghaus persönlich hier runtergekommen sei und vielleicht für die Verkäuferinnen … Die Geschäftsführerin, die Konservengläser in Regale stapelt, stottert: »Nein … Ich darf darüber keine Auskunft geben … Anweisung der Plus-Zentrale … Dort können Sie nach dem Besitzer, wie sagten Sie, heißt er?, fragen.« Ich gehe, ohne mir Käse für das Abendbrot zu kaufen.

Auf dem Weg zur Pension oberhalb der Meißner Straße steht in einer kleinen Gasse ein weißbärtiger Mann auf einer Palette mit Pflastersteinen. Er sieht aus wie der berühmte Dresdner Kammersänger, der zu DDR-Zeiten (oder erst zur Wende?) für süße Showkoladen geworben hat und nun auf großflächigen Plakaten für den 20-Zylinder-Bierkasten wirbt. Er reckt die Arme triumphierend in die Höhe. Eine Frau steht davor und knipst ihn. Ich frage, ob ich beide zusammen auf dem Steinhaufen … Die Frau lacht. »Nein, Bauherr war immer mein Mann.«

Das Einfamilienhaus haben sie schon 1983 erworben. »Nicht einmal die Erben, es waren meine Arbeitskollegen, wollten die runtergekommene wertlose Bude. Ich habe damals alles mit meinen eigenen Händen wieder instand gesetzt, sogar das Dach ohne Gerüst gedeckt.« Der 59-jährige Siegfried Schlettig ist heute EDV-Chef einer Dresdner Wohnungsbaugesellschaft. Sie ist Grundschullehrerin. »Aber wir können uns immer noch keinen Handwerker leisten, der die Pflastersteine legt.« Die Millionäre in Radebeul? Sie kennen keinen, der eine Million auf dem Konto hat. »Vielleicht sind einige der Villen so viel wert, aber weiter oben.«

Ich laufe also die Karl-Liebknecht-Straße hinauf, überquere den Rosa-Luxemburg-Platz bis zu einer REWE-Kaufhalle, die wie ein ehemaliger Konsum aussieht. Aber der junge Verkäufer an der Fleisch- und Käse-theke – »Es bediente Sie Herr Röder (jun.)« – ist sehr freundlich. Gestyltes Haar, Ohrring. Ich nehme einen italienischen »Taleggio« und erzähle dem Käseverkäufer von meinem schwierigen Unternehmen, Millionäre zu finden. Er fragt, wie lange ich Zeit habe. Drei Tage, sage ich. Nun, er könne sich vorstellen, dass der westdeutsche Chef vom ehemaligen Planeta-Druckmaschinen-Werk, der Herr Bolza-Schünemann, so einer sei. »Zwar kauft kein Millionär hier ein, aber ich kann mich umhören. Mal sehen, wer in drei Tagen mehr gefunden hat. Sie oder ich.«

Am nächsten Morgen fahre ich mit der Straßenbahn in das Planeta-Werk. Die Chance, dort mit Albrecht Bolza-Schünemann zu sprechen, ist günstig, denn er wird als Vorstandsvorsitzender der Koenig & Bauer AG auf einer Pressekonferenz die neuesten Maschinen vor-stellen, hat seine Sekretärin gesagt. Um 11 Uhr soll die Konferenz beginnen. Ich will nicht zu spät kommen, denn ich kann mir vorstellen, dass die Fragen der fünf oder sechs Kommunaljournalisten bald abgearbeitet sind.

Doch schon in der Straßenbahn passiert mir das erste Malheur. Der Fahrkartenautomat nimmt nur passendes Geld und keine, wie man mir versichert hatte, Scheine. Ich suche zwei Stationen lang in allen Taschen nach Münzen. Die Leute schauen mich prüfend an. Es ist sehr peinlich. Ich frage, ob einer wechseln kann. Keiner kann. Aber alle beobachten, was ich mache. Aussteigen? Schwarzfahren? Mir läuft der Schweiß herunter, als ich nach 9 Minuten Ewigkeit endlich aussteige. Eine alte Frau sagt laut: »Na, wieder 1,60 gespart?«

Die Pressekonferenz findet nicht intim im kleinen Kreis in einem kleinen Zimmer statt, sondern in einer großen Druckereihalle. Vor einer wohl mehr als 20 Meter langen Druckmaschine, die einer Lok mit vier angehängten Wagen ähnelt, ist eine große Tribüne aufgebaut. Und auf der Tribüne sitzen über 100 Journalisten! Ohrstecker für Simultanübersetzungen werden verteilt. Vorn auf dem Podium »mein« Gesprächspartner. Er begrüßt »die Weltpresse, die Fachjournalisten für Druckmaschinen aus Europa und Amerika«. Danach die computergestützte Präsentation der größten, schnellsten, effektivsten und großformatigsten Plakatdruckmaschine, die je in der Welt hergestellt worden ist. Eine Maschine der neuen Generation – »von den hervorragenden Fachleuten hier in Radebeul entwickelt und gebaut«. Radebeul ist auch der einzige Standort der traditionsreichen Würzburger Firma, in dem der Umsatz in den letzten Jahren trotz Rezession nicht gesunken, sondern gestiegen ist. Das wird gut sein für das Radebeuler Stadtsäckel, denke ich.

Obwohl ich so gut wie nichts verstehe, höre ich drei Stunden lang brav zu und werde, weil ich noch ins Rathaus muss, nicht einmal mit dem obligatorischen Betriebsrundgang und feinen Essen, geschweige denn mit einem Millionärsinterview belohnt. Aber auf dem Rückweg nimmt mich wenigstens ein Planeta-Arbeiter in seinem roten Clio in die Stadt mit. Er arbeitet seit 33 Jahren im Betrieb. 5.000 wären sie vor der Wende gewesen, danach hätten die Würzburger sie auf 1.200 »entkeimt«. Nun aber haben sie es unter dem »tüchtigen Herrn Bolza-Schünemann schon wieder auf 2.000 Beschäftigte gebracht. Wir sind wieder Weltspitze.« Ich frage, ob der Herr Bolza-Schünemann wirklich einer von den 250 Millionären ist. Das interessiere ihn einen Scheißdreck, sagt er. »Wenn der dafür sorgt, dass ich Arbeit habe und die Wohnung bezahlen kann und einmal im Jahr mit Zelt und Leihwagen durch Australien … soll er von mir aus im Buckingham-Palast wohnen.«

Ich laufe die Meißner Straße entlang. Bis zum Rathaus, das sich rechts befindet, sehe ich fast ein Dutzend alte Häuser oder leerstehende Grundstücke, die gegen oder ohne Provision zu verkaufen oder zu vermieten sind. Ja, sagt Bürgermeister Dr. Jörg Müller, das sei ein Problem. Hier unten gäbe es noch viele verlassene Wohnungen und freie Bauplätze. Aber oben sei fast nichts mehr frei.

Bürgermeister Müller sieht sehr vornehm aus. Vor allem wegen seiner gelben, mit kleinen Punkten verzierten Fliege. Auch er lobt »unsere Millionäre«. Von denen er allerdings nicht genau weiß, ob sie wirklich welche sind, denn ihre Steuer zahlen sie nicht direkt an die Stadt, sondern zuerst an das Land. Und die Gewerbesteuer, beispielsweise von Planeta, zuerst an die Stadt Würzburg, und die würde teilen. »Hoffentlich ehrlich!« Aber Radebeul könnte sich noch alle Schulen, Kindergärten, Museen, Bibliotheken, Sportplätze usw. leisten. Und vom stattlichen Gesamtschuldenberg (rund 45 Millionen Euro) will die Stadt in diesem Jahr eine knappe Million Euro abtragen.

Ich frage, in der Hoffnung, sie dort zu treffen, wo die »neuen Reichen« in Radebeul ihre Stammkneipen, ihre Clubs haben. Von Clubs weiß der Bürgermeister nichts.

Stammkneipen? Manche würden in die »Schwarze Seele« gehen. Aber ob ich sie dort treffen würde, weiß er nicht. »Das Kapital ist ein scheues Reh …«

Mit Friedrich Kozka, einem der Radebeuler Rotary-Leute, sitze ich am nächsten Tag trotzdem zum Mittagessen beim Italiener. Das Auffälligste an dem etwa 40-jährigen Immobilienmakler, der aus München (»Dort waren die Pfründe vergeben!«) in den Osten kam, sind sein lausbubenhafter Igelhaarschnitt und sein Handy. Es baumelt ihm, wie die Trillerpfeife eines Fußballschieds-richters um den Hals gebunden, gut sichtbar vor der Brust. Unser Spiel dauert nicht länger, als eine Pizza auf-zuessen. Zwischendurch pfeift, Verzeihung, telefoniert Friedrich Kozka Straf- und Freistöße, Abseits- und Foul-spiel. Autoverkauf … Strittiger Hausvertrag in Mün-chen, »da muss ich wohl heute noch einfliegen« … Kon-ditionen für einen Baustellenkauf …

»Eigentlich Kaufmann gelernt … Radebeul ist im Mietpreisspiegel Ost die Nummer eins … Zuerst hier Fotoschnellgeschäfte aufgebaut … Einige Jahre bei Por-sche … Meine Beziehungen für Spenden nach der Flut genutzt … Immobilien oben an den Weinbergen so gut wie ausverkauft … In der Freizeit Tennis und Reiten … Ich bin wohl nicht mehr zu unterscheiden von einem Hiesigen, bin hier zu Hause.« – »Millionär?« – »Um Himmels willen, wissen Sie …« Handy-Termin. Er muss gehen, bevor ich aufgegessen habe. Der italienische Chef öffnet dem noch Kauenden die Tür, als ich bezahlen will, ist schon bezahlt.

Friedrich Kozkas alte herrschaftliche Villa oben in der Weinbergstraße 44 heißt »Haus in der Sonne«. 1920 hatte sie Professor Martin Hammitzsch, der Architekt der »orientalischen« Tabakfabrik »Yenidze« in Dresden, zum letzten Mal umgebaut. 16 Jahre später heiratete er Hitlers Halbschwester Angela und wohnte mit ihr dort. Ich entdecke das Haus nicht an der Weinbergstraße. Frage einen Mann, der in der Nähe Holz hackt, ob er der Hausmeister von einer der Villen sei und wo ich das »Haus in der Sonne« finde. Er ist kein Hausmeister, sondern Schauspieler an den Landesbühnen Sachsen. Ich verstehe – er hackt Holz, während er redet – »Schauspieler Heuser« und »spiele jetzt den Jason in ›Medea‹«. Die Wohnung hier oben sei eigentlich nicht seine Preisklasse. Aber er ist schon zu DDR-Zeiten eingezogen. Die Villa gehört noch der kommunalen Wohnungsverwaltung. »Und ist kaum zu verkaufen, denn der dazugehörende Park, in dem nicht gebaut werden darf, ist zu groß, also alles zu teuer, selbst für einen Immobilienmakler wie Kozka.«

Gott sei Dank, denn sonst müsste er wie andere hier wohl raus. »Wenn ein neuer Besitzer renoviert, können die alten Mieter die Miete nicht mehr bezahlen.« Er zeigt mir den nichtöffentlichen Weg zum abseits in einem sehr großen Bergpark stehenden »Haus in der Sonne«. Schmiedeeisernes großes Eingangstor. Kamera. Lichtschranke. Hundegebell.

Ich könne mir, sagt der Schauspieler, stattdessen das Haus »Sorgenfrei« anschauen, die wahrscheinlich schönste Villa hier oben. »Die Besitzer, Millionäre aus dem Schwäbischen, sollen über 2 Millionen aus einer Erbschaft in die liebevolle detailgetreue Restaurierung des heruntergewirtschafteten Gebäudes gesteckt haben.«

Als ich den von alten Bäumen gesäumten Weg zum Eingang des Herrenhauses beschreite, bimmelt die Uhr im Glockenturm. Danach wieder Stille. Das Haus zwischen Brunnen, Natursteinmauern und Sandsteinfiguren ist das schönste Hotel, das ich je gesehen habe. Alte, wieder freigelegte, sehr zarte Wandmalereien im Festsaal, Pastellfarben in den Zimmern, dazu prunkvolle Kronleuchter. Kaum vorstellbar, dass hier vor zehn Jahren heruntergekommene Wohnungen, zugemauerte Fensternischen, mit Linoleum und Teer verklebte Sandsteinfußböden, im Festsaal eine Corsagenwerkstatt gewesen sind. Die Frau, die daraus zusammen mit ihrem Mann, dem 49-jährigen Architekten Hans Hennig Hanson, wieder ein künstlerisches Kleinod geschaffen hat, ist Ergotherapeutin. Das mit den 2 Millionen aus ihrer Erbschaft stimmt, sagt die schlanke, sehr sorgfältig gekleidete 40-jährige Frau. »Aber ich hätte meinem Wunsch, hier alles wieder so stilecht wie vor 200 Jahren herzurichten, nicht bis zur allerletzten Konsequenz, bis zur letzten freizulegenden Malerei nachgeben sollen. Geld hätte man mit einem Hotel, in dem die Wände neu getüncht worden wären, auch verdient, aber …« Sie hat eine sehr warme freundliche Stimme. Auch als sie sich entschuldigt, dass heute kein guter Tag für ein Gespräch ist. Gestern wäre die hoffentlich vorerst letzte Gerichtsverhandlung gewesen. Die Bank akzeptiert die neuen Geldgeber der Familie Hanson nicht. Droht mit Zwangsräumung. »Wir hätten dann nichts mehr. Ein Freund hat uns vorsichtshalber seine leere Wohnung angeboten. Der Bürgermeister von Radebeul schrieb einen Brief an die Bank, mit welcher Verantwortung gegenüber der Historie wir hier das Haus … Aber Verantwortung für die Geschichte ist kein Geld wert … Ich habe doch auch in Gummistiefeln zwischen Schutt im Garten gestanden.« Sie schluckt. »Man ist so verdammt klein gegen eine Bank!«

Aus dem Festsaal hört man inzwischen Geschrei. Ein Gast aus einer westdeutschen Großstadt, der mit seiner aus Radebeul stammenden Familie einen 80. Geburtstag feiert, beschwert sich lautstark, weil auf dem Tisch etwas fehlt. Er schreit nun Jutta Hanson an, die er für die Kellnerin hält. »Schlamperei … typisch Osten.« Gott sei Dank seien seine Familienmitglieder schon sehr zeitig aus Radebeul weggezogen. Und die Chefin vom liebevoll restaurierten »Haus Sorgenfrei« steht wie das frierende arme Mädchen mit den Schwefelhölzchen daneben. Ich versuche, obwohl es mich nichts angeht, die Gesellschaft aufzuheitern. Als der Mann dann den »Taucher« auf Sächsisch aus dem Kopf aufsagt, wird die köstliche Vorspeise aufgetragen …

Nur weil ich gierig auf »Flecke« bin – das erste Mal waren sie schon alle – und Eierschecke verehre, finde ich doch noch einen »echten Millionär«. Denn während ich in der Fleischerei Meißner, Ecke Moritzburger Straße an der Mittagstheke meine Flecke löffle, erzählt mir eine Kohlrouladen essende Frau (man redet dort mittags noch miteinander), dass eine ihrer früheren Lehrerkolleginnen von der Grundschule in Meißen einen Millionär in Radebeul geheiratet hat. »Sie lebt jetzt mit ihm oben im Schloss Wettinhöhe.« Und im Café nebenan erfahre ich beim Eierscheckenachtisch, dass man »Millionär nur durch Sparsamkeit wird«. In der Emil-Schüller-Straße würde jeden Donnerstag von 9 bis 18 Uhr in einer großen alten Betriebshalle Konkursware billig verkauft. »Dort holen die auch ihr Zeug, diese Millionäre.«

Als ich dort einem Mann, er kramt gerade in einer Kiste mit Elektroschaltern, meine blöde stereotype Frage »Sind Sie ein Millionär?« stelle und der mir fast eine reinhaut, beende ich die Aktion. Männer, nur Männer wühlen in der Bleistift-, Klopapier-, Staubsauger-, Motoren-, Pumpen-Konkursmasse. An der Decke der Halle hängt eine zu verkaufende DDR-Fahne. »Die Waren stammen auch aus bankrotten Radebeuler Unternehmen«, sagt mir Frau Erler, die ansonsten Heimerzieherin ist. Hausbesitzer kaufen hier, und Arbeitslose schlagen ihre Zeit tot. Einer sitzt draußen und spielt Mundharmonika. Er will, sagt er, im nächsten Winter nach Australien auswandern.

Am Morgen, als ich zur Straßenbahn laufe, um endlich einen richtigen Millionär zu besuchen, regnet es Bindfäden. Im Garten des »steinreichen«, wie Emmerlich aussehenden Hausbesitzers liegt kein einziger Pflasterstein der Paletten mehr herum. Er hat sie eigenhändig zu Tausenden in den Hof gekarrt. »Im Juni werde ich 60. Und meine Frau hat gesagt, wenn bis dahin der Hof nicht gepflastert ist, laden wir keine Gäste ein. Außerdem, wer hier nichts selbst macht und ehrlich bleiben will, kommt zu nichts.« Im REWE hole ich mir als Wegzehrung noch einen Taleggio-Käse.

Dem freundlichen jungen Verkäufer sage ich, dass ich »endlich einen Millionär habe«. Er hat noch keinen. Wegen des auf dem Kassenbon stehenden »Es bediente Sie Herr Röder (jun.)« frage ich spaßeshalber, ob sein alter

Herr, der Röder Senior, auch bedient. Nein, der sei der Besitzer des Ladens, sagt der Junge verlegen. So etwas erzähle man aber in Radebeul besser nicht. »Sonst denkt doch jeder gleich, dass man im Geld schwimmt. So sind die Leute hier inzwischen.«

Käse mampfend, warte ich an der Straßenbahnhaltestelle. Die Meißner Straße hat seit einem Jahr einen neuen Teerbelag. Aber der ist wie schlecht haftender Zuckerguss auf einem Kuchen aufgetragen. Wellig und freie Flecken bis zur Straßenkante. Jeder LKW spritzt Fontänen von Dreckwasser. Zwei Alte neben mir schimpfen über diese »arme Stadt, die nicht mal die Hauptstraße, geschweige denn die Nebenstraßen ... Aber Hauptsache, die da oben ...«

Bevor ich die lange Stiege zur »Wettinhöhe« hinaufsteige – der Schlossbesitzer hatte mir gesagt, dass er das sonst immer verschlossene Eingangsportal extra für mich öffnen werde –, hält im Regen vor mir ein Mercedes. Ob ich derjenige sei, der hoch zum Schloss möchte ... Er hätte sich gedacht, bei dem Wetter ... Der Mann sieht in seiner Trachtenjacke und mit der hohen Stirn ein wenig wie Edmund Stoiber aus. Ist aber nicht unsympathisch. Und stammt, erzählt er mir sofort, aus dem Münsterland. »Adolf Schütte. 63. Von Beruf Landwirt. Aber hier lebe ich vom Kauf, der Renovierung und der Vermietung von Wohnungen.« Oben auf dem Hügel der Wettinhöhe gehören ihm das Schloss, dazu zwei andere Gebäude und der 24 Hektar große Park.

Die heutige Zufahrt zum Schloss war früher der Dienstboteneingang. »Den herrschaftlichen Stieg mit dem neobarocken Eingangsportal – ich musste es für

45.000 DM restaurieren lassen – habe ich noch nie ge-
nutzt.« Bevor ich das Innere des Hauses – Intarsien-
parkett, alte Fliesenornamente, prächtige Kronleuchter,
Gemälde, wertvolles Meißner Porzellan – bewundern
kann, geht er mit mir in die von Säulen gezierte Veranda.
Ein weiter Blick bis in die Sächsische Schweiz. Danach
ein langes Gespräch. Er hat sich Zeit genommen. Er hat
Zeit, will nicht mehr hetzen. »Allerdings, wer mit alten
Häusern und jungen Weibern zu tun hat, kommt nie zur
Ruhe.«

Seine lachende, fürsorglich immerzu Saft nachschen-
kende Frau ist 35. Zur Zeit wegen der zwei kleinen Kinder zu Hause. Aber danach will sie wieder als Lehrerin
arbeiten. Wenigstens halbtags. »Nicht wegen des Geldes,
aber …«

Adolf Schütte erzählt mir seine Geschichte, wie man
Millionär wird. Sie klingt fast wie die vom Tellerwäscher.
Mit 19 geht er weg von zu Hause, von Vaters 8 Hektar
Landwirtschaft. Sie sind 7 Kinder. Alle mussten melken,
ausmisten.

In der Fremde verkauft er dann im Ruhrgebiet frische
Eier aus dem Emsland frei Haus. 10.000 Stück in der
Woche. Treppauf, treppab laufend. Fünf Pfennig pro Ei
hat er Gewinn. Das macht er einige Jahre. Bis das Geld
reicht, um sich selber Legehennen zu kaufen. Mit 1.000
angefangen, schließlich 120.000 in Käfigen. Dazu eine
Weizenfarm in Kanada. Aber plötzlich sei alles zu Ende
gewesen. Scheidung. »Da nahm niemand mehr in unserem kleinen katholischen Dorf ein Ei von mir.« Er verkauft Villa, Hennen und Farm und geht in den Osten.

Zuerst handelt er dort mit Autos und Futtermitteln.

Danach kauft er alte Häuser, lernte seine junge Frau kennen, wohnte mir ihr in »solch einer DDR-Neubau-legehennenbatterie«. Inzwischen besitzt er rund 50 Wohnungen in Radebeul, in Coswig und Dresden-Neustadt. Und er achtet streng auf Disziplin und Ordnung, darauf, dass man pünktlich die Miete zahlt. (»Auch die, die nicht so vermögend sind.«) Mal mit Drohung und mal mit Blumenstrauß. »Diejenigen, die im Dresdner Mietshaus monatlich zuerst das Geld überwiesen, bekamen von mir einen Blumenstrauß. Bis ich merkte, dass immer diejenigen die Ersten waren, die ihr Wohngeld vom Sozialamt bezogen. Das Sozialamt überweist schon am 28. Da ließ ich das mit dem Blumenstrauß sein.«

Er fühlt sich in der ungestörten Weite hier oben sehr wohl. Die Stadt unten braucht er nicht. »Manchmal fragen mich, also wie Sie es nennen, andere Millionäre, aber solche Angebertypen, ob ich nicht mit nach Dresden komme in diverse Clubs mit Champagner und Weibern. Weiß der Teufel, ich spucke nicht rein, wenn es was zu trinken gibt. Aber ich bin katholisch, gut verheiratet und mache lieber hier oben ein Grillfest mit meinen Mietern.« Die Stadt, das Einkaufen, das Bummeln überlasse er seiner Frau.

Im Moment streitet er mit der Stadt, weil er den Stieg dichtmachen will, aber sie auf einem öffentlichen Weg besteht und ihm außerdem streitig macht, die Wettinhöhe als Schloss zu bezeichnen. »Weil hier, wie sie sagen, kein Adliger, kein König gelebt hat. Aber jetzt bin ich hier der König.«

Als ich gehe, spielt er mir auf seinem bei allen Wohnungswechseln mitgenommenen Zerrwanst »Muss i denn, muss i denn zum Städtele hinaus«. Und kutschiert mich, weil es immer noch regnet, in die Stadt hinunter. Aber bevor ich mich von Radebeul verabschiede – wieder vom Bahnhof Ost –, steige ich, weil ich die Stufen zählen will, doch noch die Stiege zur Wettinhöhe hinauf. Mühevoll und langsam. Die Stufen sind so wacklig und zerbrochen, dass ich stolpernd das genaue Zählen vergesse. Aber schon als ich reichlich 200 Stufen nach oben geschafft habe, sehe ich am Eingangstor des herrschaftlichen Portals zum Millionärsschloss das Schild »Privat«. Und weiter oben dann ein altes Fahrradschloss. Mit dem ist das Tor für die von unten Kommenden sicher verschlossen.

Die Vermesser

Mein praktischer Geodäsie-Unterricht beginnt an einem kalten Oktobermorgen des Jahres 2010 in Waltersleben nahe Erfurt. Die Herbstnebel haben den bunten, würzig riechenden Teppich aus Kastanienblättern auf den Treppen zum Kirchplatz nass und gefährlich glatt gemacht.

»Wir müssen trotzdem hinaufgehen, denn das Auto steht oben, und darin liegt auch Schreibpapier«, tröstet mich der Vermessungsingenieur Wolfgang Barthel, als ich ihm gesagt habe, dass ich mein Handwerkszeug – also Stift und Notizbuch – zu Hause vergessen habe.

In dem Transporter der Vermesser, vorn ein Büro mit Stuhl und herausziehbarem Schreibtisch und hinten gleichzeitig Werkstatt mit dem Krimskrams von Schrauben, Hämmern und Zangen, findet er zwar kein unbeschriebenes Blatt Papier, aber die Kopien alter Straßen- und Gebäuderisse. Er steckt sie mir mit der unbeschriebenen Rückseite nach oben in eine gelbe Plastetafel – »schon früher war die gelb, aber damals mit Holzrahmen« –, drückt mir das Feldbuch der Vermesser in die Hand und meint, dass ich damit schon sehr geodätisch aussehen würde. Hinter dem Vordersitz liegen zwei Messinstrumente mit spinnenbeinartigen Metallfüßen. Wolfgang Barthel sagt nebenbei, dass man mit diesen jeweils 20.000 Euro teuren Messstationen Satelliten im Weltall anpeilen und aus deren Standorten die eigenen Koordinaten auf der Erde zentimetergenau berechnen kann. Weil ich mir das nicht vorzustellen vermag, sage ich nur: »Sehr teure Geräte.« Er nickt, vergisst, das Auto abzuschließen, und geht noch einmal den Stieg hinauf. Ich warte vor der roten Ziegelwand eines großen Bauerngehöftes. An der Mauer hängt als einziges Zeichen der Neuzeit ein auch schon maroder winziger Automat, aus dem sich die Walterslebener Kinder für 50 Cent silbern glitzernden Schmuck, bunt angemalte Tauben, Ringe, Kühe und Schafe oder Gummibärchen herausholen können.

Die Vermesser aus Wolfgang Barthels Büro, ein älterer und ein junger Mann, arbeiten auf dem Nachbargrundstück. Es ist mit einer wallähnlichen, vielleicht 3 Meter hohen und 60 Meter langen, ebenfalls aus roten Ziegelsteinen gebauten Mauer von dem Bauernhof abgetrennt. Auf dem Grundstück haben die Männer einen Kreis von einem Meter Durchmesser von wildem Wein, rankendem Gundermann und welkem Laub befreit und mit rotem Spray markiert. Darauf steht eines der Geräte, die eine Verbindung zwischen dem 40 km entfernten Satelliten und der zu vermessenden Ziegelmauer herstellen können. Der Junge schreit dem Älteren Zahlen zu, von deren Bedeutung ich nichts verstehe. Die beiden arbeiten, ohne aufzublicken. Obwohl beide nur ihre Instrumente im Auge haben, meint Wolfgang Barthel, dass ich sie bei der Arbeit ausfragen kann.

Maurer habe ich schon angesprochen, während sie arbeiteten. Einige von ihnen legten nach der »Ein Stein, ein Kalk, ein Bier«-Begrüßung die Kelle in den hölzernen Mörteltrog, schauten zum Himmel, meinten, dass es nicht regnen werde, man also nicht, in der Baubude sitzend, sein Bier trinken könne, wiesen den Lehrling an, dass er zwei Flaschen aus der Bude holen solle, und erzählten dann von fehlenden Moniereisen und schwarz besorgtem Zement, von Fußball und Frauen. Niemals aber habe ich es gewagt, einen Vermesser bei seiner Arbeit anzusprechen; weder den angestrengt durch sein gelbes Messgerät Blickenden noch den, der die rot-weißen Fluchtstangen hält und sie befehlsgemäß um Zentimeter verrückt.

»Die darfste nicht stören, sonst wird die Straße neben unserem Haus krumm«, hatte mir mein Opa gesagt, als sie bei uns im Dorf von Haus zu Haus zogen. Später erlebte ich, wie mein Vater – ein Staatsanwalt – einen Vermesser zum Teufel schickte. Ein Skatbruder meines Vaters hatte eine Neubauwohnung erhalten und wollte sein kleines baufälliges Haus samt dem Garten und dem dazugehörigen Weg an einen Arbeitskollegen meines Vaters, den Gerichtsdiener Gerd Jäckisch, verkaufen. Der Genosse Gerichtsdiener hatte vor dem Handel einen Vermesser bestellt. Mein Vater war empört. Er sagte dem Gerichtsdiener, dass er den Preis, es war ein geringer, bezahlen sollte und damit wäre alles Nötige erledigt. Wozu müsste er, ein Genosse, im Sozialismus, wo allen alles gehöre, solche kapitalistischen Überbleibsel wie das Privateigentum ausmessen und trennende Grenzsteine setzen lassen. Als der Vermesser, es war ein bulliger Mann mit Schnurrbart, der die Messgeräte und Fluchtstangen auf der Schulter trug, entgegnete: »Eigentum bleibt immer wertvoll«, und das Grundstück vermessen wollte, hatte mein Vater gewettert: »Wer heute noch dem Privateigentum huldigt, ist ein Diener der alten kapitalistischen Ordnung, also troll dich gefälligst, sonst …« Und der große starke Mann war gegangen.

Nach der Wende sagte der ehemalige Genosse Gerichtsdiener zu meinem Vater, dem ehemaligen Genossen Staatsanwalt: »Walter, mit dir werde ich kein Bier mehr trinken.« Und er hat nie mehr ein Bier mit ihm getrunken. Monatelang versuchte Gerd Jäckisch zuerst mit Geld, danach mit einem fast neuen Trabant Kombi und schließlich einer Mallorca-Urlaubsreise einen Vermesser auf sein Grundstück zu locken, denn für das Haus samt Garten und dem dazugehörigen Fußweg in bester Wohnlage hatte ihm ein Pensionär aus Saarbrücken 100.000 DM (West!) angeboten. Aber nur mit einem zentimetergenauen Aufmaß der Grundstücksgrenzen und Eintrag im Kataster. Eigentum war plötzlich wieder alles. Und die Vermesser wurden die begehrtesten Dienstleister der Nachwendezeit.

Auf dem Grundstück, das die zwei Barthel'schen Geodäten millimetergenau vermessen, will der neue Besitzer nahe der 60 Meter langen hohen roten Mauer ein Wohnhaus bauen lassen. Doch die an manchen Stellen aus groben Feldsteinen gefügte Mauer verläuft nicht schnurgerade auf der Grundstücksgrenze, sondern manchmal 333,3 Millimeter diesseits und manchmal 217,7 Millimeter jenseits der Gemarkung. Die genaue Grenzziehung ist nicht nur nötig, um katastermäßig festzuhalten, wem welche Steine gehören, sondern vor allem um festzulegen, wer an welcher Stelle der Mauer die Pflicht haben wird, herausfallende Steine zu erneuern. Sonst ist der Streit zwischen den Nachbarn vorprogrammiert, sagt der ältere Vermesser.

In der Mitte der Mauer hat der frühere Besitzer ein Plumpsklo angefluchtet. Schon blütenlose und sich braun färbende Königskerzen wachsen davor. Außerdem entdecke ich, unter dem bunten wilden Wein versteckt, den Eingang zu einem Gewölbekeller. Ein Bierkühlfach ist ausgespart, leere Flaschen liegen noch darin.

Wenn Steine reden könnten, denke ich, welche Geschichten würden sie erzählen. »Nach dem alten Feldaufriss von 1920«, meint Dipl.-Ing. Wolfgang Barthel, »hat hier ein Wohnhaus gestanden. Die Karten von damals stimmen immer noch.« Im Gegensatz zu den neuen, vor einigen Jahren im Auftrag des Thüringer Innenministeriums nach einer Flugzeugvermessung durch ein Tiroler Vermessungsbüro gefertigten Karten. »Das hier noch zu DDR-Zeiten gegenüber der Mauer gebaute Wochenendhaus ist auf der aktuellen Karte nicht vorhanden. So unvollständig sind nach Luftbildmessung erstellte Karten sehr oft. Durch diese Ungenauigkeiten werden Gerichtsprozesse geradezu heraufbeschworen. Und diese Überflieger werden unsere 150 Jahre alten Karten nicht besser machen als wir bodenständigen Vermesser. Im Gegenteil.« Er winkt ab.

Weil ich den jungen Mann am Messinstrument inzwischen mit meinem Unverständnis nerve und immer wieder frage, wie er einen Satelliten im Weltraum anpeilen, daraus unseren Standort ermitteln und als Ausgangspunkt für alle im Grundstück zu vermessenden Bäume, das Plumpsklo, den Mauerverlauf und die Dachrinnen des Nebenhauses verwenden könne, versucht mir Wolfgang Barthel das Prinzip zu erklären.

Es wären amerikanische Satelliten, die man auch für militärische Zwecke nutzen könnte. Mit Hilfe einer Atomuhr sei zwar eine unvorstellbare Genauigkeit der

Messdaten möglich, aber damit kein Gegner die Koordinaten der Satelliten benutzen könne, habe man sie verschlüsselt, also verschoben. »Man muss zurückrechnen, um die exakten Koordinaten zu erhalten. Doch selbst das ist kein Schutz, denn überall, außer vielleicht bei den Taliban in Afghanistan, sind diese Daten inzwischen mit Computerprogrammen zu entschlüsseln.«

Der Besitz der Koordinaten des gegnerischen Territoriums sei in militärischen Auseinandersetzungen schon immer wichtiger gewesen als die Kenntnis jeder kleinen Truppenbewegung. »Koordinaten verraten alles: jedes Haus, jeden Baum, jeden Flugplatz. Deshalb haben sie in der DDR größter Geheimhaltung unterlegen. Es gab keine übergreifenden Koordinaten, jedes Gebiet erhielt einen anderen Null-Punkt. Hier in Erfurt war es die Luther-Kirche und in Weimar der Ettersberg. Und beide Koordinatensysteme konnten nicht miteinander verbunden werden.«

Allerdings wäre das nicht nötig gewesen. »Dieses kleine Land ist bestimmt das in der Welt am meisten aus der Luft aufgenommene und ausgemessene Gebiet. Schließlich besaßen die Alliierten die Überflugrechte und konnten jeden Winkel des Landes fotografieren. Nur solche Details wie die Tragfähigkeit von Brücken, also ob man da mit dem Panzer rüberkam oder nicht, konnte man nicht aus der Luft feststellen.« Der Wende sei Dank, wäre diese Zeit des Ausspionierens von Koordinaten vorbei.

Später erfahre ich von Dr. Hoffmeister, der nicht nur die Gegenwart vermisst, sondern auch Experte der geodätischen Geschichte ist, dass bereits Friedrich II. seinerzeit befahl: »Mein Land soll unvermessen bleiben!« Was dann doch nicht geschah, denn sein General von Schmettau, der gleichzeitig ein bekannter Kartograph war, erstellte nach dem Siebenjährigen Krieg ein sehr genaues Kartenwerk von Preußen. Alle militärisch wichtigen Ziele wie Bäume, Kirchen, Häuser und Berge waren in dem noch heute wertvollen Schmettau'schen Kartenwerk verzeichnet. Gegnerische Artilleristen konnten, wenn sie im Besitz der Koordinaten waren, ihre Geschütze zielgenau einrichten. Und vielleicht wurde Schmettau, der in der Schlacht bei Auerstedt die »Division Schmettau« kommandierte, ein Opfer seiner eigenen, genau vermessenen Koordinaten, als er von einer Geschützkugel getroffen wurde, sich schwer verwundet noch bis in das Haus der Frau von Stein schleppte, aber dann im Weimarer Schloss an seinen Verletzungen starb.

Mittlerweile vermessen die zwei Geodäten gegenüber der Ziegelmauer die zweite Seite des Grundstückes. Dort steht das kleine Wochenendhaus des früheren Eigentümers wie schutzsuchend Wand an Wand mit dem großen Wohnhaus des Nachbarn. Wo die Grenze zwischen ihnen verläuft, wissen die Vermesser noch nicht. Wahrscheinlich sei aber, dass sich die Dachschräge und Dachrinne vom Nachbarn schon auf fremdem Gebiet befinden.

»Dann darf der Hausbesitzer«, erklärt mir der Vermesser, »das Nachbargrundstück zwar in der Luft, also um die Regenrinne vom Dach aus zu säubern, ›betreten‹, aber das Regenwasser muss auf seinem Grund und Boden abfließen. Auf keinen Fall darf der Hausbesitzer, wenn es der böse Nachbar nicht will, auf dessen Grund-

stück eine Leiter zum Saubermachen der Regenrinne anstellen. In solchen Fällen verklagen sich manche Hauswand an Hauswand lebenden verfeindeten Parteien vor
Gericht zu 1.000 Euro und mehr. Bei der Grenzziehung
zwischen Grundstücken befindet sich heute vieles noch
im rechtsfreien Raum. Das bringt Bürgern und Behörden
viel Ärger, aber den Rechtsanwälten, die die Streitenden
vertreten, sehr viel Geld ein.«

1910 und 1930 sind die Gebäude der Erfurter Innenstadt eingemessen worden. Dabei galt die alte preußische
Regel: Das Fundament, der Sockel des Hauses, darf sich
auf einem Fremdgrundstück, beispielsweise auf der städtischen Straße, befinden. Die Grenze darüber aber ist in
jedem Fall das aufgehende Mauerwerk. Die Fachwerk-
wände waren oft sehr kältedurchlässig, und die Hausbesitzer verkleideten sie später mit einer 8 Zentimeter
dicken Wärmedämmung. »Will ein Hauseigentümer
heute sein inzwischen wärmegedämmtes Haus verkaufen
oder der Bank zur Beleihung für einen Kredit überlassen,
muss er es neu einmessen lassen. Aber nun steht es mit
dem aufgehenden Mauerwerk 8 Zentimeter außerhalb
seines Grundstückes. Es wäre also nicht mehr zu verkaufen oder zu beleihen. Nach dem noch geltenden preußischen Recht sind die acht Zentimeter Unrecht. Aber
weil man heute noch keine neue Ordnung erlassen hat,
sind diese 8 Zentimeter ein rechtsfreier Raum. Und den
nutzen nicht nur Rechtsanwälte zum Geldverdienen.«

Ein alter Mann gräbt am Ende der langen roten Ziegelmauer die steinkohlenschwarze Erde des Gartens um.
Er fragt die Vermesser, an welcher Stelle der Nachbar
sein Haus bauen wird. Das wissen sie nicht. »Wir zeich-

nen nur das auf, was jetzt ist, nicht das, was sein wird.«
Da nickt der Alte und gräbt weiter.

»Wenn die Vermesser kommen«, sagt Wolfgang Barthel, »fragen viele ängstlich: ›Soll hier eine Straße, eine
Eisenbahnstrecke gebaut oder ein Windrad errichtet
werden?‹ Vermesser sind – da können die Pläne monatelang öffentlich in der Verwaltung ausgelegen haben – die
ersten ansprechbaren oder zu beschimpfenden Vorboten
der geplanten Veränderung und manchmal die unschuldigen Opfer des verspäteten Bürgerzorns.«

Der alte Mann stellt den Spaten zur Seite und sagt,
dass er genau weiß, wo die Mauer auf dem Grundstück
des Schwiegervaters, das nun ihm und seiner Frau gehört,
verläuft. »Bei den Feldsteinen stand früher die Scheune,
also das ist unsere Mauer. Davor befand sich ein Wohnhaus. Da verläuft die Mauer auf Nachbars Grundstück.
Müssen Sie gar nicht erst messen.«

Er ist nach dem Krieg als Umsiedler aus Küstrin nach
Waltersleben gekommen und hat die Tochter des Bauern
geheiratet. Der Bauer hatte bei der Bodenreform einige
Hektar Acker erhalten. »Die habe ich dann nach der
Wende einfach weggegeben. Was sollte ich damit? Was
wussten wir vom Wert des Bodens? Wahrscheinlich hätte
ich das Land, es ist fruchtbare Erde, heute mit gutem Gewinn verpachten könnten.«

Er lacht. Schließlich sei alles vergänglich. Niemand
könnte zum Schluss etwas mitnehmen. Danach erzählt
er uns, was auf den alten Karten von Wolfgang Barthel
zwar zu sehen ist, aber was wir dennoch nicht wissen
können: »Über dem alten Keller stand bis kurz vor dem
Ende des Krieges, wie in Ihren Karten eingezeichnet, ein

Wohnhaus. Doch weil die Amerikaner wahrscheinlich keine ordentlich vermessenen Koordinaten von dieser Gegend besaßen« – der alte Mann grinst die Geodäten an –, »trafen sie nicht die Deutschen, die den Steigerwald verteidigten, sondern beschossen das Vorfeld. Granaten zerstörten hier auch nicht, wie es militärisch sinnvoll gewesen wäre, die Scheune, sondern das Wohnhaus. Doch was die Amerikaner nicht geschafft hatten, erledigte 27 Jahre später die LPG. Die Genossenschaftsbauern lagerten zu feuchten Hafer. Als der sich auf 80 Grad erhitzte, krümmten sich die Giebelwände, und die Scheune wurde abgerissen.«

Er gräbt wieder zwei Stiche, dann stützt er sich auf den Spaten und sagt: »Ihr Vermesser besitzt die Daten, aber ich kenne auch die Lebensgeschichten dazu.«

Barthel nickt und philosophiert: »Jedes Vermessen der Welt ist immer auch ein Vermessen des Lebens.«

Das Leben eines Thüringer Vermessers sollte, meint Barthel, von drei wichtigen Koordinaten aus vermessen werden: Vor der Wende. Zur Zeit der Wende. Und nach der Wende.

Vor der Wende: Wolfgang Barthel wurde 69 Jahre nach Ernst Thälmann wie dieser am 16. April geboren. Sein Vater war Journalist, die Mutter Sekretärin. Als der Junge 15 war, starb der Vater. Seine Mutter musste ihn und die 18-jährige Schwester allein durchbringen. An dieser Stelle muss ich die »Vor der Wende«-Koordinate schon einmal verlassen und zur »Nach der Wende«-Koordinate springen, denn Wolfgang Barthel sagt: »Ich habe drei Kinder. Der Kleinste geht jetzt in die 10. Klasse, die Tochter studiert Medizin, und der andere Sohn

hat das Lehrer-Staatsexamen für Staat und Recht abge-
legt. Bei der Abschlussfeier umarmte er uns und sagte:
›Ihr habt für mein Studium in 5 Jahren rund 46.000 Euro
abdrücken müssen.‹ Wer schafft das heute? 46.000 Euro.
Selbst ein Vermessungstechniker, der bei mir arbeitet,
kann das kaum aufbringen. Meine alleinstehende Mutter
verdiente damals 520 DDR-Mark. Trotzdem haben wir
beide, meine Schwester Pädagogik und ich Vermessung,
studieren können. Wir sollten dankbar sein.«

Zurück zur alten Koordinate.

Von der 1. bis zur 6. Klasse gehörte der Junge zu den
talentiertesten Eiskunst-Paarläufern. Weil es aber in Erfurt keine Eishalle gab, hätte er für die Sportlerkarriere
nach Berlin oder Karl-Marx-Stadt gehen müssen. Das
wollte er nicht. Später schwankte er zwischen drei Berufs-
wünschen: Kellner mit Abitur, Wasserbauer mit Abitur
oder Vermesser mit Abitur. Er entschied sich für Geodäsie und träumte davon, als Truppführer mit seinen
Vermessern durch die Natur laufen zu können.

Seine ersten praktischen Erfahrungen sammelte er in
einem kleinen Dorf bei Cottbus. Sie kartierten dort die
Leitungen für, wie die Bauern sagten, »Wasser aus der
Wand«. In diesem Dorf lernte er den Reichtum von Be-
scheidenheit kennen. »Die Bauern, bei denen immer
zwei von uns untergebracht waren, schliefen wie wir
unter einfachen Wolldecken. Es gab Wasser aus dem
Brunnen, Ofenheizung, Brot, Margarine, Milch und das
Gemüse aus dem eigenen Garten.«

Zum ersten Mal genoss er die Privilegien eines Vermessers beim anschließenden Wehrdienst in der NVA.
Statt Mot.-Schütze oder Panzerfahrer wurde er Soldat

in einer Vermessungseinheit. Allerdings vermaß er dort keine Wälder und Felder, sondern erstellte topographische Karten von Flughorsten, Munitionsbunkern, Truppenübungsplätzen und der Grenze. Er kartierte auch hinter dem Grenzzaun, aber noch auf DDR-Gebiet. »Feindwärts« hieß das. Feindwärts mit einem Vermessungsoffizier und einem Bewacher. Die beiden waren nur mit Pistolen bewaffnet. Er, der Vermessungssoldat, mit einer voll aufmunitionierten MPi Kalaschnikow.

Danach studierte er in Dresden Geodäsie. Nach dem Abschluss hoffte er, sich seinen Wunsch, als Truppführer durch die Natur zu streifen, erfüllen zu können. Aber er wurde im Erfurter Kombinat für Geodäsie und Kartographie im Innendienst eingesetzt und musste Vermessungsaufträge entgegennehmen, Verträge abschließen, den Ablauf der Arbeit organisieren und – was ihm nach der Wende sehr nützlich war – die Effektivität, die Wirtschaftlichkeit der Vermessung planen. Schließlich wurde er Bereichsleiter des Kombinates in Gera. Messen konnte er nur noch nach Feierabend. Und 1986 kam das endgültige Aus seines Traumes vom »Truppführer in der Natur«. Er wurde Direktor der Betriebsberufsschule in Gotha, in der Vermessungstechniker ausgebildet wurden.

Die Zeit der Wende hatte für ihn zwei wichtige persönliche Vermessungspunkte.

Im Februar 1990, er war noch Direktor und wie alle Lehrkräfte wegen der Koordinaten und der Instrumente »Geheimnisträger«, gab es an der Betriebsberufsschule einen »Tag der offenen Tür«! Und die Kollegen aus dem Westen Deutschlands, vor denen 40 Jahre lang Koordinaten und Instrumente streng geheimgehalten werden sollten, kamen, schauten und staunten, denn die Vermessungstechnik war in der DDR nicht stiefmütterlich behandelt worden. »Als sie mit dem Staunen fertig waren, sagten die Wessis uns: ›Ihr müsst euch jetzt schnell entscheiden, wohin ihr euer Lebensschiff steuern werdet: in die staatliche Verwaltung oder in die freie Wirtschaft.‹ Wir Vermesser hatten damals das Glück, für uns selbst entscheiden zu können, wohin und was wir wollten. Für viele DDR-Bürger, ob in den Kaligruben, den Großbetrieben oder der Landwirtschaftlichen Produktionsgenossenschaften, entschieden damals andere. Ob die Betroffenen es wollten oder nicht.«

Der zweite wichtige Barthel'sche Vermessungspunkt der Wendezeit: Er hatte an seiner Betriebsberufsschule auch Vietnamesen und Laoten ausgebildet. Und weil es damals Angebote gab, als Lehrer im Ausland zu arbeiten, beschloss er, ab 1. Februar 1990 in Berlin-Wandlitz an einem Intensivkurs für Englisch teilzunehmen. Was er nicht wusste: Dieser Lehrgang war schon ein Vorläufer der vielen folgenden Kurse, mit denen die staatlichen Organe, die Ministerien und Verbände der DDR ihre nicht mehr verwendbaren Leitungskader einstweilen vor der Arbeitslosigkeit bewahren wollten. Unter anderen war Dr. Köhler, der damalige Vizepräsident des Deutschen Turn- und Sportbundes (der in diesem Jahr ein kontrovers diskutiertes Buch über den DDR-Leistungssport und Doping veröffentlicht hat), dabei. Als Wolfgang Barthel damals den Funktionär fragte, was er nach dem Kurs machen werde, sagte der Vizepräsident des DTSB: »Vielleicht Vorsitzender einer Betriebssportgemeinschaft in Berlin.« Er konnte sich nicht vorstellen, dass es bald auch keine Betriebssportgemeinschaften mehr geben würde.

»Und ich glaubte immer noch an einen Auslandseinsatz. Bis zu dem Morgen nach der Volkswahl vom 18. März. Ich war wie jeden Montag mit der sogenannten ›Bonzenschleuder‹ zum Kurs nach Berlin gefahren. Als ich gegen 9 Uhr auf dem Bahnhof Lichtenberg ankam – die Wahlergebnisse zur Volkskammer und der Sieg der CDU waren frühestens zehn Stunden zuvor bekanntgegeben worden –, stand dort an einem Hochhaus schon in großen Buchstaben: ›Seit wann seid ihr alle Christen, ihr geldgeilen Ärsche?‹ Da war mir klar, es geht nichts mehr.«

Die Zeit nach der Wende: »1991 wollten wir zu viert ein privates Vermessungsbüro in Erfurt gründen. Fünf Seiten Absichtserklärungen genügten damals, um 120.000 DM Kredit zu erhalten. Aber man musste mindestens 20.000 DM Eigenkapital nachweisen.« Wolfgang Barthel besaß kein Haus, nur einen Wartburg Tourist, der nicht mehr außendienstfähig war, aber ein Kollege aus Hochheim bei Wiesbaden (ein Gast zum »Tag der offenen Tür«) schenkte ihm seine ausgediente Messstation. Für die konnte Wolfgang Barthel noch 3.000 DM Eigenkapital angeben. Sie erhielten den Kredit. Und weil der dritte Mann seine Frau, auch eine Vermesserin, mitgebracht hatte und sie zwei Kinder ernähren mussten, zahlten die drei Männer wenigstens der Frau aus der eigenen Tasche ein Gehalt. Über so viel Solidarität schüttelten Kollegen aus Hessen den Kopf.

Arbeit hatten die Vermesser damals genug. Eine geplante Ferngasleitung durch Thüringen war zu trassieren. 50 Kilometer vermaß Barthel mit seinen Leuten. »Täglich mindestens 12 Stunden gearbeitet. Keinen Urlaub. Selbst den arbeitsfreien Sonnabend, den die DDR eingeführt hatte, haben wir damals wieder abgeschafft.« Er überlegt einen Moment, dann sagt er: »Viele DDR-Bürger haben 1990/91 in anderen Berufen genauso oder noch mehr geschuftet wie wir, aber sie sind als Freischaffende trotzdem an den neuen Bedingungen kaputtgegangen. Doch unsereiner, also ein Vermesser, musste sich zu der Zeit schon sehr dämlich anstellen, um kaputtzugehen.«

In den Vermessungsbüros und Katasterämtern stapelten sich die Anträge auf Grundstückseinmessungen und Katasterauszüge. Bauboom und Investitionen wurden damals von fehlenden Grenzpunkten und Grundstückskoordinaten gebremst. Keine Bank gab Kredite für Investitionen an Häusern und auf Grundstücken, die der Besitzer nicht millimetergenau durch einen Katasterauszug als sein Eigentum vorweisen konnte. Zehntausende meldeten sich damals, denen angeblich Grund und Boden unter volkseigenen Minol-Pirol-Tankstellen, Neubaublocks und Gartenanlagen gehörte. Und in Thüringen stritten sich die Vermessungsberater aus Bayern, Hessen und Rheinland-Pfalz, von welchem der drei Länder die Thüringer ihre Vermessungsgesetze übernehmen sollten. Die Streitfrage damals: Dürfen private Ingenieurvermesser auch als öffentlich bestellte Vermessungsingenieure (ÖbVI) Kataster machen, oder wird das nur wie in Bayern den Mitarbeitern der staatlichen Vermessungsämter gestattet?

Als in Thüringen die Zulassungen für freie ÖbVI durch das Ministerium immer schwieriger wurden, trafen sich am 7. November 1991 rund 800 Kollegen und Freunde des freien Vermessungsberufes in Erfurt zur ersten Demonstration in ihrer 30-jährigen Vereinsgeschichte. Der Vorsitzende des BDVI, Dr. Otmar Schuster aus Mülheim an der Ruhr, damals: »Der Scheideweg, an dem Thüringen steht, lautet: zentrale, sozialistische Struktur im bayrischen Gewand oder dezentrales Vermessungswesen mit Wettbewerb und Selbstbestimmung auf dem Wege nach Europa?«

Obwohl der zu DDR-Zeiten in Erholungsheimen des MdI singende spätere Ministerpräsident Josef Duchač wie auch der danach aus Mainz gekommene Bernhard Vogel immer wieder gefordert hatten: »Wir wollen in Thüringen bayrische Verhältnisse«, gab es, was das Vermessungswesen und das Kataster betraf, nach dieser garantiert bayernfreien Demonstration in Thüringen keine bayrischen Verhältnisse.

Auch Wolfgang Barthel hat an der legendären Demonstration teilgenommen. Mit anderen Kollegen besetzte er die Räume des Innenministeriums in der Schillerstraße, klebte Sticker an Wände und Türen (»die wir später bei unseren Dienstbesuchen dort immer noch sahen und klammheimlich abrissen«). Nach diesen Protesten durften in Thüringen auch Private nach Prüfungen, Eignungsgesprächen und dem Versprechen, dass sie sich bei der Gauck-Behörde einen Persilschein besorgen, als öffentlich bestellte Vermessungsingenieure arbeiten.

Und das hat sich als richtig erwiesen, denn, so sieht es der Geodät: »Der große Wohlstand der BRD hängt auch mit der Vermessung und dem Kataster zusammen. Kataster ist in der BRD Eigentumssicherung und Eigentum die Grundlage für Investitionen. Ein deutscher Handwerker kann im Gegensatz zu den meisten anderen Europäern, von Afrikanern und Asiaten, die Kataster nicht kennen, ganz zu schweigen, zur Bank gehen und bekommt die nötigen Kredite. Er muss nur ein vom Katasteramt bestätigtes Grundstück nachweisen können.«

Ab 2000 hat sich die Arbeit der Vermesser in Thüringen normalisiert, meint er. »Die letzten zehn Jahre waren schon Alltag. Aufträge einholen, einmessen, abrechnen. Nichts Aufregendes mehr. Das Abenteuer war plötzlich weg.«

Andere wie Dr. Hoffmeister hätten noch manche Abenteuer erlebt. Beispielsweise mit dem Erfurter Gewerbegebiet Kalkreiße. Viele Investoren wollten damals dort bauen. Aber die Grundstücke gehörten der katholischen und der evangelischen Kirche und den Landwirten, die dort Blumenkohl anbauten.

»Das erledigen wir von Amts wegen, und ihr vermesst das alles«, hatte der erste Amtsleiter, der aus Hessen gekommen war, zu Dr. Hoffmeister gesagt. Als er ging, war nichts erledigt, und einige Investoren waren schon weitergezogen. Als der zweite Amtsleiter aus Hessen gekommen war, versprach er, das Gewerbegebiet Kalkreiße sofort vermessen zu lassen, die Eigentumsfrage zu klären und Baufreiheit durch die neuen Eintragungen im Grundbuch zu schaffen. Als auch der gegangen war, hatten die Behörden immer noch nichts getan. Danach kehrte der erste Hesse zurück. Da hofften nur noch wenige der übriggebliebenen Bauherren.

Schließlich wurden auch auf Initiative von Dr. Hoffmeister in einer Nacht-und-Nebel-Aktion (Bodenordnungsverfahren) in der letzten Sekunde des alten Tages die bisherigen Grundstücksgrenzen im Kataster des Gewerbegebietes außer Kraft gesetzt und die inzwischen von Hoffmeister vermessenen neuen Grundstücksgrenzen in der ersten Sekunde des neuen Tages für gültig erklärt.

Dr. Hoffmeister ist ein großer Mann mit weißem Lockenkopf und Augen, die so beweglich sind, als müssten sie ständig die Gegenstände im Zimmer millimetergenau vermessen. Er wurde am 11. April 1939 geboren. Der Vater, den die Verwaltung 1938 vom thüringischen Mühlhausen in das ostfriesische Emden geschickt hatte, war ein ehrenwerter preußischer Finanzsteuerinspektor. Das gereichte dem späteren Schüler Helmut Hoffmeister nicht zum Vorteil. 1939 musste der Vater an die Front. Nach der Schlacht bei Witebsk blieb er in der Sowjetunion verschollen. Das gereichte dem späteren Studienbewerber Helmut Hoffmeister nicht zum Vorteil. 1944 wurde der Junge – die Mutter war zurück nach Mühlhausen gegangen – eingeschult. Ein dreiviertel Jahr erlebte er noch Lehrer, die mit »Heil Hitler!« grüßten und mit dem Rohrstock auf Finger und Gesäß schlugen. Im Frühjahr 1945 wurde die Schule geschlossen und bis zum Herbst als Lazarett genutzt. Danach gab es statt »Heil Hitler!« und Rohrstock Neulehrer und später »Seid bereit!« und »Immer bereit!«. Der Direktor war 8 Wochen zuvor noch Schlosser gewesen. Der Deutschlehrer kam aus sowjetischer Kriegsgefangenschaft und musste deshalb (»ständig mit falscher Betonung«) Russisch unterrichten.

Als Helmut Hoffmeister zur Oberschule gehen wollte, erklärte ihm der Direktor, man hätte jetzt die Diktatur des Proletariats. Der Anteil von Arbeiter- und Bauernkindern müsste eingehalten werden, da könne man nicht den Sohn eines preußischen Steuerinspektors auf die Oberschule schicken. In Mühlhausen gab es damals zwei traditionsreiche Betriebe: die Fahrradfabrik und den Nähmaschinenbetrieb von Claes & Flentje. Als sich der 14-Jährige in dem Fahrradbetrieb, in dem sein Großvater als Maschinenschlosser arbeitete, bewarb, war er einer von 8 Lehrlingsbewerbern. »Aber ich hatte damals solch einen schrecklichen Heuschnupfen, dass ich bei der Bewerbung kein Wort herausbekam. Also nahm man mich nicht. Danach bin ich zum alten Arnold, dem Betriebsleiter der Nähmaschinenfabrik, gegangen. Das war noch ein richtiger Bourgeois. Er verlangte von seinen Lehrlingen, dass die Schrift schnörkellos und leicht nach rechts gebeugt war. Meine war kerzengerade und sehr schnörkelhaft. Jede Woche musste ich deshalb bei ihm Artikel aus der Zeitung abschreiben. Schnörkellos und geneigt. Mit 14 Jahren so etwas! Da wollte ich nicht mehr in seiner Nähmaschinenfabrik lernen.«

Und weil die Mutter einen Mann von der Vermessung kannte, brachte sie ihren Jungen, dessen Lieblingsfach Mathematik war, als Lehrling zu den Geodäten.

»Ich musste Katasterkarten zeichnen und draußen gleich mit vermessen. Ein Bündel rot-weißer Fluchtstangen, ein Winkelprisma, ein Messband, ein Schnurlot, und dann zogen wir los. Am schwersten war es, die Fluchtstangen in den Boden zu stecken. Drei Versuche wie beim Speerwerfen, doch immer in dasselbe Loch.

Aber im Eichsfeld, wo ich das erlernt habe, gab es nur harten Muschelkalkboden. Ich hätte lieber in der Brandenburger Streusandbüchse gearbeitet.«

Mit 16 war er Vermessungszeichner. »Zuerst habe ich ein Jahr lang die Gebäude und Grundstücke der Innenstadt von Bad Langensalza vermessen und eingezeichnet. Diese interessante Aufgabe – die Innenstadt war noch niemals vermessen worden – verdankte ich dem preußischen Staat, der um 1870 fast genauso arm war wie manche Thüringer Ministerien heute. Weil es damals an Geld fehlte, wurden die Flächen mancher preußischen Dörfer und Städte als ungetrennte Hofräume in das Kataster eingetragen. Damit die Bürger aber auch ohne Einmessung ihre Grundstückssteuern an den Staat entrichteten konnten, wurden anstelle der Vermesser Finanzbeamte in die ungetrennten Höfe beordert. Die schätzten für die Steuerzahlung die Flächen der Grundstücke.«

Als Helmut Hoffmeister die Innenstadt von Bad Langensalza vermessen hatte, wollte er studieren. Doch die Kaderleiterin sagte: »Dein Vater ist immer noch als in der Sowjetunion vermisst gemeldet. Tot wäre etwas anderes, aber vermisst bestärkt die Feinde des Sozialismus in ihrer Propaganda gegen die Sowjetunion.«

Er kam nur auf die Warteliste, aber hatte Glück. Der auf dem Platz vor ihm ging in den Westen. Die drei Jahre Studium an der Ingenieurschule für Geodäsie und Kartographie Dresden wurden für den Nachrücker eine, wie er sagt, unbeschreiblich gute Zeit. »Ich habe damals das Leben in seiner gesamten Fülle vermessen.«

Unterrichtet wurde Ingenieur- und Landesvermessung. Die Ingenieurvermessung, also die Grundlage für den Aufbau der DDR, die Errichtung von neuen Fabriken, Staudämmen, Verwaltungsbauten, Lagerhallen, Straßen und Eisenbahnstrecken, war das Hauptfach. Die Landesvermessung zur Bestimmung von trigonometrischen Punkten war dem untergeordnet, und die Katasterkunde lief nur nebenbei mit. »Kataster klang ähnlich wie Kapitalismus. Privateigentum, das abgeschafft werden sollte, musste nicht vermessen werden. Dabei hatte sogar der sowjetische Generalsekretär Breshnew zuerst Vermesser gelernt.«

Schon in der Lehrzeit begriff Helmut Hoffmeister, welche Probleme es bei Eigentumsvermessungen auch in der DDR geben konnte. »In einem kleinen Dorf bei Mühlhausen wollte ein Bäuerlein, um von der Sparkasse einen Kredit zu erhalten, sein Haus beleihen lassen. Als wir sein Grundstück vermessen hatten, mussten wir ihm sagen: Ihr privates Haus steht 20 Zentimeter auf der Dorfstraße, also auf Volkseigentum. Er durfte sein privates Ackerland gegen 20 Zentimeter volkseigenen Straßenrand tauschen. Aber nicht 1:1. Die zwei Quadratmeter Volkseigentum kosteten 50 DDR-Mark. Für einen Quadratmeter privaten Acker gab es 50 Pfennig. Also schnitt der Staat sich für die 2 Quadratmeter Straßenrand 100 Quadratmeter Acker aus dem Feld vom Bäuerlein heraus.«

Dieser Handel sei vergleichsweise human und kaum anders als heute gelaufen. Aber es hätte damals auch andere Arten der Grenzerneuerung gegeben.

»1954 wurde nördlich von Schlotheim, in Mehrstedt, was jetzt zu Obermehler gehört, ein sowjetischer Militärflugplatz gebaut. Ein Teil davon ging diagonal durch eine Obstplantage. Als diese Fläche aus der Plantage herausgemessen wurde, stand der Gärtner zähneknirschend daneben, denn dort wuchsen seine wertvollsten Obstbäume. Weil kein Verhandeln half, nahm er die Säge und fällte auch die restlichen Bäume.«

Nach dem Studium arbeitete Helmut Hoffmeister bei der Deutschen Reichsbahn. Zwar konnte er sich seinen größten Wunsch – eine neue Strecke zu vermessen – nicht erfüllen, aber nach seinen Angaben wurden viele Hunderte Kilometer Gleise erhöht oder begradigt. Wo Hoffmeister gemessen hatte, holperten die Züge weniger.

In aller Eile musste er dann nach dem 13. August 1961 die alte Eisenbahnstrecke von Gerstungen nach Eisenach teilweise neu trassieren. Die verließ an fünf Stellen die DDR und führte kurz über das BRD-Territorium. Die DDR-Eisenbahner kannten diese Stellen und sprangen nach dem Mauerbau dort vom Zug.

»Am 11. April 1962 – da feierte ich meinen 23. Geburtstag – startete der Zug unter dem Beifall der Politbüromitglieder und des Ministers zur Jungfernfahrt auf der neuen Strecke. Anschließend musste sie allerdings drei Monate nachgebessert werden, bevor für sie, die nun an keiner Stelle mehr ›feindwärts‹ verlief, das Signal endgültig auf ›Freie Fahrt‹ gestellt werden konnte.«

11 Jahre arbeitete Hoffmeister bei der Bahn. Danach war er 11 Jahre an der Hochschule für Architektur und Bauwesen Weimar. Wegen der Wende fehlten ihm bei seiner nächsten Arbeitsstelle, dem Kombinat für Geodäsie und Kartographie, drei Monate an wiederum 11 Jahren.

»Ich hatte mein DDR-Leben, wie es sich für einen

Vermesser gehört, ordentlich in ein Koordinatensystem von 3 mal 11 Jahren eingeteilt. Alles nach Plan.«

Er revidiert sich lachend: »Natürlich war das nicht planmäßig, sondern Zufall, denn ich bin kein großer Berechner. Schon als 4-jähriger Steppke erlebte ich eine große Enttäuschung mit dem Meter. Ich bat die Großmutter, klug sollte es klingen, und viel sollte es sein, nicht bloß um eine Schnur, sondern um einen Meter Schnur und konnte es nicht begreifen, dass die Schnur, die sie mir gab – ein ganzer Meter (!) –, nicht länger war als ich.«

Die wichtigsten Eckpunkte in seinen 11-Jahres-Zyklen: »1961, als ich bei der Eisenbahn war, habe ich Inge geheiratet. Sie arbeitete als Zeichnerin in unserem Büro. Zuvor hatte ich sie ein Jahr lang so ordentlich vermessen, dass die Koordinaten immer noch stimmen. Vermesserehen halten lange.« Er beendete die 11 Jahre als Dipl.-Ing. bei der Eisenbahn, weil er nach der Geburt der Tochter ein ordentlicher Familienvater geworden war, im Beruf weiterkommen und seinen Doktor machen wollte. Vielleicht aber auch, weil er drei Jahre zuvor ein beschämendes Bildungserlebnis hatte: »Ich war im Fernsehen! Bei Karl Gass in der Wissenssendung ›Sind Sie sicher?‹. Doch im Scheinwerferlicht der Jupiterlampen verwechselte ich schon bei der Geschichtsfrage die Schlacht von Königgrätz mit der von Austerlitz und konnte dann nicht einmal mehr die mathematische Aufgabe lösen. Und alle haben es gesehen! Alle guckten an diesem Abend den Karl Gass, weil im Westfernsehen nichts Ordentliches lief.«

Ab 1969 hat er am Lehrstuhl für Mess- und Versuchswesen in Weimar gelehrt, geforscht und zum Thema

»Qualität des Plattenbaus« promoviert. »Bei den damals gebauten 16-Geschossern sind die Vermesser wegen der Statik Stock für Stock mit hochgegangen und haben die Platten beim Aufeinandersetzen jedes Mal millimetergenau ausgerichtet.«

Damals wurde er für ein Jahr nach Moskau an die Geodätische Hochschule delegiert. »Dort habe ich bei den erfahrensten Geodäten der sozialistischen Länder gelernt. Und ich habe dort auch einen Vater gefunden: den armenischen Professor Bagratuni. Er war im selben Jahr wie mein vermisster Vater geboren, hatte den Völkermord der Türken an den Armeniern überlebt und in Moskau noch bei dem berühmten Erdvermesser Krassowski studiert. Ich hatte in der Sowjetunion im Krieg meinen Vater verloren und im Frieden einen neuen gefunden.«

Die Arbeit an der Hochschule beendete er nach 11 Jahren, weil er zwischen Weimar und seiner Heimatstadt Erfurt täglich drei Stunden hin- und herfahren musste. »Mir fehlte Lebenszeit für mich, für die Freunde und für meine Familie.«

In seiner neuen Arbeitsstelle, dem Erfurter Kombinat für Geodäsie und Kartographie, war der Bereichsleiter Günter Sonntag gleichzeitig der Leiter der Grenzkommission DDR – BRD. »Und obwohl die im Westen die Grenze nicht anerkannten, vermaßen sie den Todesstreifen gemeinsam mit unseren Genossen und setzten die Grenzsteine 1975 und 1985 zentimetergenau und fest wie für die Ewigkeit …«

Die Ewigkeit endete für Dr. Hoffmeister schon zwei Tage vor der Vereinigung. Am 1. 10. 1990 gründete er ein eigenes Ingenieurvermessungsbüro.

Danach konnte er sich auch den Traum einer neuen, von ihm vermessenen Eisenbahnstrecke erfüllen: die Vorplanung der Trasse für den ICE und Güterverkehr zwischen Erfurt und Halle. »Die Brückenpfeiler, die heute auf der leider immer noch nicht fertiggestellten Strecke stehen, sind auch unsere Arbeit. Ich hatte damals die Hallenser Ingenieurvermessung und Experten der Bundeswehr dazugenommen. Die von der Bundeswehr besaßen die neusten Messinstrumente.«

An dieser Stelle stockt er, grinst diebisch und sagt, dass er wegen der »Pershing-Rakete in einem Zeiss-Gerät« noch einmal von der DDR-Zeit erzählen muss.

»1982 hatten die Zeissianer in Jena das damals modernste Tachymeter der Welt zur elektronischen Schnellmessung von Winkeln, Strecken und Höhen entwickelt. Ein elektronisches Bauteil dafür lieferten die BRD-Unternehmen, weil sie an die DDR keine Mikroelektronik verkaufen durften, wie damals üblich über Schweden an die DDR. Doch dieses Bauteil steckte auch in der Pershing! Sofortiger Lieferstopp! Auf Politbürobeschluss sollte das Kombinat Mikroelektronik Erfurt umgehend einen eigenen Chip entwickeln. Es dauerte und dauerte, 1987 befahl der Kombinatsdirektor von Carl Zeiss Jena, der diktatorische Wirtschaftsgeneral Biermann, seinen Leuten: ›Macht es selber!‹

Nach zwei Jahren, am 3. November 1989, sechs Tage vor der Maueröffnung, ließ Genosse Biermann, kurz bevor er abgesetzt wurde, noch stolz die Nullserie des 1982 entwickelten Tachymeters präsentieren. Sieben Jahre, so lange bis das Gerät längst auf dem Weltmarkt veraltet war, hatten die nie abgeschossenen Pershing-Raketen der DDR zumindest eine ökonomische Niederlage bei-gebracht.«

Das hinderte Dr. Hoffmeister allerdings nicht, aus Solidarität mit Zeiss den Oldtimer noch für sein neues Vermessungsbüro zu kaufen. Damals arbeiteten sie an einer Ferngasleitung, die sofort nach dem Vermessen zu-gebuddelt wurde. Aber die Elektronik, die alle Mess-daten des Tachymeters speichern sollte, versagte im Re-gen! Alle Daten waren weg.

»Einer meiner Mitarbeiter nahm das Ding mit nach Hause, erhitzte es mit dem Fön, und plötzlich waren die Daten wieder auf dem Speicher. Später hat Zeiss alle Per-shing-geschädigten Tachymeter in Deutschland zurück-rufen lassen und nach Polen geschickt.«

Über seine Zeit nach der Wende sei nicht viel zu berichten. Neu sei in der Arbeit nur, dass nicht nur die Vermesser, sondern auch die Umweltaktivisten und Ökofreaks, die in der DDR bei Neubauten kaum Mög-lichkeiten hatten zu protestieren, eine neue Freiheit ge-wonnen haben.

»Als die Bahnstrecke in der Elsteraue bei Halle ver-messen wurde, schoss man mit Schrotkugeln. Und im Gipswerk Ellrich musste ich im ersten Abbaugebiet eine Fläche mit naturbelassenen Kalkfelsen herausmessen, im zweiten nisteten Fledermäuse, und im dritten lebten ge-schützte Kalkmücken. Hätte ich als Vermesser keinen Kompromiss für diese Flächen gefunden, wäre der neue Betrieb an naturbelassenen Kalkfelsen, Fledermäusen und Kalkmücken gescheitert.«

Ehe die zwei Vermesser an der roten Ziegelwand in Wal- tersleben mit ihrer Arbeit beginnen konnten, hatten sie, um deren Grundstücke betreten zu dürfen, vorschrifts- mäßig alle Nachbarn informieren müssen. Inzwischen nieselt es. Ein Nachbar kommt vorbei und fragt, ob wir heißen Tee möchten. Er war früher Straßenwärter und weiß, wie schnell die feuchte Kälte des Herbstes in die Arbeitsklamotten kriecht.

Bevor wir in sein Büro fahren, gebe ich Wolfgang Barthel mit klammen Händen den Feldbuchrahmen zu- rück. Das neugebaute Büro steht neben seinem Wohn- haus in Erfurt-Marbach. Er bleibt oft länger im Büro als seine acht Mitarbeiter. »Ich habe es ja nicht weit nach Hause.«

In der oberen Etage hat er eine Pausenecke einrichten lassen. Auf den Tischen steht lediglich ein Glas mit Waldbeerenkonfitüre. Am Computer im Nachbarzim- mer sitzt ein Lehrling, den der frühere Direktor der Be- triebsberufsschule – »man kann es nicht lassen« – zum Vermesser ausbildet. Er zeichnet die Lage eines Erfurter Garagenkomplexes. Die privaten Garagen stehen zum Teil auf Hangstücken einer Wohnungsgesellschaft. »Es geht bei dieser Vermessung nicht um Rückbau. Aber wenn je- mand im Winter an einer Garage stürzt, haftet nicht der Garagenbesitzer, sondern, weil es auf ihrem Grundstück geschah, die Wohnungsgesellschaft!«

Endlich stelle ich die Frage, die ich schon lange stel- len wollte: Fühlt der Vermesser mit den Leuten, die nach der Vermessung eventuell das Grundstück, auf dem ihr Haus seit Jahrzehnten steht, verlieren, sich unverschul- det verschulden oder gar ausziehen müssen?

Wolfgang Barthel: »Ja. Man merkt, dass man mit den Flächen immer auch das Leben vermisst.«

In Erfurt hat ein in den alten Bundesländern wohnender Mann ein Büro für einen Rechtsanwalt eingerichtet. Der Rechtsanwalt klagte für den Mann ein Grundstück nach dem anderen zurück. Sein Großvater, ein Erfurter Kohlenhändler, hatte zur Inflationszeit, als nur wenige die Kohlen bezahlen konnten, viele Häuser und Grundstücke in Erfurt erworben. Er war nach dem 7. Oktober 1949, dem Stichtag für die Rückgabe, enteignet worden. Damit hat der Enkel Anspruch auf alle Grundstücke des Großvaters. Auf einem dieser in der DDR im Kataster als kommunales Eigentum eingetragenen Grundstücke hatte eine Wohnungsbaugenossenschaft Häuser gebaut. Die Mitglieder zahlten ihr Geld ein, halfen beim Bau, besaßen schließlich eine ihnen gehörende Wohnung. Sie waren schuldenfrei, bis der Enkel des Kohlenhändlers auf Rückgabe klagte. Er verlangte und bekam von der Wohnungsbaugenossenschaft eine Summe im siebenstelligen Bereich. Und beauftragte danach seinen Anwalt mit der nächsten Rückgabeklage und die Geodäten mit der nächsten Vermessung …

Wolfgang Barthel kommentiert das nicht. Stattdessen fragt er, ob ich schwarzen Tee trinken möchte. Wenig später bringt eine Mitarbeiterin auf einem Tablett Teekanne, Tassen, Löffel und das Glas mit der Waldbeerenkonfitüre aus dem Pausenraum. Walter Barthel trinkt den Tee nach russischer Art, indem er Konfitüre hineinrührt. Wie Helmut Hoffmeister hat er die Moskauer Hochschule für Vermessung besucht. Vor 15 Jahren war er noch einmal zu einem Geodätenkongress in Russland.

»Der Leiter des dortigen staatlichen Vermessungsamtes besaß ein privates Vermessungsunternehmen und schob sich die staatlichen Aufträge zu. In einem anderen Büro zeichnete eine junge Frau einen Lageplan. Ich fragte: ›Wie lange werden Sie daran arbeiten?‹ – ›Zwei Wochen.‹ Ich sagte ihr nicht, dass wir das inzwischen an Computern in 30 Minuten erledigen. Aber ich erinnerte mich plötzlich: Vor einigen Jahren dauerte das bei uns auch noch zwei Wochen. Und war froh, dass wir das hinter uns haben.«

Heute treffen sich die Mitglieder der Grenzkommission DDR – BRD, die seinerzeit als Vermesser des »Feindes« die Koordinaten der Grenze festlegen mussten, jedes Jahr zweimal zum gemeinsamen Umtrunk. Und die Vermesser, die in der DDR nicht zu den Beschützern und Beförderern von Privateigentum zählten, werden heute wie selbstverständlich zu jedem privaten Richtfest eingeladen.

Zwar hätten die Thüringer Politiker 1990 nicht nur die Gesetze und Regelwerte des Vermessungswesens aus den alten Bundesländern übernehmen sollen, sondern auch positive Aspekte aus der DDR wie die gemeinsame Verwaltung von Grundbuch und Kataster und die sehr genauen Vorschriften für die Ingenieurvermessung. »Doch das ist Geschichte«, sagt Wolfgang Barthel. Er zeigt mir in einer Vitrine die alte ungebrauchte Messstation, die ihm der Wiesbadener Kollege geschenkt hatte, damit er 1991 das nötige Eigenkapital für den Kredit vorweisen konnte. »Viele Westdeutsche haben damals geholfen, dass wir staatlichen Vermesser uns in der freien Marktwirtschaft zurechtfanden. Aber manchmal …«

Ohne weiterzureden, geht er mit mir in einen weiß-getünchten Kellerraum, in dem sich die Kollegen nach dem Außendienst waschen und umziehen können. In der Ecke steht ein Becken, das mit Rollen und Bürsten und Abflussrinne einer Miniatur-Autowaschanlage ähnelt. Und nun vollendet der freie, öffentlich bestellte Vermessungsingenieur den angefangenen Satz: »Aber manchmal sind wir tüchtig reingefallen.«

Der Architekt des Büros hatte seinerzeit vorgeschlagen, im Keller auch ein Becken zum Abwaschen der schmutzigen Schuhe einzubauen. »Ich dachte an die Betonmulde, die ich von der Armee kannte. Wasserhahn und Seife und Handbürste daneben. Herausgekommen ist diese etwa 3.000 DM teuere Anlage, die noch keiner benutzt hat.«

Einfaches Schreibpapier für meine Notizen findet Wolfgang Barthel auch in seinem Büro nicht. Stattdessen gibt er mir karierte Bogen des Thüringer Landesvermessungsamtes für die Prüfungsarbeiten von Kartographen und Vermessungstechnikern im gehobenen und mittleren vermessungstechnischen Verwaltungsdienst. Ich will wissen, was für Fragen bei der Prüfung gestellt werden.

Er sagt: »Wie kann man die Abweichung der Koordinatenachse bei Winkelmessung ...«

Ich entgegne verstört: »Nein, nicht noch einmal von vorn!« Und frage, ob man bei der Prüfung auch aufschreiben muss, weshalb einer Geodät werden möchte, was man vom Beruf erwartet und wie man sich bei der öffentlich bestellten Arbeit zu verhalten hat.

Nein, das sei nicht gefragt. Aber das könnte ich in alten Büchern nachlesen. Einige schon vergilbte stehen bei Wolfgang Barthel neben den neuen Gesetzbüchern und den wissenschaftlichen Werken im Regal. Nach der Auflösung des Bereiches in Gera konnte sich, wer wollte, aus der geodätischen Bibliothek einen Karton voll Bücher mitnehmen.

Aus der 1775 verfassten »Instruction vor einem Land- und Feldmesser, welcher verpflichtet werden soll«:

»Soll ein Land- oder Feldmesser sich eines ehrbaren und Christlichen Wandels befleisigen, bey seinen angewiesenen Messungs Verrichtungen beständig nüchtern und mit jedermann verträglich halten, kein unnötig Geschwätz oder Zänkerey anfangen, sonderlich gewissenhaft, treu, aufrichtig, willfährig und fleißig bezeigen, mithin keinesweges durch Geschenke verblenden oder sonsten etwas Unrechtes zu Schulden kommen, oder die geringste Partheylichkeit weder aus Gunst Freundschaft oder anderer Neben-Absicht im Messen spüren lassen …«

Vielleicht wäre es nützlich gewesen, vor meinem geodätischen Unterricht das alte Buch zu lesen. Dann hätte ich zumindest gewusst, wie und was Vermesser sein sollten.

II

Von Erfahrungen, die man bei serbischen Zigeunern und moçambiquanischen Maurern sammeln kann

Festrede auf der »Internationalen Studentenwoche Ilmenau – ISWI 2009« zum »Dies academicus«

Die Afrikaner sagen: »Man kann nicht in ein fremdes Dorf gehen und den Einheimischen sofort ihre eigene Geschichte erzählen.«

Liebe Freunde, wahrscheinlich bin ich deshalb hier und heute kein guter oder, sagen wir es anders, ein durch Sie hundertfach ersetzbarer Redner. Ein jeder von Ihnen, die Sie aus 38 Ländern nach Ilmenau gekommen sind, könnte hier vorn stehen und über die Erfahrungen mit den Menschenrechten im eigenen Land sprechen. Und ich würde mir wünschen, dass Sie nicht über verhungerte und verdurstete Menschen, über Menschen, die ohne Medizin dahinsiechen, und von Kindern, die nie eine Schule besuchten, aber zur Prostitution gezwungen werden, sondern von schon durchgesetzten Menschenrechten sprechen könnten. Wobei ich unter Menschenrechten nicht nur die klassischen wie Essen und Trinken, medizinische Versorgung, Bildung usw. verstehe, nein, für mich sind Menschenrechte alle Bedingungen, die den Menschen in Würde leben lassen, also die Freiheit, seine Meinung zu sagen, ohne dafür eingesperrt zu werden; die Freiheit, sein Land zu verlassen, ohne dabei erschossen zu werden; die Pressefreiheit, Versammlungsfreiheit …

Mit diesen Themen, Sie merken es, will ich Ihnen, der afrikanischen Weisheit folgend, nicht gleich Ihre Geschichten erzählen, sondern von meinen Erfahrungen in diesem Land berichten.

Fast auf den Tag genau vor 20 Jahren – mein Buch »Der Erste«, in dem ich versucht hatte, die Wirklichkeit in der DDR realistisch zu beschreiben, war gerade veröffentlicht worden – las ich hier an der Technischen Hochschule Ilmenau aus diesem Buch. Und es waren so viele Zuhörer erschienen, ich glaube über 300, so viel wie nie zuvor und wohl auch nie mehr danach bei einer meiner Lesungen. Es war der Frühling 1989, als in der DDR die Menschen begannen, gegen die alten sozialistischen Strukturen, die Staatspartei und die SED-Diktatur zu rebellieren. Sie verlangten – und das waren Menschenrechte für sie – Pressefreiheit und Versammlungsfreiheit und Reisefreiheit, also Demokratie. Mit dem Ruf »Wir sind das Volk« beendeten die Menschen in der DDR wenig später das alte System und erkämpften sich Freiheit, Demokratie und Menschenrechte.

Ich war in dieser Zeit des Umbruchs nicht hier. Ich war zuvor in die Sowjetunion gefahren, um dort die Auswirkungen der neuen demokratischen Politik von Gorbatschow, also Perestroika und Glasnost, Umbau und Offenheit, zu studieren und darüber ein Buch zu schreiben. Ich hatte in den drei Monaten weit hinten in der Sowjetunion, in Kamyschin, nur tröpfchenweise Informationen über die Veränderungen in der DDR erhalten. Als ich im November zurückkam, war schon alles erledigt. Die Grenze zur BRD offen, es wurden keine Menschen mehr erschossen, die aus der DDR flüchteten.

Es gab demokratische Wahlen, es gab Pressefreiheit. Dinge, die nicht extra in der Charta der Menschenrechte zu finden sind, die aber für mich zu den wichtigen im menschlichen Zusammenleben gehören. Wie gesagt, ich kam Ende November 1989 zurück und hatte sofort in der jetzt neuen Zeit ein traumatisches Erlebnis.

Ich bin 1941 während des Zweiten Weltkrieges geboren. Als ich drei Jahre alt war, wollte meine Mutter mit mir meinen verwundeten Vater im Lazarett besuchen. Die wenigen Züge, die damals noch fuhren, waren mit Flüchtlingen überfüllt. Manche lagen auf den Dächern. Meine Mutter reichte mich durch das Fenster in einen der überfüllten Waggons, und fremde Reisende legten mich in ein Gepäcknetz. Die Mutter kam nicht mehr in den Zug hinein. Seitdem habe ich Angst vor überfüllten Zügen.

Als ich im Herbst 1989 aus der Sowjetunion zurückkam, sah ich auf dem Bahnhof in Halle ähnlich überfüllte Züge wie im Krieg. Babys wurden durch die Fenster hineingereicht, und ein Ehepaar schleppte – dieses Bild vergesse ich nie – auf einer Rotkreuztragbahre einen alten Mann, wahrscheinlich den Großvater. Sie stellten die Tragbahre vor der Zugtür hochkant und schoben den alten Mann hinein. Umfallen konnte er nicht.

Ich fragte den Zugschaffner entsetzt, ob inzwischen ein Krieg begonnen habe.

Nein, sagt er, aber wenn das Baby oder der Großvater lebendig im Westteil Deutschlands ankommen, erhält die Familie zur Begrüßung im Westen zusätzlich 100 DM.

Ich fragte, ob in der DDR inzwischen eine Hungersnot ausgebrochen sei.

Nein, sagt er, es gäbe alles zu essen. Man bräuchte die 100 DM nur für die Extras, die man in Westdeutschland kaufen könnte. Für einen besonderen Wein oder einen besonderen, in der DDR nicht erhältlichen Käse.

Den Großvater oder das Baby für die Extras.

Ich begriff, dass die gerade errungenen Menschenrechte und die neue Freiheit nicht automatisch auch eine neue Menschenwürde bedeuten.

1980 hatte ich, um ein Buch darüber zu schreiben, ein Jahr mit jungen Leuten aus der DDR und Arbeitern aus Moçambique am Sambesi Häuser für afrikanische Bergleute errichtet. Dort musste ich meine furchtbarsten Lehrstunden über Menschenrechte und Menschenwürde absolvieren. Es waren schreckliche Erlebnisse. Nie mehr werde ich die nicht enden wollenden Schreie der Mütter, die ihre verhungerten Kinder wie eine Opfergabe in den Händen hielten, aus meinem Gedächtnis löschen können. Nie die von eiternden Wunden bedeckten, ohne Medizin hilflos sterbenden alten Männer vergessen und auch nicht – dort war das Lebensrecht des Menschen gleichzeitig auch das Lebensrecht der Tiere – die vor ausgetrockneten Tümpeln liegenden verdorrten Tierkadaver.

Pinto, einer der jungen afrikanischen Arbeiter, lief jedes Wochenende 40 Kilometer durch die Savanne, um seinen Geschwistern und seiner Mutter sechs Handvoll Maiskörner, die er von seiner Ration aufgespart hatte, zu bringen. An einem Montag kam er zu spät zur Arbeit zurück. Seine Mutter und seine jüngste Schwester waren verhungert, und er hatte sie erst begraben müssen und seit zwei Tagen nichts gegessen. Nichts außer Schmerztabletten, die er im Camp kostenlos bekam. Damit versuchte er, den Schmerz des Hungers zu betäuben.

Ich ging, um aus unserer Küche (wir Weißen hatten eine eigene Küche) Brot für ihn zu holen. Ich musste es heimlich tun und das Brot unter meinem Hemd verstecken, denn ich kannte die Vorwürfe meiner Landsleute. Meiner Landsleute, die den Afrikanern Häuser bauten!

»Wenn du den Schwarzen einmal Brot gibst, verlangen sie jeden Tag Brot! Willst du verhungern müssen wie sie? Entweder sie oder wir.«

Das waren meine schlimmsten Erlebnisse.

Dazu die Erkenntnis, dass man, um wirklich helfen zu können, nicht nur die Moral und den Willen, sondern das Geld dazu aufbringen muss. Billionen, die nicht die Hilfsbereiten, sondern beispielsweise die Waffenindustrie und Banken besitzen. Und um den Teufel nicht herausgeben! Das furchtbare Gefühl der eigenen Ohnmacht spürte ich nie wieder so zerstörerisch.

In meiner Gruppe arbeitete auch ein schon lederhäutiger Mann. Er war so alt, dass niemand sagen konnte, wie alt er war. Ich nannte ihn »o meu pai«, mein Vater, und versuchte ihn vor schweren Arbeiten zu schützen. Aber als wir sehr große Hohlblocksteine auf einen LKW laden mussten, versuchte er, ächzend wie ein Gewichtheber, selber Steine auf den LKW zu wuchten. Ich verbot es ihm, da versuchte er heimlich auf der Gegenseite einen Stein anzuheben. Ich schrie ihn an. Er duckte sich wie unter Schlägen. Ich nahm ihn in meine Arme und setzte ihn auf einen Sandhaufen. Da stammelte er etwas in der Landessprache. Pinto übersetzte: »Du sollst ihn nicht wegjagen, Chef, nur weil er schon so alt ist. Ohne seine Arbeit wird seine Familie verhungern müssen. Du sollst ihn nicht wegjagen.«

Und wieder diese Ohnmacht.

Doch nach Mocambique sah ich das eigene Land und die im Gegensatz zu Afrika fast bedeutungslosen deutschen Probleme mit völlig anderen Augen. Manchmal wünschte ich mir, dass alle Menschen der reichen Welt nur eine Woche lang irgendwo, nicht in einer dieser schrecklichen eingezäunten perversen Luxustourismusburgen, sondern in einem kleinen afrikanischen oder asiatischen Dorf leben müssten. Um den Unterschied zu begreifen: dort Kampf um Menschenrechte, um überleben zu können, hier, um angenehmer, sozialer und sicherer zu leben.

Vor vier Monaten habe ich zwei Wochen lang an der Eisenacher Tafel gearbeitet, Lebensmittel in Kaufhallen eingesammelt und die noch verwertbaren an Bedürftige ausgegeben. Im reichen Deutschland gibt es über 800 dieser Tafeln, an denen kostenlos oder für zwei Euro Lebensmittel ausgegeben werden. Alles, was sonst in Supermärkten, Gaststätten usw. weggeworfen wird, sammeln Mitarbeiter der Tafel. Tausende Tonnen von Bananen, Apfelsinen und Orangen, die für einen nicht zum Leben reichenden Hungerlohn in Afrika und Asien angebaut werden, um sie in Europa billig verkaufen zu können. Und wegzuschmeißen.

Die Perversität des Kapitalismus: Um Preise stabil zu halten, wurde früher Milch ins Meer geschüttet. Heute wird Butter auf Deponien gefahren, werden noch ordentliche Autos verschrottet … Und wieder diese Ohnmacht.

Ich habe in der Eisenacher Tafel unter den Hunderten Menschen, die dort anstehen, kaum Asoziale, Bettler oder Alkoholiker gefunden. Aber 50 Jahre alte Diplomingenieure und auch Professoren. Sie hatten früher ein Recht auf Arbeit. (Ist das Recht auf Arbeit auch ein Menschenrecht?) Doch seit vielen Jahren sind sie auf die Almosen des Staates oder privater Spender oder die Reste der Wohlstandsgesellschaft angewiesen. Wie viel Scham muss ein Mensch, der früher Studenten unterrichtet oder Maschinen konstruiert hat, überwinden, um sich zweimal in der Woche in die Schlange der Bedürftigen einzureihen? Sie sprechen nicht miteinander. Sie haben ohne Arbeit kein Geld, um wie früher ein Theater zu besuchen, eine Zeitung zu abonnieren, in eine Gaststätte zu gehen, sich in der Volkshochschule mit Töpferei zu beschäftigen … Ich weiß, dass sind alles keine Probleme im Gegensatz zu den Nöten der Menschen in Afrika.

Im Sozialismus wurde verkündet: Im Mittelpunkt steht immer der Mensch. Nein, das stimmte nicht. Der Mensch wurde auch im Sozialismus gebraucht und missbraucht. Ich war, um eine Reportage darüber schreiben zu können, vor einem Jahr in Tschernobyl, das heißt in der Zone um den immer noch strahlenden, unter Stahl und Beton begrabenen Todesreaktor.* Bei der Kernexplosion im Atomkraftwerk Tschernobyl, der größten technologischen Katastrophe im 20. Jahrhundert, wurden am 26. April 1986 Tausende Tonnen radioaktive Brennstäbe und Graphitblöcke in die Luft geschleudert

* »Zwei Versuche, mich Tschernobyl zu nähern«. In: L. S., »Letzte Helden«, Berlin 2010.

und sechstausendmal mehr Radioaktivität als durch die Hiroshima-Bombe freigesetzt. Die ersten verstrahlten Menschen starben schon nach 12 Stunden. Danach mussten 600.000 Menschen, sogenannte Liquidatoren, in wenigen Monaten innerhalb der am meisten verseuchten 30-Kilometer-Zone die schlimmsten radioaktiven Folgen beseitigen. Sie hoben in den Dörfern mit Baggern Löcher aus, in denen sie die verstrahlten Holzhäuser versenkten. Anschließend durchstreiften Jäger die leeren Dörfer und erschossen die nun vergeblich Menschen suchenden zutraulichen hochverstrahlten Katzen und Hunde. Und Soldaten trugen die radioaktiv verseuchte Erde ab und begruben Erde unter Erde. Aber am gefährlichsten war die Beseitigung der radioaktiven Trümmer auf den Dächern der übriggebliebenen Reaktoren. Feuerwehrleute und Soldaten hievten japanische und deutsche Spezialroboter und ein sowjetisches Mondmobil auf das Dach. Doch die Elektronik der Roboter verweigerte die Arbeit wegen zu hoher Strahlenwerte. Da schickte die sozialistische Einsatzleitung menschliche Roboter, die freiwilligen Liquidatoren, auf das Dach. Auf ein Sirenenzeichen sprangen jeweils neun dieser Liquidatoren aus ihrer Deckung und versuchten mit Schaufeln und Spaten die Atomtrümmer vom Dach zu stoßen. Nicht länger als 90 Sekunden. Dann heulte die Sirene, und die nächsten neun Liquidatoren sprangen auf das Dach. Für diese 90 Sekunden ihres Lebens erhielten sie eine Urkunde, eine Prämie und die vorzeitige Entlassung aus der Armee. Menschenmaterial.

Heute spricht kein einziger der ukrainischen Politiker über die Tausenden von Liquidatoren, die inzwischen an den Strahlenfolgen gestorben sind. Sie sprechen auch nicht über die Kinder in der Umgebung von Tscherno- byl, die, weil die Familien kein Geld haben, um sich sau- bere, also strahlungsfreie Lebensmittel zu kaufen, noch Beeren und Pilze in den verseuchten Wäldern sammeln müssen. Ihre Körper sind angefüllt mit radioaktiven Nu- kliden. Die Politiker reden nicht darüber. Sie reden nicht über das Recht dieser Kinder, zu leben und wieder ge- sund zu werden. Stattdessen diskutieren sie, ob die Ukraine sich Russland oder den USA anschließen soll, sie sorgen sich um den Beitritt zur EU und die Erhaltung ihrer Macht. Über die krebskranken Kinder, die nur ope- riert werden, wenn die Eltern das Geld haben, den Arzt zu bestechen, darüber reden sie nicht.

Wir haben Kleider und Plüschtiere für die Kinder nach Tschernobyl gebracht. Und ich fühlte mich wieder ohnmächtig.

In diesem Sommer marschierte ich für eine Buch- recherche 500 Kilometer durch Ungarn, Kroatien, Ser- bien und Rumänien.[*] Jeden Abend bat ich in einem der Dörfer der staubigen, sehr heißen Tiefebene um ein Nachtlager. Ich schlief in Kirchen, bei Zigeunern, in Maisfeldern und in eingefallenen Lehmhütten. In der Nähe von Kikinda, es regnete in Strömen, fand ich ein Gehöft, in dem ich mich unterstellen wollte. Eine alte Frau, freundlich und hilfsbereit wie viele der Menschen, die ich in Serbien kennenlernte, holte ihren Mann, der mich ins Haus einlassen sollte. Der Mann fragte, woher

[*] L. S., »Immer geradeaus. Zu Fuß durch Europas Osten«, Berlin 2010.

ich komme. Ich sagte, aus Deutschland. Da wurde sein Blick plötzlich starr und böse. Er zeigte zum Himmel. Ja, sagte ich: ›Kiša – Regen.‹ – ›Nije‹, sagte er plötzlich hasserfüllt. ›Nije kiša – kein Regen! Bomba – Bombe! Nemačka bomba! NATO-bomba!‹ Er ging und verschloss die Haustür. Später, ich hatte mich unter einem Nussbaum verkrochen, kam die Frau. Sie sagte, ihr Sohn, ihr einziger Sohn, sei vor zehn Jahren, als die NATO-Bomben im Krieg gefallen waren, getötet worden.

Und wieder diese Ohnmacht.

Entschuldigen Sie bitte, ich möchte meine Erlebnisse in Moçambique, Serbien, der Ukraine und Eisenach nicht pessimistisch gewertet wissen. Aber wir können die Wirklichkeit, also auch die Einhaltung der Menschenrechte, nur verändern, indem wir die Wirklichkeit erst einmal erkennen. Nicht die geschönte Wirklichkeit der Politiker oder die sensationelle der Medien. Sondern die vor Ort.

Hoffnung? Ja, auch Hoffnung. Ich erinnere mich an meinen schrecklichsten Tag in Moçambique. In einer Hütte sah ich vier Tote. Verhungert. Die Mutter und drei Kinder. In der Ecke der Hütte stand eine Tonschale, in der noch Maiskörner für mindestens drei Mahlzeiten lagen. Ich verstand nichts. Bis mir ein Afrikaner sagte: »Diese Körner sind das Saatgut. Man darf es nicht anrühren! Eher verhungern als das Saatgut anrühren. Denn irgendwann kommt der Regen, und dann braucht man die Samenkörner.«

Auch in den schrecklichen Zeiten Samen aufbewahren für die Zeit, in der man wieder säen kann!

Das gibt mir Hoffnung. Hoffnung wie Ihr Hiersein.

Junge Leute aus vielen Ländern mit einer gemeinsamen Verantwortung für das großes Thema der Menschenrechte. Menschenrechte und Menschenwürde kann man nicht administrieren. Aber jeder von uns kann sie vorleben. Ich weiß, dass Sie das, nach Hause kommend, weiter tun werden. Die Afrikaner sagen: »Bäume können sich nicht treffen. Aber Menschen.«

Danke, dass wir uns hier treffen konnten.

Von den Unterschiedlichkeiten und Gemeinsamkeiten beim Verfassen von Reportagen

Brief an Günter Wallraff

Lieber Günter,
zwar redeten wir vor der Wende manchmal und nach der Wende sehr oft über Gott und die Welt, über Authentisches und Erfahrenes, über Gemeinsamkeiten beim Schreiben und unterschiedliche Sichten in der Politik, aber wir hatten – ich weiß nicht, ob bewusst oder unbewusst – dabei immer eine Frage ausgeklammert. Erst bei jener »Abendveranstaltung« in Deiner Wohnung, als Du nachts um 1.00 Uhr auf die Idee kamst, dass wir noch gegeneinander »shufflen« müssten, Du mir müdem Krieger erklärtest, wie man auf dem zwei Meter langen Brett die Holzsteine mit Gewalt und Geschick durch die Ziellöcher schießen muss, und dann, weil für Dich jedes Spiel auch Kampf ist, bis zu deinem grandiosen Sieg (mit neuer Bestleistung) um 4.00 Uhr kämpftest, erst dann fragte ich (vielleicht um Dich zumindest verbal nicht immer »den Größten« sein zu lassen): »Weshalb bist du nie in der DDR untergetaucht und hast über das Leben dort ein Enthüllungsbuch geschrieben?«

Deine Antwort kam nicht wie so oft schlagfertig, sondern erst nach langem Überlegen. Und dann auch noch als Gegenfrage: »Weshalb hast du Reportagen über Afrika, Sibirien und die Fischgründe vor Labrador geschrieben, aber nicht eine über das Leben in der BRD?«

Wir hätten es uns beide mit den Antworten leicht-machen können. Du mit der Begründung, dass es sogar Dir in der DDR, wo jeder von der Wiege bis zur Bahre mit einer bürokratischen Akte begleitet wurde (ohne die er nicht existierte!), unmöglich gewesen ist, eine Perso-nalakte zu fälschen und sich als SED-Funktionär oder Assistent eines Kombinatsleiters zu verkleiden. Ich hätte mich mit einer nicht erteilten Reiseerlaubnis und für Re-cherchen in der BRD fehlender Westmark entschuldigen können. Das taten wir beide nicht. Stattdessen sagte ich: »Wahrscheinlich waren mir die Menschen, ihre politischen Ansichten, ihre Lebensweise und ihre wirtschaftlichen Probleme – also das, worüber ich schreiben wollte –, in Nowosibirsk damals näher und vertrauter als die Akkord-arbeit von türkischen Fremdarbitern in den Rüssels-heimer Opelwerken oder die Finanzmanipulationen von Bankern an der Frankfurter Börse.«

Du hattest damals nur gesagt: »Ja, wahrscheinlich war dir der Kapitalismus so wenig interessant und so fremd wie mir seinerzeit euer Staatssozialismus.«

Und vielleicht war es wirklich so: Du wolltest (und hast es sehr wirkungsvoll getan) die zum Teil unmensch-lichen Arbeitsbedingungen des Kapitalismus, die staat-liche und parteiliche Intoleranz und die Missachtung von Menschenrechten entlarven. Du wolltest die Gesellschaft verändern, aber keine Alternative dazu, wie den Staats-sozialismus à la DDR, beschreiben. Und ich wollte we-nigstens die ideologischen Parteizwänge, die Fehler der Planwirtschaft, den für jeden inzwischen sichtbaren, im-mer größer werdenden Unterschied von sozialistischer Theorie und der »beschissenen« Praxis aufzeigen, also die Gesellschaft gerechter, humaner – eben in meiner kleinen Gedankenwelt »sozialistischer« – machen. Aber ich wollte als Alternative nicht die kapitalistische Ordnung der BRD propagieren. Wohl deshalb bin ich im Oktober 1989 auch nicht in den Westen, sondern in den Osten »geflohen«. Ich wollte im Hinterland der Sowjetunion, in Kamyschin an der Wolga, recherchieren, wie und ob man durch Gorbatschows Umbau (Perestroika) und neue Offenheit (Glasnost) Demokratie und Sozialismus vereinigen kann. Denn noch glaubte ich, dass der Sozialismus, wenn er demokratisch gestaltet – also mit Pressefreiheit, Reisefreiheit, Versammlungsfreiheit und freien Wahlen versehen – wird, als Gesellschaftssystem funktioniert. Du sagtest mir damals: »Zähl einfach all die negativen ökonomischen und politischen DDR-Details, die du in deinem Buch ›Der Erste‹ beschrieben hast, zusammen, und du wirst begreifen, dass dieses Gesellschaftssystem heute keine Chance hat. Doch wahrscheinlich warst du in Mathe schlecht.«

Ja, das war ich. Und als ich in Kamyschin irgendwann aus der Zeitung erfuhr, dass Honecker abgesetzt ist, dachte ich: »Vielleicht jetzt.« Und als ich in der sowjetischen Nachrichtensendung »Wremja« irgendwann im November auf dem Bildschirm (mit Zeilenflackern und ohne Ton!!!) die Berliner Mauer erkannte, auf der fröhliche Menschen standen und Sekt tranken, verstand ich nichts mehr. Genauso wenig wie bei meiner Heimkehr Ende November 1989, als ich sah, wie Karawanen von DDR-Bürgern morgens in den Westen pilgerten und abends, mit Südfrüchten und Stereoanlagen bepackt, zurückkamen.

Man hatte sich in der Zwischenzeit, in der ich in der Sowjetunion den neuen Sozialismus suchte, so begriff ich später, die Freiheit erkämpft, anstatt in der Mangelwirtschaft anzustehen, nun die Extras kaufen zu können. Die Konsumgemeinschaft war die erste und wohl auch komplikationsloseste Vereinigung zwischen Ost und West, denn wir hatten nun die Freiheit, alles kaufen zu können. Und die BRD-Versicherungsgesellschaften, Supermarktketten und Markenfirmen hatten die Freiheit, alles verkaufen zu können, denn über Nacht bekamen sie einen Markt mit 17 Millionen Kunden geschenkt (einen Markt, an dem sie, ohne einen Pfennig Werbekosten bezahlen zu müssen, Milliarden verdienten). Als wir gemeinsam mit dem Weißen Riesen wuschen, bei McDonald's Hamburger genießen konnten, Mantas fuhren und allianzversichert waren, probierten wir auch die zweite Stufe der Vereinigung: die Kennenlerngemeinschaft. Wir wollten die 40 Jahre lang gepflegten Vorurteile und verordneten Klassenkampfklischees überwinden. Und beim ersten Ost-West-Schriftstellertreffen nach der Wende schlugen wir auf der Insel Hiddensee vor: »Erzählen wir uns zum Kennenlernen doch einfach unsere unterschiedlichen Lebensgeschichten.« Noch vor der staatlichen Vereinigung »paarten« sich jeweils ein ostdeutscher und ein westdeutscher Autor, um im »anderen Land« ein gemeinsames Thema zu erkunden. Also ein ostdeutscher Autor recherchierte als Kulissenschieber in einem westdeutschen Theater und ein BRD-Autor als Kulissenschieber in einem DDR-Theater. Du hattest die Idee, dass wir für dieses Gemeinschaftsbuch (Ich habe mein einziges Exemplar damals verborgt und nicht wiederbekommen, weiß nicht einmal mehr den Titel, aber vielleicht hast Du noch eins?), Du hattest die Idee, über die Jagd, Du im Osten und ich im Westen, zu schreiben.

Ich fuhr also in das bayrische Coburg. Du hattest mir einen blaublütigen Waldbesitzer empfohlen. Doch ich reiste zwar neugierig, aber die Neugier wurde unbewusst von meinen angelernten Klassenkampfklischees über Privateigentum, Großgrundbesitzer und Waldeigentümer kontrolliert und gehemmt. Also gab ich mich in Coburg mit der Feststellung zufrieden: Der Waldeigentümer in der BRD besitzt auch die Jagd, das heißt, er kann sie verpachten. Und der schlecht verdienende oder gar verschuldete kleine Mann, auch wenn er seit seiner Jugendzeit ein Jagdliebhaber ist, kann sich keine Pacht leisten. Fazit: BRD-Jagd ist gleich Geld-Jagd.

Du bist in das thüringische Wasungen gefahren, wo ich dir einen Jäger vorstellte. Und der erzählte Dir – wohl in der Annahme, dass Du als West-Autor nichts über hegende und pflegende Arbeiter-und-Bauern-Jäger im volkseigenen Wald (die es auch gab) wissen willst – lediglich, wie er den Partei- und Staatsbonzen die Böcke vor die Flinte zu treiben hatte. Fazit: DDR-Jagd ist gleich Bonzen-Jagd.

Die Kennenlerngemeinschaft war schwerer zu handhaben als die Konsumgemeinschaft. Auch weil kurz vor der Vereinigung in den Medien weniger das Guten-Tag-Sagen zwischen Ost und West publiziert wurde, sondern Tag für Tag neue Sensationsmeldungen über Honeckers Schweinestall erschienen: Frühgeborene in den Mülltonnen der DDR-Kliniken. Pornovideos in Honeckers Wandlitz-Palast. Gedopte DDR-Olympiasieger. Durch

Atomstrahlen getötete oppositionelle DDR-Schriftstel-ler. DDR-Waisen in Kinderheimen zur Arbeit gezwun-gen und missbraucht.*

Enthüllungen Schlag auf Schlag und täglich. Da war es schwierig, als DDR-Bürger in Köln aufzukreuzen und einfach höflich, aber doch selbstbewusst »Guten Tag, hier bin ich, ich kann nicht anders« zu sagen.

Nach der Vereinigung wurde es nicht einfacher, sich zum besseren Kennenlernen ehrliche und vollständige Lebensgeschichten zu erzählen. Je höher ehemalige DDR-Bürger wie Wetterfrösche bei Sonnenschein die politische Karriereleiter hinaufstiegen, umso weniger er-zählten sie von ihrem früheren Leben. Sie erzählten nicht mehr, wer sie denn gezwungen hatte, im Studium nicht nur ein einfaches FDJ-Mitglied, sondern ein FDJ-Grup-penratsmitglied zu werden, wer sie gezwungen hatte, sich unentgeltlich zum Doktor oder Professor der Na-turwissenschaften (nicht des Marxismus-Leninismus!) weiterzubilden, wer sie gezwungen hatte, nicht nur als einfacher Delegierter am letzten Pädagogischen Kongress im Frühjahr 1989 teilzunehmen, sondern sich auch noch als auserwählter Delegierter von Margot Honecker emp-fangen zu lassen. Nein, davon erzählen sie – die plötzlich schon immer entschiedene Gegner der DDR gewesen waren – nichts mehr. Stattdessen von DDR-Frühgebore-

* P.S. Im Gegensatz dazu brachte man Euch in der BRD erst heute und sehr langsam und sehr schonend bei, dass Eure fast staatstragende Kraft, also die katholische Kirche, in den 50er Jahren Tausende Waisenkinder in ihren christlichen Heimen quälte, zur Arbeit zwang und missbrauchte.

nen in Mülltonnen, Pornovideos in Honeckers Wandlitz-Palast, Doping, Stasi-Morden … Und so hatten wir es
manchmal schwer mit dem Kennenlernen in unserer neuen
Ehegemeinschaft. Dass es nicht so sein muss, merkten
Du und ich, als wir die letzten 40 Kilometer meiner
400-Kilometer-Grenz-Wanderung gemeinsam liefen.*
Wir klopften oder klingelten in den hessischen oder thüringischen Dörfern im ersten Haus links und fragten:
»Wie geht es Ihnen, fast 15 Jahre, nachdem die Mauer
endlich offen ist?«, und die ehemaligen Grenzbewohner
sagten uns: »Es konnte für uns nichts Besseres geben, als
endlich wieder die drei Kilometer entfernt wohnenden
Verwandten zu umarmen.« Wir schrieben damals gemeinsam darüber und auch über Stacheldraht, Minen,
Schäferhunde und Grenztote. Doch Du hast angesichts
der nun schon musealen Überreste der tödlichen Grenze
nicht nur Stacheldraht, Minen, Schäferhunde und Grenztote beschrieben. Du stelltest Fragen. Und nicht nur Fragen an die ehemaligen DDR-Bürger. Ich zitiere Dich aus
meinem Buch »Der Grenz-Gänger«: »Hätten die Gren-
zer nicht einfach daneben oder in die Luft schießen können, wenn einer flüchtete? Sie wären nicht eingesperrt
worden, wenn sie ihn nicht getroffen hätten. Mussten sie
Befehlen gehorchen? Nein. In Wirklichkeit war es Feig-
heit vor dem kleinen Risiko oder Beförderungssucht, die
Bange, sich bei den Vorgesetzten unbeliebt zu machen …
Denn der Staat belobigte Unmenschlichkeit an der Grenze. Was sind nicht schon alles für Verbrechen mit Be-
fehlsnotstand gerechtfertigt worden. Und was werden

* Vgl. L. S., »Der Grenz-Gänger«, Berlin 2005.

›unsere‹ Grenzschützer machen, wenn sie auf die Ärmsten der Armen, die aus Afrika und Asien über die Grenze in unsere ›Wohlstandsländer‹ fliehen wollen, schießen sollen?«

Und: »Nur die besten deutschen Schäferhunde überlebten die schreckliche Tortur, jahrelang, bei Hitze und Frost angebunden, an der Grenze entlangzulaufen. Von diesen wählten die Züchter wiederum nur die härtesten für die nächste Generation aus. Ausgerechnet diese widerstandsfähigsten und schärfsten Grenzhunde kauften nach der Wende amerikanische Züchter. Wo werden die deutsch-amerikanischen Schäferhunde heute eingesetzt? Vielleicht an der mexikanischen Grenze?«

Ich wollte Dir schon lange für diese Fragen danken. Sie machen Mut, denn sie zeigen, dass wir, nachdem wir den anderen kennengelernt haben, nun auch gemeinsam wichtige Fragen zu unserem vereinten Land und seinen alten und neuen Problemen stellen können. Du müsstest nicht, wie Du das jetzt tust, als Obdachloser in Köln und Hannover untertauchen. Du könntest das mit dem gleichen Ergebnis auch in Eisenach tun. Und ich müsste nicht, wie ich das jetzt mache, in der Lebensmitteltafel von Eisenach Brot und Gemüse für Hartz-IV-Empfänger ausgeben. Ich könnte das genauso in Köln oder Hannover tun. Wir haben die Einheit. In jeder Beziehung …

Auf bald und bis zum nächsten Shuffle-Match Noch-Schnee-Grüße aus Thüringen nach Köln.

Dein Landolf

2009

Textnachweise

Günter Wallraff, »Schreib das auf, Scherzer!« – Zuerst in: L. S., »Mitleid ist umsonst, Neid mußt du dir erarbeiten«. Reportagen, Berlin 1997. Leicht gekürzt.

Feenmärchen zu verkaufen – Ebd.

Die Meile der Eitelkeiten – Ebd.

Der sterbende Schwan in der Elsteraue – Ebd.

Die Kalikarawane – Ebd.

»Spiel mir das Lied vom Tod!« I – Ebd.

»Spiel mir das Lied vom Tod!« II. Vergessenes Bischofferode – Zuerst in: Günter Grass, Daniela Dahn, Johano Strasser (Hg.), »In einem reichen Land. Zeugnisse alltäglichen Leidens an der Gesellschaft«, München 2002. Leicht gekürzt.

Wir himmeln hier per Hand – Zuerst in: L. S., »Mitleid ist umsonst, Neid mußt du dir erarbeiten«.

Das Innere der Glaskugel – Ebd.

Sag Sascha, nicht Alexander! oder: »Die Eltern haben drei Kinderärzte totgeschlagen« – Ebd. Überarbeitete Fassung.

Die Erben der Öfen oder: »Das ist der Bengel von dem Kriegsverbrecher!« – Ebd. Überarbeitete Fassung.

Ein Gebirge wird verkauft oder: »Das Lied können Sie heute getrost wieder anstimmen« – Ebd., unter dem Titel »Wie deutsch ist das Riesengebirge?«. Überarbeitete Fassung.

Nach der Himmelfahrt auf Hiddensee – Ebd.

Straßengeschichten – Ebd.

Ria S. (43): »Ich sprang nicht ... Ich heulte nur.« – Ebd.

Urlaub für rote Engel – Ebd.

Anschaffen im Osten – Ebd.

Nebenan »Zum letzten Heller« – Zuerst in: Peter Arfmann,
G. E. König (Hg.). »Der Morgen nach der Geisterfahrt.
Neue Literatur aus Thüringen«, 1993.

Die Reichen von Radebeul – Zuerst in: »Sächsische Zeitung« (Dresden) vom 3. 4. 2004. Überarbeitete Fassung.

Die Vermesser – Erstveröffentlichung.

*Von Erfahrungen, die man bei serbischen Zigeunern und
moçambiquanischen Maurern sammeln kann* – Festrede
auf der »Internationalen Studentenwoche Ilmenau –
ISWI 2009« zum »Dies academicus« unter dem Titel
»Menschenleben und Menschenrechte – Meine Erfahrungen in Ilmenau, Eisenach, Tschernobyl, Moatize
und Kikinda«. Erstveröffentlichung.

*Von den Unterschiedlichkeiten und Gemeinsamkeiten beim
Verfassen von Reportagen. Brief an Günter Wallraff* –
Zuerst in: Petra Heß, Christoph Kloft (Hg.), »Der
Mauerfall. 20 Jahre danach«, Zell/Mosel 2009. Leicht
gekürzt.

ANDREJ HERMLIN
My Way
Autobiographie
288 Seiten. Gebunden
Mit 35 Abbildungen
ISBN 978-3-351-02726-1
Auch als ebook erhältlich

Von Pankow nach New York

Andrej Hermlin kann als Kind in Begleitung seines prominenten
Vaters reisen und sieht die Welt. In der Schule wird er deshalb oft
angefeindet. Ein Fluchtpunkt ist für ihn die Musik. Als Vierjähriger
hört Andrej Hermlin zum ersten Mal jene Melodien, die ihn fortan
nicht mehr loslassen – amerikanischen Swing aus den 30er Jahren.
Bereits 1987 gründet er seine erste Band, heute tourt er mit dem
berühmten Swing Dance Orchestra weltweit erfolgreich. Seine
Autobiographie ist ein Rückblick auf eine ungewöhnliche Kindheit
und Jugend in der DDR, eine Reise in die faszinierende Welt des
Swing und erzählt von Begegnungen mit Dichtern wie Pablo Neruda,
Max Frisch oder Heinrich Böll.

»*Der deutsche Botschafter des amerikanischen Swing.*« DIE WELT

»*Hermlins neue CD beeindruckt sogar amerikanische Kritiker.*« DIE ZEIT

Mehr Informationen erhalten Sie unter www.aufbau-verlag.de
oder in Ihrer Buchhandlung

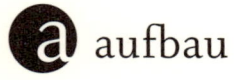

MATTHIAS FRINGS
Der letzte Kommunist
Das traumhafte Leben
des Ronald M. Schernikau
496 Seiten. Mit 26 Abb.
ISBN 978-3-7466-7082-9

Nur wer träumt ist Realist

Herbst 1989: Tausende Ostdeutsche strömen gen Westen. Nur
einer geht den entgegengesetzten Weg. Der Schriftsteller Ronald M.
Schernikau ist der letzte Westdeutsche, der DDR-Bürger wird.
Anrührend und voller Humor erzählt Matthias Frings die Biographie
eines lebenshungrigen und todkranken jungen Mannes, der sich
gegen die Geschichte stellt.

»Die Ikone einer Zeit.« SÜDDEUTSCHE ZEITUNG

Mehr Informationen erhalten Sie unter www.aufbau-verlag.de
oder in Ihrer Buchhandlung

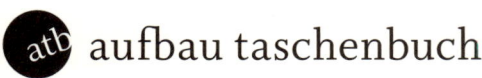